권규호
공무원
국어

권규호
서울시
지방직 7급
모의고사

2022

KWON LAB

이 책의 차례

모의고사 **01회**	004
모의고사 **02회**	010
모의고사 **03회**	016
모의고사 **04회**	022
모의고사 **05회**	028
모의고사 **06회**	034

모의고사 07회	040
모의고사 08회	046
모의고사 09회	052
모의고사 10회	058
정답과해설	066

모의고사 01회

001
밑줄 친 부분이 어법에 맞는 것은?

① 입맛이 <u>땅기는</u> 계절이 왔다.
② 국수가 오래되어 <u>불어</u> 있었다.
③ 그는 뛰어난 재능을 <u>썩이고</u> 있다.
④ 아이에게 보약을 정성스럽게 <u>다려</u> 먹였다.

002
다음 제시된 단어의 의미에 맞게 쓴 문장으로 적절하지 않은 것은?

단어	의미	문장
죽다	생명이 없어지거나 끊어지다.	㉠
	성질이나 기운 따위가 꺾이다.	㉡
	불 따위가 타거나 비치지 아니한 상태에 있다.	㉢
	움직이던 물체가 멈추어 제 기능을 하지 못하다.	㉣

① ㉠: 어머니가 아끼시던 화초가 <u>죽었다</u>.
② ㉡: 선생님의 호통에 모두들 기가 <u>죽었다</u>.
③ ㉢: 비가 와서 애써 피운 장작불이 <u>죽었다</u>.
④ ㉣: 이 칼은 오래 써서 칼날이 <u>죽었다</u>.

003
밑줄 친 한자성어가 바르게 쓰이지 않은 것은?

① 신념이 달랐지만 회사의 이익을 위해 <u>오월동주(吳越同舟)</u>의 마음으로 프로젝트를 함께 진행하기로 했다.
② 지금 사장님을 만난 것이 나에게는 <u>천재일우(千載一遇)</u>라고 생각한다.
③ 수업 시간에 선생님께서 발표를 시킬 것 같아 <u>불치하문(不恥下問)</u>하며 책만 바라보고 있었다.
④ 미소를 짓고 있는 그의 얼굴은 진실을 숨긴 <u>양두구육(羊頭狗肉)</u>일 수 있다.

004
다음 강연 내용에 대한 반응으로 가장 적절한 것은?

> 급격한 기후 변화로 자신의 서식처에서 살지 못하고 다른 곳으로 피하거나 심지어는 적응에 실패해 멸종의 위기에 이르는 동식물들이 많습니다. 하지만 그렇지 않은 생물도 있습니다. 올 1월 세계적인 과학 학술지 『사이언스』는 바닷새 '앨버트로스'의 모습을 표지에 실었습니다. 남반구 바다에 사는 앨버트로스는 거대한 날개로 하늘을 날아다니며 사냥을 하는 새로 잘 알려져 있습니다. 그런데 최근 프랑스 연구진은 인도양 남쪽 크로제 군도에 사는 앨버트로스의 몸무게가 지난 40년 동안 1kg 이상 늘었고 이들의 번식 성공률도 높아졌다고 밝혔습니다. 지구 온난화로 남반구의 편서풍 속도가 빨라져 다른 새들은 제대로 날지를 못하는데 앨버트로스는 이를 두려워하지 않고 강풍에 몸을 실어 훨씬 빠른 시간에 수십 km를 비행해 먹이를 구해 오고 그러다 보니 많은 시간을 편하게 지낼 수 있어서 번식도 잘되고 있다고 분석하고 있습니다.

① 급격한 기후 변화가 앨버트로스에게는 도움이 되었군.
② 먹이 사슬의 변화가 앨버트로스에게는 유리하게 작용하는군.
③ 앨버트로스의 늘어난 몸무게는 환경 적응에 장애 요인이겠군.
④ 편서풍의 속도가 빨라진 것은 앨버트로스에게도 불리한 점이겠군.

005
다음 시조에 대한 이해로 적절하지 않은 것은?

> 春山(춘산)에 눈 녹인 보름 건듯 불고 간 듸 업다
> 져근덧 비러다가 마리 우희 불니고져
> 귀 밋퇴 히묵은 셔리를 녹여볼가 ㅎ노라
>
> - 우탁 -

① 대조법을 활용하여 화자의 지향을 드러내고 있다.
② 계절적 이미지를 통해 화자의 처지를 표현하고 있다.
③ 자연의 항상성을 본받고자 하는 화자의 소망이 드러난다.
④ 세월의 흐름을 한탄하면서도 인생을 달관하는 여유가 나타나 있다.

006
다음의 설명을 참고할 때 의문문의 종류가 다른 것은?

> 중세 국어에서 의문사가 실현되어 구체적인 설명을 요구하는 의문문에는 '-고', '-뇨', '-료', '-오' 등의 의문형 어미나 '고', '오' 등의 의문 보조사가 쓰였다. 이에 반해 의문사의 실현 없이 긍정이나 부정의 대답을 요구하는 의문문에는 '-가', '-녀', '-려' 등의 의문형 어미나 '가', '아' 등의 의문 보조사가 쓰였다. 의문형 어미는 용언의 어간에 붙어서 실현되는 것인 반면, 의문 보조사는 체언 뒤에 직접 붙어 실현된다는 특징이 있다. 한편 주어의 인칭에 따라 의문형 어미가 달라지기도 하는데, 예를 들어 주어가 2인칭일 때는 설명·판정을 요구하는 의문문에 상관없이 '-ㄴ다' 등이 쓰였다.

① 이 엇던 사룸고
② 네 쁘덴 엇예 너기는다
③ 山行 가 이셔 하나빌 미드니잇가
④ 엇던 因緣으로 如來를 나쏜봉시니잇고

007
다음 시에 대한 이해로 적절하지 않은 것은?

> 거울속에는소리가없소
> 저렇게까지조용한세상은참없을것이오
>
> 거울속에도내게귀가있소
> 내말을못알아듣는딱한귀가두개나있소
>
> 거울속의나는왼손잡이오
> 내악수(握手)를받을줄모르는—악수를모르는왼손잡이오
>
> 거울때문에나는거울속의나를만져보지를못하는구료마는
> 거울아니었던들내가어찌거울속의나를만나보기만이라도했겠소
>
> 나는지금(至今)거울을안가졌소마는거울속에는늘거울속의내가있소
> 잘은모르지만외로된사업(事業)에골몰할게요
>
> 거울속의나는참나와는반대(反對)요마는
> 또꽤닮았소
> 나는거울속의나를근심하고진찰(診察)할수없으니퍽섭섭하오
> — 이상, 「거울」 —

① '거울'에 대한 화자의 태도가 이중적이다.
② 분열된 자의식을 '거울'을 매개로 드러내고 있다.
③ 현대 문명에 대한 불신이 직접적으로 드러나 있다.
④ 역설적 표현을 통해 대립적 이미지를 제시하고 있다.

008
다음 글에 대한 이해로 적절한 것은?

> "군관 동무, 군관 선생님, 우리 집엔 여자들만 산다니까요."
> 어머니의 눈의 푸른 기가 애처롭게 흔들리면서 입가에 비굴한 웃음이 감돌았다. 나는 어머니가 환각으로 보고 있는 게 무엇이라는 걸 알아차렸다. 가엾은 어머니, 차라리 저승의 사자를 보시는 게 나았을 것을……
> 어머니는 그 다리를 어디다 숨기려는지 몸부림쳤다. 그러나 어머니의 다리는 요지부동이었다.
> "군관 나으리, 우리 집엔 여자들만 산다니까요. 찾아보실 것도 없다니까요. 군관 나으리."
> 그러나 절체절명의 위기가 어머니에게 육박해 오고 있음을 난들 어쩌랴. 공포와 아직도 한 가닥 기대를 건 비굴이 어머니의 얼굴을 뒤죽박죽으로 일그러뜨리고 이마에선 구슬 같은 땀이 송글송글 솟아오르고 다리를 감싼 손과 앙상한 어깨는 사시나무 떨듯 떨고 있었다.
> 가엾은 어머니, 하늘도 무심하시지, 차라리 죽게 하시지, 그 몹쓸 일을 두 번 겪게 하시다니……
> "어머니, 어머니, 이러시지 말고 제발 정신 차리세요."
> 나는 어머니의 어깨를 흔들면서 울부짖었다. 어머니는 어디서 그런 힘이 솟는지 나를 검부러기처럼 가볍게 털어 내면서 격렬하게 몸부림쳤다.
> "안 된다. 안 돼. 이노옴. 안 돼. 너도 사람이냐? 이노옴, 이노옴."
> 나는 벽까지 떠다밀린 채 와들와들 떨면서 점점 심해 가는 어머니의 광란을 지켜볼 수밖에 없었다.
> — 박완서, 「엄마의 말뚝 2」에서 —

① '어머니'는 '나'를 지키기 위해 애를 쓰고 있다.
② '어머니'는 자신의 '다리'를 무서운 존재로 인식하고 있다.
③ '어머니'는 환각을 통해 과거의 비극적 사건을 재확인하고 있다.
④ '어머니'는 환각 속에서 안도감과 절망을 동시에 느끼고 있다.

009

다음 글에 대한 이해로 적절하지 않은 것은?

우리 헌법 제1조 제2항은 민주주의의 대원칙을 담고 있는 아주 간단한 문장이다. "대한민국의 주권은 국민에게 있고, 모든 권력은 국민으로부터 나온다."가 그것이다. 여기서 "모든 권력은 국민으로부터 나온다."라는 규정은 모든 권력의 행사는 곧 국민의 뜻에 따라 이루어져야 한다는 의미로 해석할 수 있다.

그런데 다른 한편 우리 헌법은 "입법권은 국회에 속하고"(제40조), "국회의원은 국가 이익을 우선하여 양심에 따라 직무를 행한다."(제46조 제2항)라고 규정하고 있다. 아주 간단하고 이의를 달 필요가 없는 당위적인 문장처럼 보이지만 간단치 않다. 입법권이 국회에 속하는 이상 모든 것은 국회의원들이 결정하는데, 그때 지역구 주민과 국회의원의 의견이 다를 경우 입법은 어디까지나 국회의원의 생각에 따라야 한다는 뜻이다.

헌법학에서는 '지역구 주민의 뜻이냐 국회의원의 독자 판단이냐' 중에서 후자를 선택한다. 즉 '국민이 직접 정치적인 결정을 내리지 않고 그 대표를 통해서 간접적으로만 정치적인 결정에 참여하는 기관 구성의 원리요, 의사 결정의 원리'를 일컬어 '대의 제도'라고 부르고 있다. 그런데 이것은 원론적인 직접 민주주의 이념과는 조화를 이루기가 어렵다고 볼 수 있다.

① 헌법학은 직접 민주주의의 이념을 중시하는 입장이다.
② 우리 헌법의 제1조 제2항과 제40조의 내용은 상충될 수 있다.
③ 국회의원은 투표권자의 의도에 반하는 행동을 할 수 있다.
④ 지역구의 이익과 국가 전체의 이익이 일치하지 않는 경우가 있다.

010

㉠, ㉡의 한자 표기로 옳은 것은?

- 병세가 악화되어 더 이상 손을 쓸 수 없는 ㉠지경에 이르렀다.
- 대법원은 사법부의 개혁 의지를 ㉡천명하고 개혁을 추진하고 있다.

	㉠	㉡
①	地境	天命
②	至境	天命
③	地境	闡明
④	至境	闡明

011

㉠~㉢에 들어갈 말로 적절하지 않은 것은?

제목: 국내 리콜 제도 운영의 문제점과 개선 방안
Ⅰ. ㉠
  1. 소비자 기본법상의 리콜 제도
  2. 품목별 리콜 제도 현황과 사례
  3. 국내 리콜 관련 통계
Ⅱ. 국내 리콜 제도 운영의 문제점
  1. 리콜 제도에 대한 소비자의 무관심
  2. ㉡
  3. 리콜 관련 법령 및 정보 시스템의 미비
Ⅲ. 국내 리콜 제도 운영의 개선 방안
  1. 리콜에 대한 소비자의 인식 개선
  2. 기업의 자발적 리콜 촉진을 위한 혜택 제공
  3. ㉢
Ⅳ. 결론 및 제언
  ㉣

① ㉠: 국내 리콜 제도 및 리콜 현황
② ㉡: 리콜 권고 및 명령 위반 시 제재 강화
③ ㉢: 리콜 관련 법령 및 정보 시스템 보완
④ ㉣: 리콜 제도 활성화를 위한 소비자·기업·정부의 노력 촉구

012

다음 글의 주된 서술 방식은?

판화는 무늬를 복제하는 지극히 단순한 작업에서 출발하였는데, 초기의 판화는 동서양을 막론하고 종교적, 정치적 필요에 따라 경전의 내용이나 통치 이념 등을 시각적으로 전달하기 위한 삽화가 주를 이루었다. 문맹률이 높았던 당시에 판화는 대중들에게 호소력 있는 의미 전달 수단이었으며, 따라서 이 시기의 판화는 예술적 가치보다는 기록의 수단이나 보조 자료로서의 가치를 지니고 있었다. 그 후 인쇄술과 사진 기술의 발달로 이들이 기록이나 보급에 보다 효율적인 역할을 수행하게 되면서 복제 수단으로서의 전통 판화는 종언을 고하게 되었지만, 이후 독립적인 예술 영역으로 위상을 정립하기 위해 노력해 왔다. 현대에 와서 판화의 의미는 광의의 '찍는 행위'라는 개념으로 확대되었고 그에 따라 복수로 제작이 가능한 것이라면 판화로 간주되고 있다.

① 서사
② 분류
③ 대조
④ 인용

013

글의 흐름을 고려했을 때 ㉠에 들어갈 말로 가장 적절한 것은?

고춧가루로 버무리는 배추김치의 역사를 알아보기 위해서는 고추의 보급 과정을 파악할 필요가 있다. 17세기 이후 관혼상제가 피지배층에까지 널리 퍼져 제사가 급속히 확대되자 제수용품으로서 어물의 수요가 증가하였다. 그런데 어물은 쉽게 부패하기 때문에 이를 절여서 보관하기 위한 소금의 수요가 증가하였다. 또한 서해안에서는 해물을 다루는 기술이 발전하여 젓갈 제조가 보편화되면서 소금의 수요가 더욱 급증하였다. 동시에 이앙법과 대동법의 실시로 쌀의 생산이 증가하고 밥 중심의 식단 구조가 진행되면서 곡류 위주의 음식 소비 습관이 소금 과잉 섭취 식단을 야기했을 수 있다. 이에 대한 반작용으로 짠맛을 상쇄하면서 동시에 밥맛이 좋아지는 방법 중 하나로 음식에 고추나 고춧가루가 널리 사용되었을 가능성이 크다. 고추의 매운 성분인 캡사이신(capsaicin)이 [㉠] 때문이다.

① 식염 절약 작용을 하기
② 소금의 수요를 증대시켰기
③ 해물의 비린내를 잡아 주었기
④ 짠맛을 더 느끼게 해 주었기

014

다음 글에 대한 이해로 적절하지 않은 것은?

낮은 기술 수준에서는 그 사회 구성원 모두의 노력을 투입해도 물질적 수요를 충족시키기에는 모자라는 형편이어서 대부분의 사람은 항상 궁핍을 겪지 않을 수 없었다. 이러한 환경에서 인류 공동체에게 가장 중요한 일은 누구에게, 어떤 기준으로, 어떻게 물자를 배분해 주는가 하는 것이었다. 누구에게, 무엇을, 어떻게 나누어 주는가를 정하는 것이 정치였다. 어떤 사회에서는 사회 구성원을 귀한 사람, 천한 사람으로 나누어 귀한 사람에게는 여유 있게, 천한 사람에게는 박하게 분배하였다. 그것을 우리는 귀족 정치라 부른다. 어떤 사회에서는 힘을 모아 다른 사회를 지배, 착취함으로써 자기 사회 소속원의 물질적 풍요를 마련하였다. 그것을 우리는 제국주의라 부른다. 공동체 구성원 모두에게 같은 기회를 주어 경쟁하게 만드는 것이 좋다는 생각이 지배하게 되면 우승열패와 계약 자유 원칙을 근간으로 하는 자본주의 체제가 형성되고, 능력에 따라 일하고 필요에 따라 소비하는 사회가 좋다는 생각이 굳어지게 되면 공산주의 체제가 되는 것이다.

① 물질적으로 궁핍한 시대에는 정치가 무엇보다도 중요시되었다.
② 세력들 간의 힘의 균형이 정치 체제 변화에 영향을 줄 수 있다.
③ 자본주의 체제에서는 동일한 기회를 바탕으로 한 분배를 중시한다.
④ 공산주의 체제 내에서는 노동에 상응하는 분배를 균등한 것으로 본다.

015

다음 글의 주장으로 가장 적절한 것은?

우리의 이해가 향상된다는 것은 언제나 우리가 새로운 것을 배운다는 것을 의미하지는 않는다. 우리는 이미 막대한 양의 정보를 가지고 있고, 많은 경우 우리가 가지고 있는 것으로부터 무엇을 만들어 낸다. 중요한 것은 이러한 정보들 중에서 무엇이 주목할 만한 가치가 있고 무엇이 무시할 만한가 하는 것이다. 그러나 우리는 보통의 경우에 어떤 것을 주목하고 어떤 것은 무시하는지를 의식하지 않으며, 우리에게 익숙한 기준과 범주를 자연스럽게 적용한다. 예를 들어 식료품점에서 설탕을 볼 때 우리는 그것에 '음식을 달콤하게 해 주는 것'이라는 기준이나 범주를 별다른 의식 없이 적용한다. 그렇지만 익숙한 범주들을 이처럼 의식 없이 적용할 때 이해가 항상 만족스럽지는 않으며, 때로 그것은 진부하고 무익해 보이기도 한다. 우리의 이해는 새로이 경계선을 긋거나 기존의 선을 지우거나 재배치하는 것 등을 통해서 향상된다.

① 우리는 새로운 것을 배우고 지식을 늘려가야만 이해를 넓힐 수 있다.
② 기존의 범주를 이용하여 새로운 정보를 익혔을 때에만 우리의 이해는 향상된다.
③ 우리의 이해는 기존의 범주에 의문을 제기하고 그것의 대안을 개발할 때 발전한다.
④ 우리에게 익숙한 기준과 범주는 특정 정보에 주목하게 만들어서 우리의 이해를 향상시킨다.

016

다음 글에서 추론한 내용으로 적절하지 않은 것은?

> 일반적으로 물은 어디서나 100℃에서 끓는다고 생각하지만, 모든 액체가 언제나 100℃에서 끓는 것은 아니다. 대기압이 1기압으로 같을 때에도 에틸알코올, 암모니아, 프로판 등은 더 낮은 온도에서도 끓는다. 보통 물은 100℃가 아니면 끓지 않는다. 그러나 그것은 1기압일 경우이고, 압력을 낮출 수만 있다면 물을 30℃에서도 끓여 증기를 만들 수 있다. 그 증기를 터빈으로 보내 발전기를 돌리면 전기가 만들어진다.
>
> 1881년 달손 파르는 열대 바다의 표층부와 심층부에 섭씨 30℃ 정도의 온도차가 있다는 것에 착안하여, 그 온도차를 이용해 발전기를 돌려서 전기를 만드는 방법을 제안했다. 달손 파르는 물을 끓이는 데는 따뜻한 바닷물을 이용하고, 터빈을 돌린 증기를 다시 물로 만드는 데는 심층수인 찬 바닷물을 이용하면 이 과정을 무한히 반복할 수 있다고 생각했다.
>
> 온도차를 이용한 최초의 발전 실험을 한 것은 프랑스의 쿠로우드였다. 그는 1926년 프랑스 과학 학사원에서 작은 실험 장치를 만들어 공개적으로 실험을 했다. 이 실험에서는 플라스크 2개에 한쪽에는 28℃의 미지근한 물을 넣고 다른 한쪽에는 얼음을 담았다. 두 개의 플라스크를 노즐이 붙은 유리관으로 연결한 후, 노즐 끝에는 발전용 터빈이 달린 작은 발전기를 연결하였다. 우선 두 플라스크 안과 물속의 공기를 진공 펌프로 뽑아내서 압력을 약 0.03기압으로 맞추었다. 이때 미지근한 물이 끓기 시작하면서 수증기가 발생했고, 수증기는 노즐에서 강하게 분사되어 터빈을 돌린 다음 얼음 위에서 응축되어 물로 되돌아왔다. 터빈에 연결된 발전기는 분당 5000회 정도 회전하여 2.5W 3개의 전구에 약 10분 동안 불이 켜지게 했다. 미지근한 물의 온도가 18℃로 내려가면서 발전기가 정지했다.

① 어떤 곳에서 물이 90℃에서 끓었다면 그곳의 대기압은 1기압보다 낮을 것이다.
② 쿠로우드의 실험에서 미지근한 물의 온도가 낮아질수록 발생되는 수증기의 양은 줄어들 것이다.
③ 달손 파르의 생각이 옳다면 열대 바다에서는 영구적으로 작동할 수 있는 발전기를 만들 수 있을 것이다.
④ 쿠로우드의 실험에서 두 플라스크의 기압 차가 0.03기압으로 유지되었다면 발전기는 정지하지 않을 것이다.

017

다음 글에 대한 이해로 적절한 것은?

> 대제학(大提學) 박연(朴堧)은 영동(永同)의 유생이다. 젊었을 때에 향교(鄕校)에서 학업을 닦고 있었는데 이웃에 피리 부는 사람이 있었다. 제학은 독서하는 여가에 겸하여 피리도 배웠다. 온 고을이 그를 피리의 명수(名手)로 추중(推重)하였다.
>
> 제학이 서울에 과거 보러 왔다가 이원(梨園)의 피리 잘 부는 광대를 보고 피리를 불어 그 교정(校正)을 청하니, 광대가 크게 웃으며 말하기를 "소리와 가락이 상스럽고 절주(節奏)에도 맞지 않으며, 옛 버릇이 이미 굳어져서 고치기가 어렵겠습니다."라고 하였다. 제학이 말하기를, "비록 그러하더라도 가르침을 받고자 합니다."라고 하고, 날마다 다니기를 게을리하지 않았다. 수일 후에 듣고는 말하기를, "규범(規範)이 이미 이루어졌으니 장차 대성할 수 있겠습니다."라고 하였다. 또 수일 후에는 광대가 자기도 모르는 사이에 무릎을 꿇고 말하기를, "제가 따라갈 수 없습니다."라고 하였다.
>
> – 성현, 「박연의 피리」에서 –

① 다양한 삽화를 열거하여 훌륭한 스승의 면모를 부각하고 있다.
② 두 인물을 대비하여 자신의 분수에 만족하는 태도를 강조하고 있다.
③ 구체적인 일화를 통해 배움에 대한 성실한 태도를 보여주고 있다.
④ 현재와 과거를 교차하여 반성하는 태도의 중요성을 강조하고 있다.

018

밑줄 친 부분이 표준 발음법에 맞지 않는 것은?

① 동생은 색연필[생년필]로 그림을 그렸다.
② 서울역[서울력]에서 친구와 만나기로 했다.
③ 그는 1 연대[일련대] 부관 장교로 근무했다.
④ 신춘문예 공모는 시인들의 등용문[등농문]이다.

019

다음 대화에 대한 이해로 적절하지 않은 것은?

> **갑:** 언어와 사고의 관계에서 언어가 사고를 지배하는 것이겠지?
> **을:** 글쎄? 나는 언어가 사고를 지배한다고 생각하지 않아.
> **갑:** '민트색'이라는 단어가 있기 전까지 우리는 그 색을 다른 색과 구별하지 못했어. 설사 다른 색과 무언가 다르다는 느낌을 받았더라도 그 차이가 무엇인지 말하기 어려웠어. 그것은 지각(知覺)만으로는 어떤 개념에 대해 명료하게 사고하지 못함을 뜻해. 따라서 언어가 사고보다 우위에 있으며 언어가 사고를 지배해.
> **을:** '민트색'이라는 단어가 없다고 해서 그 대상 자체에 대한 사고가 불가능하지 않아. 그 단어가 가리키는 색을 보고 하늘색과 연두색의 중간 단계에 있는 색이라고 지각하고, 그것을 하늘색이나 연두색과 구별할 수 있어. 물론 명확한 어휘가 없을 때보다 있을 때, 특정 단어에 의해서 지칭되는 개념에 대한 사고가 쉬운 것은 틀림없어. 하지만 생각은 있지만, 그 생각을 표현할 적당한 말이 없는 경우도 얼마든지 있어. 따라서 언어가 우리의 사고를 철저하게 지배하는 것은 아니야. 그리고 '민트색'이라는 단어도 사고가 있었기 때문에 필요에 따라 만들어진 것일 뿐이야.

① 갑은 언어가 사고를 지배하고 언어가 사고의 우위에 있다고 보는군.
② 을은 사고가 존재한 다음에 그 사고를 표현하는 단어가 만들어지는 것이라고 보는군.
③ 갑은 을과 달리 단어가 있어야 그 단어에 의해 지칭되는 개념에 대한 사고가 명확하다고 보는군.
④ 갑은 지각만으로는 개념을 구별할 수 없다고 보고, 을은 지각만으로도 개념을 구별할 수 있다고 보는군.

020

<보기>의 문장을 '표준 형식'의 명제로 고친 것으로 적절하지 않은 것은?

> 고전 논리학에서는 기본 명제를 네 가지로 분류하고 이를 각각 '전체 긍정 명제', '전체 부정 명제', '부분 긍정 명제', '부분 부정 명제'라고 이름을 붙였다. 명제는 어떤 것이든 이 네 가지 기본 명제 중 어느 하나의 형식을 가져야 하며, 이 명제들은 그 뜻이 애매하다거나 모호하지 않아야 하므로 <u>표준 형식</u>으로 고쳐 주어야 한다.
>
> 먼저, 전체 긍정을 뜻하는 명제의 표준 형식은 "모든 철학자는 이상주의자이다."와 같이 '모든 ~는 ~이다.'로 하면 된다. 전체 부정을 뜻하는 명제의 표준 형식의 경우, "모든 철학자는 이상주의자가 아니다."라는 말은 애매하다. 왜냐하면 이 형식은 뜻이 중의적이기 때문이다. 그러므로 '모든 ~는 ~가 아니다.'라는 형식은 전체 부정 명제의 표준 형식이 될 수 없다. 전체 부정의 뜻을 분명하게 나타내어 줄 수 있는 표준 형식은 "어느 철학자도 이상주의자가 아니다."와 같이 '어느 ~도 ~가 아니다.'로 하면 된다. 부분 긍정을 뜻하는 명제의 표준 형식은 "어떤 철학자는 염세주의자이다."와 같이 '어떤 ~는 ~이다.'라는 형식이면 된다. 마지막으로, 부분 부정을 뜻하는 명제의 표준 형식은 "어떤 철학자는 도덕주의자가 아니다."에서와 같이 '어떤 ~는 ~가 아니다.'라는 형식이면 된다.

─┤ 보기 ├─
㉠ 원숭이도 나무에서 떨어진다.
㉡ 피서지라면 어디든 사람들로 붐볐다.
㉢ 군인들은 아무도 전쟁을 원하지 않는다.
㉣ 일부 시민들은 정부 정책에 찬성하지 않았다.

① ㉠: 어떤 원숭이는 나무에서 떨어지는 원숭이이다.
② ㉡: 모든 피서지는 사람들로 붐비는 곳이다.
③ ㉢: 모든 군인은 전쟁을 원하는 군인이 아니다.
④ ㉣: 어떤 시민은 정부 정책에 찬성한 사람이 아니다.

모의고사 02회

001
밑줄 친 부분이 어법에 맞지 않는 것은?

① 하마터면 큰일 날 뻔했어요.
② 그녀는 서슴치 않고 대답했다.
③ 그를 쳐다보는 눈빛이 참 다정타.
④ 생각건대 자신의 잘못을 인정하기는 어렵다.

002
밑줄 친 부분이 주어인 것을 모두 고른 것은?

> ㉠ 케이크를 잘라서 동생 먹을 것을 남겨 뒀다.
> ㉡ 이번 대회는 우리 학교에서 우승을 차지했다.
> ㉢ 누나가 아파서 우리만 여행을 가기는 어렵다.
> ㉣ 선생님께 걱정을 끼쳐 드려 죄송한 마음이 들었다.

① ㉠, ㉡
② ㉡, ㉢
③ ㉠, ㉡, ㉢
④ ㉡, ㉢, ㉣

003
밑줄 친 발음이 표준 발음이 아닌 것은?

① 그의 인품을 닮고[담:꼬] 싶다.
② 네가 시키는데 할밖에[할바께].
③ 주변 지역을 샅샅이 훑소[훌쏘].
④ 동생의 얼굴이 넓죽하다[넙쭈카다].

004
진행자의 말하기 방식에 대한 설명으로 적절하지 않은 것은?

> **진행자**: 우리 문화에 대해 알아보는 '문화 산책' 시간입니다. 오늘은 한국학중앙연구원 김○○ 교수님을 모시고, 왕의 식사인 수라에 대한 말씀을 들어보겠습니다. 교수님, 먼저 수라의 재료는 어떻게 마련했나요?
> **교수**: 예전에는 조세를 물품으로도 냈었는데 그런 공납의 형태나 지방의 진귀한 토산물을 나라에 바치는 진상의 형태로 마련했습니다.
> **진행자**: 공납과 진상의 형태로 식재료를 마련했군요. 그럼 수라는 어떤 과정을 거쳐 만들어졌습니까?
> **교수**: 궁중으로 간 식재료는 사옹원으로 보내진 다음, 반감이 받아서 음식으로 만들어졌습니다.
> **진행자**: 사옹원과 반감이요? 처음 듣는 용어라 잘 이해가 되지 않네요. 좀 더 자세히 설명해 주시겠습니까?
> **교수**: 사옹원은 조선 시대 궁중 음식에 관한 일을 맡아 보던 관아입니다. 그리고 반감은 이 사옹원에서 궁중 음식을 담당하는 남자 요리사들의 수장입니다.
> **진행자**: 그러니까 사옹원에 수라의 재료가 들어오고, 반감의 지휘 아래 수라가 만들어진 것이군요. 그런데 수라의 종류와 구성이 다양했다고 알고 있는데, 맞습니까?
> **교수**: 네, 그렇습니다. 시간대에 따라 아침 식사인 조수라, 점심 식사인 주수라, 저녁 식사인 석수라가 있었습니다. 또 세끼 수라 이외에 드시는 간식, 조수라 전에 가볍게 드시는 쌀죽인 죽수라도 있었죠. 한편 수라는 밥을 기본으로 하여 12가지가 넘는 다양한 기본 밑반찬으로 구성되었죠.
> **진행자**: 수라는 종류와 구성이 정말 다양했네요. 교수님, 오늘 말씀 감사합니다.

① 교수의 설명을 정리하며 대담을 이끌어가고 있다.
② 교수의 설명을 듣고 자신의 이해를 수정하고 있다.
③ 교수의 설명을 듣고 추가적인 설명을 요청하고 있다.
④ 교수에게 자신의 배경지식이 맞는지 질문하고 있다.

005
외래어 표기 규정에 모두 맞는 것은?

① 케익, 서비스
② 초콜릿, 플랭카드
③ 로봇, 바리케이트
④ 콘셉트, 슈퍼마켓

006

다음 글에 대한 설명으로 적절하지 않은 것은?

> 져근덧 역진(力盡)ᄒᆞ야 풋잠을 잠간 드니
> 정성(精誠)이 지극ᄒᆞ야 꿈의 님을 보니
> 옥(玉) ᄀᆞ튼 얼구리 반(半)이나마 늘거셰라
> ᄆᆞ음의 머근 말슴 슬ᄏᆞ장 솝쟈 ᄒᆞ니
> 눈물이 바라 나니 말슴인들 어이ᄒᆞ며
> 정(情)을 못다 ᄒᆞ야 목이조차 메여ᄒᆞ니
> 오면된 계성(鷄聲)의 ᄌᆞᆷ은 엇디 ᄭᆡ돗던고
> 어와 허사(虛事)로다 이 님이 어듸 간고
> 결의 니러 안자 창(窓)을 열고 ᄇᆞ라보니
> 어엿븐 그림재 날 조찰 ᄲᅮᆫ이로다
> ᄎᆞᆯ하리 싀여디여 낙월(落月)이나 되야이셔
> 님 겨신 창(窓) 안히 번드시 비최리라
> 각시님 ᄃᆞᆯ이야ᄏᆞ니와 구준비나 되쇼셔
>
> – 정철, 「속미인곡」 –

① 임의 안위에 대한 걱정과 그리움의 감정을 표현하고 있다.
② 대화의 구조로 화자의 처지에 대한 공감을 유도하고 있다.
③ 꿈의 방식을 통해 이별의 상황에 대한 자책을 드러내고 있다.
④ 자연물을 통해 이별을 초극하고자 하는 소망을 드러내고 있다.

007

다음 개요의 수정 방안으로 적절하지 않은 것은?

> **주제:** 지역 농산물 소비 촉진 방안과 의의
> Ⅰ. 수입 농산물 증가에 따른 문제점
>   가. 지역 소규모 농가의 낙후된 생산 기반 기설 ············ ㉠
>   나. 수입 농산물의 안전성에 대한 불안감 확산
>   다. 농산물 장거리 운송으로 인한 탄소 배출량 증가
> Ⅱ. 지역 농산물 소비 촉진 필요성 ············ ㉡
>   가. 소비자와 지역 농가를 연결하는 직거래 장터 구축
>   나. 지역 농산물을 활용한 공공 부문 단체 급식 확대
>   다. 지역 농산물을 활용한 다양한 음식료 제품 개발
>   라. 패스트푸드의 고급화에 따른 가격 상승 ············ ㉢
> Ⅲ. 지역 농산물 소비 촉진 방안의 기대 효과
>   가. 지역 소규모 농가의 소득 증대에 기여
>   나. ㉣
>   다. 농산물 운송 거리 단축을 통한 탄소 배출량 감소

① ㉠은 상위 항목 'Ⅰ'과의 관계를 고려하여 '지역 소규모 농가의 소득 감소'로 수정한다.
② ㉡은 하위 항목들을 포괄할 수 있는 '지역 농산물 소비 촉진 방안'으로 수정한다.
③ ㉢은 주제를 벗어나므로 삭제한다.
④ ㉣은 'Ⅰ-나'와의 관계를 고려하여 '농산물 수출·입 경로의 다양화'를 제시한다.

008

다음 시에 대한 이해로 적절하지 않은 것은?

> 새벽 시내버스는
> 차창에 웬 찬란한 치장을 하고 달린다
> 엄동 혹한일수록
> 선연히 피는 성에꽃
> 어제 이 버스를 탔던
> 처녀 총각 아이 어른
> 미용사 외판원 파출부 실업자의
> 입김과 숨결이
> 간밤에 은밀히 만나 피워 낸
> 번뜩이는 기막힌 아름다움
> 나는 무슨 전람회에 온 듯
> 자리를 옮겨 다니며 보고
> 다시 꽃이파리 하나, 섬세하고도
> 차가운 아름다움에 취한다
> 어느 누구의 막막한 한숨이던가
> 어떤 더운 가슴이 토해 낸 정열의 숨결이던가
> 일없이 정성스레 입김으로 손가락으로
> 성에꽃 한 잎 지우고
> 이마를 대고 본다
> 덜컹거리는 창에 어리는 푸석한 얼굴
> 오랫동안 함께 길을 걸었으나
> 지금은 면회마저 금지된 친구여.
>
> – 최두석, 「성에꽃」 –

① 반어적 표현을 활용하여 대상을 향한 긍정적 인식을 표현하고 있다.
② '차창'은 화자가 대상과 간접적으로 만나는 매개체로서의 역할을 하고 있다.
③ 고단한 삶을 살아가는 평범한 서민들에 대한 관심을 가지려는 태도가 나타나 있다.
④ 암울한 현실로 인해 화자와 단절된 상태에 있는 대상에 대한 그리움을 환기하고 있다.

009

다음 글에 대한 이해로 적절하지 않은 것은?

"네가 알긴 뭘 알아. 네가 내 속을 어떻게 알아."
"그런 말씀은 이제 그만 좀 하셨으면 해요. 안팎에서 들는 그 말에 물릴 지경이거든요. 너는 아직 모른다. 너도 내 나이가 되어 봐라…. 고깝게 듣지 마세요. 그때 가서 그 뜻을 알지언정, 지금부터 제 사고와 행동을 포기하고 싶지는 않습니다. 그런 뜻에서 제가 할아버지를 우리 모임에 초청한 사실을 후회하지 않을뿐더러, 옳았다고 생각합니다. 아버지가 할아버지를 심리적으로 격리시키려 하고, 또 한편으로는 이해하려는 모순을 저도 이해합니다. 노상 이기적인 현실에의 집착이 그걸 누르는 데 대한, 어쩔 수 없는 생활인의 감각까지도 저는 알고 있습니다. 그러나 역설적이고 건방지게 들릴지 모르지만, 제 나이는 또 할아버지의 생애를 이해합니다. 북으로 상징되는 할아버지의 삶을 놓고, 아버지와 제가 감정적으로 갈라서는 걸 비극의 차원에서 파악할 것도 아니라고 봅니다. 할아버지가 자신의 광대 기질에 철저하여 가족을 버린 건 비난받아야 할 일이나, 예술의 이름으로는 용서받을 수 있습니다."
"그래서? 할아버지가 나름대로의 예술을 완성했니?"
아버지의 입가에 냉소가 머물렀다.
"그건 인식하기 나름입니다. 다만 할아버지에게서 북을 뺏는 건, 할아버지의 한을 배가시키고, 생의 마지막 의지를 짓밟는 것에 다름 아니라는 생각만은 갖고 있습니다."
방 안의 민 노인이, 천천히 응접실로 나온 건 그때였다. 자기 때문에 성규가 궁지에 몰려 있는 걸 보고만 있을 수 없어서였는데, 아들은 집안의 분란을 더 키우고 싶지 않았던지, 민 노인 쪽엔 시선을 돌리지도 않은 채 성규에게만 소리를 꽥 질렀다.
"건방 그만 떨고 어서 가서 잠이나 자. 다시 그런 짓을 했다간 이 정도로 끝나지 않을 줄 알아."
제 방으로 돌아가던 성규는, 민 노인과 눈이 마주치자 재빠른 웃음을 보냈다. 음모꾼끼리의 신호 같았다.

- 최일남, 「흐르는 북」에서 -

① '성규'는 가장(家長)과 예술가로서의 삶을 구분하여 '민 노인'을 평가하고 있다.
② '아버지'는 '민 노인'이 가족들을 희생시켜 자신의 예술적 완성을 이루었다고 생각해 원망하고 있다.
③ '성규'는 '민 노인'을 자신의 모임에 초청한 것을 떳떳하게 여기며 '민 노인'과 세대를 건너뛴 연대감을 느끼고 있다.
④ '성규'는 '민 노인'에 대한 '아버지'의 양가적 감정을 이해하면서도 '민 노인'에게 북을 뺏어서는 안 된다고 생각하고 있다.

010

다음 발화에 나타난 궁극적 주장으로 가장 적절한 것은?

프리터족은 자유롭다는 의미인 'free'와 임시직을 의미하는 'arbeiter'가 합성된 말로서, 말 그대로 아르바이트를 통해 돈을 벌면서 나머지 자유 시간에 자신이 원하는 것을 즐기며 사는 사람을 의미합니다. 그런데 이런 프리터족을 사회적 낙오자 혹은 반실업자로만 보기에는 그들의 라이프 스타일이 근대 자본주의의 노동 규율과 규칙에서 벗어나 있다는 점에서 무리가 있습니다. 물론 프리터족의 지배적인 삶이 자율적인 삶과는 거리가 멀 수 있습니다. 생계형 프리터족이 어쩌면 압도적일 수 있기 때문이죠. 그러나 더 많은 자유 시간을 확보하기 위해 노동 시간을 줄이고 노동하는 시간을 스스로 선택할 수 있는 삶을 원하는 것이 완전 고용이냐 반고용이냐는 노동 조건의 문제로만 환원될 수는 없습니다. 이 말은 프리터족의 목적이 정규직 완전 고용이 아니라는 말과 같지요. 프리터족 중에는 자유 시간을 더 많이 확보하기 위해 정규직 고용을 자발적으로 포기한 사람들도 많습니다.

① 프리터족은 반고용 형태의 취업자로 봐야 한다.
② 프리터족 중 일부는 생계 문제에서 자유로울 수 있다.
③ 프리터족을 주류 경제학의 시선에서 바라봐서는 안 된다.
④ 프리터족은 모두 자유 시간을 확보하기 위해 노동을 포기한다.

011

㉠을 설명한 방식으로 적절한 것은?

㉠초창기 가솔린 자동차는 다른 자동차에 비해 기반 시설에 대한 의존도가 낮았지만, 시동을 거는 것이 불편했으며 시끄럽고 진동이 심해 승차감이 좋지 않았다. 이로 인해 가솔린 자동차는 증기 자동차나 전기 자동차에 비해 선택을 많이 받지 못했다. 그러나 냉각 설비 기술의 발전으로 가솔린 엔진이 과열되지 않도록 제어하면서 가솔린 자동차는 장거리를 운행할 수 있게 되었으며, 증기 자동차나 전기 자동차보다 고속으로 주행하는 것이 가능해짐에 따라 운행 효율이 높아져 많은 사람들이 이용하게 되었다. 또한, 가솔린 엔진의 조정 장치가 개선되면서 안정적인 저속 운행이 가능하다는 점과 이로 인해 시내 주행에서 승차감이 좋다는 점은 가솔린 자동차의 대중화를 앞당기는 결과를 가져왔다.

① 정의
② 연역
③ 사례
④ 대조

012

⊙~ⓒ에 들어갈 접속어로 가장 적절한 것은?

하수도의 종류는 하수의 수집과 이송 방법에 따라 분류식 하수도와 합류식 하수도로 나누어진다. 분류식 하수도는 일정하게 소량이 발생되면서 오염 물질의 농도가 높은 생활 오수나 공장 폐수를 발생량의 변동 폭이 크고 오염 물질의 농도가 낮은 빗물과 구별하여 각각 별도의 관으로 수집하는 방식이다. 이 방식은 생활 오수와 공장 폐수만을 하수 처리장에서 정화하여 항상 일정한 양을 효율적으로 관리할 수 있으므로 수자원 보호 차원에서 유리한 장점이 있다. (⊙) 합류식 하수도는 생활 오수와 공장 폐수를 빗물과 분리하지 않고 하나의 관을 통하여 하수 처리장으로 이송하는 방식이다. (ⓒ) 일정량 이상의 비가 오면 생활 오수와 공장 폐수를 정상적으로 처리할 수 없어 오염 물질이 그대로 하천이나 연안 해역에 방류될 수 있다. (ⓒ) 최근에 건설되는 신도시에서는 분류식 하수도를 채용하고 있으며, 다른 지역에서도 합류식 하수도를 분류식 하수도로 전환하는 추세이다.

	⊙	ⓒ	ⓒ
①	반면에	하지만	따라서
②	그리고	반면에	그러나
③	하지만	그래서	그렇지만
④	그런데	그리고	그래서

013

다음 빈칸에 들어갈 말로 가장 적절한 것은?

공공 선택 이론은 정부의 의사 결정 과정을 경제학적으로 분석하여 공공재 공급의 최적 규모를 결정하기 위한 이론으로, 경제학 분야에서 발전해 오다가 1960년대부터 공공 선택이라는 용어가 행정학에 등장하게 되었다. 개체주의적 방법에서는 집단적으로 어떤 것을 결정하기 위해서는 결정 비용과 외부 비용이 든다고 본다. 결정 비용이란 사회 구성원들의 상호 합의를 위해 필요한 설득 및 합의를 위한 비용, 정보 제공을 위한 비용, 전략적 협상이나 정치적 계약을 위한 비용 등을 말한다. 그래서 찬성자의 비율이 커질수록 결정 비용은 보다 많이 든다. 외부 비용이란 개인의 의사와 관계없이 어느 특정한 활동에 참여하도록 강요당하는 경우 그 개인에게 발생한 비용을 의미한다. 그래서 반대하는 사람들이 많을수록 외부 비용은 증가한다. 다시 말해 ＿＿＿＿＿

① 집단 선택에 요구되는 찬성자 수가 많으면 결정 비용과 외부 비용 모두 감소한다.
② 집단 선택에 요구되는 반대자 수가 많으면 결정 비용과 외부 비용 모두 감소한다.
③ 집단 선택에 요구되는 찬성자 수가 많을수록 결정 비용은 증가하고 외부 비용은 감소한다.
④ 집단 선택에 요구되는 반대자 수가 많을수록 결정 비용은 증가하고 외부 비용은 감소한다.

014

다음 글에 대한 이해로 적절하지 않은 것은?

매화의 아름다움이 어디 있나뇨? 세인이 말하기를 매화는 늙어야 한다 합니다. 그 늙은 등걸이 용의 몸뚱어리처럼 뒤틀려 올라간 곳에 성긴 가지가 군데군데 뻗고 그 위에 띄엄띄엄 몇 개씩 꽃이 피는데 품위가 있다 합니다. 매화는 어느 꽃보다 유덕한 그 암향이 좋다 합니다. 백화(百花)가 없는 빙설리에서 홀로 소리쳐 피는 꽃이 매화밖에 어디 있느냐 합니다. 혹은 이러한 조건들이 매화를 아름답게 꾸미는 점일지도 모르겠습니다.

그러나 내가 매화를 사랑하는 마음은 실로 이러한 많은 주관이 멸시된 곳에 있습니다. 그를 대하매 아무런 조건 없이 내 마음이 황홀하여지는 데야 어찌하리까. 매화는 그 둥치를 꾸미지 않아도 좋습니다. 제 자라고 싶은 대로 우뚝 뻗어서 제 피고 싶은 대로 피어오르는 꽃들이 가다가 훌쩍 향기를 보내기도 하고, 또 어느 때는 제가 방 한구석에 있는 체도 않고 은사(隱士)처럼 겸허하게 앉아 있는 폼이 그럴듯합니다.

나는 구름같이 핀 매화 앞에 단정히 앉아 행여나 풍겨 오는 암향을 다칠세라 호흡도 가다듬어 쉬면서 격동하는 심장을 가라앉히기에 힘을 씁니다. 그는 앉은 자리에서 나에게 곧 무슨 이야긴지 속삭이는 것 같습니다.

– 김용준, 「매화」에서 –

① 매화를 완상하며 다양한 연상을 하고, 매화가 지닌 가치를 추구하려는 다짐을 드러내고 있다.
② 매화의 아름다움에 대한 사람들의 생각을 인용하고, 그와 대비되는 자신의 관점을 드러내고 있다.
③ 비유적 표현을 통해 매화의 모습을 형상화하고, 조심스럽게 매화를 대하는 글쓴이의 태도를 드러내고 있다.
④ 설의적 표현으로 매화로부터 받은 감동을 표현하고, 있는 그대로의 매화를 사랑하는 태도를 드러내고 있다.

015

다음 글에서 추론한 내용으로 적절하지 않은 것은?

> 인종별로 차이가 있지만 인류는 구석기 시대부터 화살촉에 스트로판투스(strophanthus) 속의 마삭나무 독을 발라서 수렵에 이용했다. 동서양을 막론하고 독을 가진 물질로서 가장 유명한 것은 아코니툼(aconitum) 속 식물이었다. 그리스에서는 사냥할 때 이를 화살 독으로 사용했으며, 우리나라에서는 사약을 내릴 때에 이 아코니툼 속 식물을 많이 이용했다.
>
> 그러나 동시에 옛날 사람들은 이 독을 적극적으로 약물로 개발해서 사용했다. 그중 부자(附子) 뿌리의 독성을 줄이기 위한 방법은 여러 가지로 연구되어 왔음에도 불구하고 그 맹독성은 심전도 장애를 일으키고, 순환계의 마비, 지각 및 운동 신경의 마비를 일으키는 등 매우 강했다. 따라서 0.3g에서 0.5g의 미량의 뿌리를 갈아 환이나 가루로 하루에 여러 차례 나누어 복용했다. 생약으로 사용하는 것 외에 의약품으로의 개발은 상상할 수 없었다. 이렇게 복용하는 부자 뿌리의 생약 효과로는 대표적으로 허약해진 심장 기능의 강화가 있었다.
>
> 부자류 생약의 약효로서 심장 기능의 항진은 옛날부터 알려져 있었다. 그런데 이는 부자에 함유된 알칼로이드의 작용과 전혀 반대의 작용을 나타내는 것이었다. 알칼로이드의 한 종류인 아코니틴은 구토, 감각 이상, 마비 그리고 종국에 쇼크와 심장 마비를 일으키는 성질을 갖고 있기 때문이다.

① 아코니툼 속의 식물은 사약의 원료로 쓰이기도 하였다.
② 인류는 수렵 시기부터 독을 실생활 속에서 사용해 왔다.
③ 독성을 제거한 부자 뿌리는 심장 기능 강화에 도움이 되었다.
④ 부자에 함유된 알칼로이드는 심장 마비를 일으키는 성질을 지니고 있다.

016

㉠, ㉡의 한자 표기로 옳은 것은?

> - 경찰은 범인에게 ㉠투항하기를 설득했다.
> - 해커들이 침입하여 기상청의 전산망을 ㉡교란하고 있다.

	㉠	㉡
①	鬪降	攪亂
②	投降	攪難
③	鬪降	攪難
④	投降	攪亂

017

다음 글에 대한 이해로 적절하지 않은 것은?

> 특허권이란 새로운 기술이나 아이디어 등에 대해 국가가 부여한 배타적인 권리를 말한다. 특허권이 있다면 그 영역에서는 다른 사람이나 기업의 영업상 자유가 제한된다. 이러한 특허권을 얻기 위해서는 특허청에 특허를 출원한 후, 엄격한 국가의 심사를 통과해야 한다. 또한 특허를 출원하는 것만으로도 해당 기술이나 아이디어에 대한 선점 효과가 있기 때문에 심사 통과 여부와 관계없이 특허를 출원만 하는 경우도 있다. 특허를 출원한 후, 특허권을 받기 위해서는 특허법에 명시된 특허 요건을 충족해야 한다. 특허권 취득의 요건에는 여러 가지가 있지만, 대표적인 것 중의 하나가 바로 새로움이다.
>
> 특허법에서는 새로움을 다음과 같은 세 가지 기준으로 판단하고 있다. 첫째는 공간적 기준이다. 새로움의 판단 기준을 국내만 놓고 보는 것이 아니라, 지구상의 어느 나라에서든 이미 알려진 것이라면, 새롭지 않다고 판단하여 특허를 받을 수 없다. 둘째는 시간적 기준이다. 특허권은 신청한 날, 즉 특허 출원일을 기준으로 판단하게 된다. 특허 요건으로서의 새로움의 판단은 특허 출원일 이전의 모든 역사적 결과물과 비교하여 내리는 것이다. 셋째는 인적 기준이다. 전 세계의 어느 누구에게라도 알려진 상태가 된다면 새로움은 상실된다고 본다. 이러한 기준들이 바로 특허를 받게 되는 아주 기본적 조건이라고 할 수 있다.

① 특허법에 명시된 특허 기준에는 새로움 이외의 요소도 포함된다.
② 특허권을 인정받지 못하더라도 이익을 위해 특허를 출원하는 경우도 있다.
③ 특허권이 통과되기 이전의 결과물 중 유사한 것이 존재한다면 특허권을 인정받을 수 없다.
④ 특허권을 인정받기 위해서는 국내외에서 한 번도 알려지지 않은 기술이나 아이디어여야 한다.

018

다음 대화에 대한 이해로 적절하지 않은 것은?

> 갑: 피카소의 「게르니카」를 예술 작품으로 인정할 수 있을까?
> 을: 「게르니카」는 전쟁의 비극성을 표현한 피카소의 대표작이니까, 당연히 예술 작품이지.
> 갑: 「게르니카」는 스페인 내전 당시 독일군의 폭격으로 많은 시민이 사망한 사건을 소재로 한 작품이야. 예술의 목적은 순수한 미적 가치의 창조에 있어. 그런데 이 작품은 전쟁의 비극을 알리는 수단으로 사용되었으니, 선전(宣傳)에 그 목적이 있다고 봐. 그건 전쟁을 알리는 보도 자료나 신문 사진과 다를 게 없으므로, 예술 작품이라고 인정할 수 없어. 예술 작품은 현실과 분리되어 오로지 예술로서 존재할 때 인정받을 수 있어.
> 을: 「게르니카」가 현실을 반영한 참여적 성격을 지닌 것은 맞아. 하지만 그것도 예술의 역할 중 하나라고 볼 수 있어. 예술가나 예술을 감상하는 사람 모두 현실을 살아가는 존재야. 그러니 예술 작품 역시 현실과 분리하여 이해할 수 없지. 현실과의 관계를 부정하는 예술은 현실 도피일 뿐이야. 만약 현실을 반영한 예술 작품을 예술로 인정하지 않는다면, 현실 재현의 역할을 담당하는 소설이나 영화는 모두 예술 작품으로 인정받지 못할 거야.

① 갑은 보도 자료나 신문 사진은 예술 작품이 될 수 없다고 생각하는군.
② 을은 소설과 영화를 현실 재현의 역할을 담당하는 예술 작품으로 보는군.
③ 갑은 예술이 현실과 분리되어야 한다고 보고, 을은 예술을 현실과 분리하여 파악할 수 없다고 보는군.
④ 갑은 「게르니카」가 미적 가치 창조의 목적을 이루었다고 보고, 을은 「게르니카」가 현실 참여 역할을 한다고 보는군.

019

다음 글의 상황에 어울리는 한자성어로 가장 적절한 것은?

> 중국에 진출한 기업들은 보통 1~2년을 버티지 못하고 사업을 접었다. 하지만 우리 기업은 꾸준한 노력으로 10년이 지난 지금은 2번째 공장까지 준공하여 흑자로 전환되었다.

① 우공이산(愚公移山)
② 심심상인(心心相印)
③ 도청도설(道聽塗說)
④ 여필종부(女必從夫)

020

다음 글을 따를 때, 두 명제 간의 논리적 관계를 바르게 분석한 것은?

> 명제(命題)란 논리학의 기본 단위로, 참 또는 거짓으로 판명될 수 있는 문장을 의미한다. 이러한 명제는 '사람은 동물이다.'처럼 단일한 문장으로 구성된 명제를 단순 명제라고 한다. 이때 주어 집합의 원소 전체를 언급하는 것을 '전칭', 주어 집합의 원소 일부에 관해 언급하는 것을 '특칭'이라고 한다. 그리고 주어 집합의 원소가 술어 집합에 포함된다고 판명하는 것을 '긍정', 주어 집합의 원소가 술어 집합에서 배제된다고 판명하는 것을 '부정'이라고 한다. 예를 들어 '모든 수험생은 학생이다.'는 전칭 긍정 명제, '모든 수험생은 학생이 아니다'는 전칭 부정 명제, '어떤 수험생은 학생이다.'는 특칭 긍정 명제, '어떤 수험생은 학생이 아니다.'는 특칭 부정 명제인 것이다.
>
> 이러한 네 가지 명제 사이에는 논리적 관계가 성립하는데, 그중 두 명제가 양립할 수 없는 경우를 '모순 관계'와 '반대 관계'로 나누어 볼 수 있다. '모순 관계'는 두 명제가 동시에 참일 수도 동시에 거짓일 수도 없는 논리적 관계이고, '반대 관계'는 어느 한쪽이 참이면 반대 쪽은 반드시 거짓이어서 동시에 참일 수는 없지만 동시에 거짓일 수는 있는 논리적 관계이다. 전칭 긍정 명제와 특칭 부정 명제, 전칭 부정 명제와 특칭 긍정 명제는 '모순 관계'이고, 전칭 긍정 명제와 전칭 부정 명제, 특칭 긍정 명제와 특칭 부정 명제는 '반대 관계'이다.

> ㉠ 어떤 철학자는 긍정주의자이다.
> ㉡ 모든 철학자는 긍정주의자가 아니다.
> ㉢ 어떤 철학자는 긍정주의자가 아니다.

① ㉠과 ㉡ 사이에는 '모순 관계'가 성립한다.
② ㉠과 ㉡ 사이에는 '반대 관계'가 성립한다.
③ ㉠과 ㉢ 사이에는 '모순 관계'가 성립한다.
④ ㉡과 ㉢ 사이에는 '반대 관계'가 성립한다.

모의고사 03회

001
밑줄 친 발음이 표준 발음이 아닌 것은?
① 책의 차례[차례]
② 강의의[강ː이에] 내용
③ 세금 감면 혜택[헤ː택]
④ 앞날에 대한 희망[희망]

002
㉠~㉢에 대한 설명으로 옳지 않은 것은?

> ㉠그쪽이 이 일을 포기한다면, 그건 ㉡우리 형님과 조국을 배신하는 겁니다. 형님께서는 ㉢자신을 돌보지 않고 당신을 지원하였소. ㉣형님께서 남긴 이 편지를 읽어 보면, ㉤당신께서 ㉥그대를 얼마나 믿었는지 알 것입니다. 형님의 뜻을 이어 대업을 완수하도록 ㉦저도 적극적으로 돕겠습니다. 조국 독립을 위해 다시 일어섭시다.

① ㉠, ㉥은 청자를 가리키는 2인칭 대명사이다.
② ㉡, ㉦은 화자 자신을 가리키는 1인칭 대명사이다.
③ ㉢, ㉣은 동일한 대상을 가리키는 말이다.
④ ㉤, ㉦은 앞에 나온 주어를 다시 가리키는 재귀대명사이다.

003
밑줄 친 한자성어가 바르게 쓰이지 않은 것은?
① 작년 대비 괄목상대(刮目相對)의 수준으로 많은 성장을 했다.
② 어머니는 못 배운 한 때문에 당신은 건곤일척(乾坤一擲)이면서도 자식들은 모두 다 훌륭하게 키우셨다.
③ 항상 와보고 싶었던 곳에 왔으나 회사 일로 왔기에 주변을 주마간산(走馬看山)으로 지나칠 수밖에 없었다.
④ 현재 상황이 참으로 두렵고 떨리는 백척간두(百尺竿頭)가 아닐 수 없다.

004
다음 강연 내용에 대한 반응으로 적절하지 않은 것은?

> 오늘은 우리 밥상에서 빠질 수 없는 된장을 담그는 방법을 소개해 볼까 합니다. 된장을 만드는 과정은 다음과 같습니다. 먼저 된장의 주재료인 콩을 3~4시간 정도 삶아 찧습니다. 이때 콩을 너무 오래 삶으면 군내가 날 수 있으니 주의해야 합니다. 그다음에는 찧은 콩을 네모반듯하게 빚어 모양을 잡고, 볏짚으로 묶어 2~3개월 동안 말리며 띄웁니다. 메주를 띄운다는 것은 메주를 발효시키는 것인데, 통풍이 잘되는 곳에 메주를 매달아 두어야 발효가 잘됩니다. 그 다음 잘 마른 메주를 깨끗하게 씻어 표면에 붙은 발효균들을 제거해 줍니다. 그리고 깨끗이 씻은 메주를 소금물에 담가 40~60일 정도 숙성시킵니다. 이 과정에서 콩의 수용성 성분이 우러나는데, 그것을 달이면 간장이 됩니다. 그리고 남은 메주 건더기를 건져내어 으깬 뒤 달인 간장을 부어 농도를 조절하고 소금으로 간을 하여 숙성시키면 된장이 됩니다.

① 콩을 너무 오래 삶으면 군내가 날 수 있으니 4시간을 넘지 않게 삶아야 하는군.
② 메주를 빚은 뒤에는 볏짚으로 묶고 통풍이 잘되는 곳에서 말려야 메주가 잘 띄워지는군.
③ 숙성된 메주에서 우러난 콩의 수용성 성분에 다시 소금 간을 하고 달이면 간장이 되는군.
④ 된장은 간장을 담그고 남은 숙성된 메주 건더기로 만드는 것으로 간장으로 농도 조절을 하는군.

005
다음 시조에 대한 이해로 적절하지 않은 것은?

> 秋江(추강)에 밤이 드니 물결이 ᄎᆞ노미라
> 낙시 드리치니 고기 아니 무노미라
> 無心(무심)ᄒᆞᆫ 달빛만 싯고 뷘 비 저어 오노미라
>   - 월산 대군 -

① 자연물에 화자가 지향하는 가치를 부여하고 있다.
② 물욕을 초월한 화자의 유유자적한 정신이 드러나 있다.
③ 공간의 대비를 통해 자연을 관조하는 태도를 보이고 있다.
④ 가을 강의 밤 경치를 묘사하여 자연의 정취를 전달하고 있다.

006
밑줄 친 외래어 표기가 옳은 것은?

① 거실에 새로 산 <u>카페트</u>를 깔았다.
② 그는 다양한 <u>컨텐츠</u>로 영상을 제작했다.
③ 그들은 강한 <u>리더십</u>을 가진 사람이 필요했다.
④ 보건 의료에 관한 <u>심포지움</u>을 개최하였다.

007
다음 글에 대한 이해로 적절하지 않은 것은?

> 건우 할아버지와 윤춘삼 씨가 들려준 조마이섬 이야기는 언젠가 건우가 써 냈던 '섬 얘기'에 몇 가지 기막히는 일화가 붙은 것이었다.
> "우리 조마이섬 사람들은 지 땅이 없는 사람들이요. 와 처음부터 없기싸 없었겠소마는 죄다 뺏기고 말았지요. 옛적부터 이 고장 사람들이 젖줄같이 믿어 오는 낙동강 물이 맨들어 준 우리 조마이섬은……."
> 건우 할아버지는 처음부터 개탄조로 나왔다. 선조로부터 물려받은 땅, 자기들 것이라고 믿어 오던 땅이 자기들이 겨우 철 들락 말락 할 무렵에 별안간 왜놈의 동척 명의로 둔갑을 했더란 것이었다.
> "이완용이란 놈이 '을사보호조약'이란 걸 맨들어 낸 뒤라 카더만!"
> 윤춘삼 씨의 통방울 같은 눈에도 증오의 빛이 이글거리기 시작했다.
> 1905년― 을사년 겨울, 일본 군대의 포위 속에서 맺어진 '을사보호조약'이란 매국 조약을 계기로, 소위 '조선 토지 사업'이란 것이 전국적으로 실시되던 일, 그리고 이태 후인 정미년에 가서는 '한국 정부는 시정 개선에 관하여 통감의 지도를 수할 사'란 치욕적인 조목으로 시작된 '한일 신협약'에 따라, 더욱 그 사업을 강행하고 역둔토(驛屯土)의 대부분과 삼림 원야(森林原野)들을 모조리 국유로 편입시키는 등 교묘한 구실과 방법으로써 농민들로부터 빼앗은 뒤, 다시 불하하는 형식으로 동척과 일인 수중에 옮겨 놓던 그 해괴망측한 처사들이 문득 내 머릿속에도 떠올랐다.
> ― 김정한, 「모래톱 이야기」에서 ―

① '나'가 '건우'에게 들은 '섬 얘기'는 윤춘삼 씨에게 들은 내용보다 많은 정보를 담고 있었다.
② '윤춘삼 씨'는 조마이섬의 이야기를 하면서 부당한 세력을 향한 증오를 드러냈다.
③ '나'는 잘못된 역사적 사건을 떠올리며 조마이섬의 과거를 이해하게 되었다.
④ 조마이섬 사람들은 오랜 세월 동안 권력자들에게 삶의 터전을 빼앗겨 왔다.

008
다음 시에 대한 이해로 적절하지 않은 것은?

> 나는 시방 위험(危險)한 짐승이다.
> 나의 손이 닿으면 너는
> 미지(未知)의 까마득한 어둠이 된다.
>
> 존재(存在)의 흔들리는 가지 끝에서
> 너는 이름도 없이 피었다 진다.
> 눈시울에 젖어드는 이 무명(無名)의 어둠에
> 추억(追憶)의 한 접시 불을 밝히고
> 나는 한밤내 운다.
>
> 나의 울음은 차츰 아닌 밤 돌개바람이 되어
> 탑(塔)을 흔들다가
> 돌에까지 스미면 금(金)이 될 것이다.
>
> ……얼굴을 가리운 나의 신부(新婦)여.
> ― 김춘수, 「꽃을 위한 서시」 ―

① 존재의 본질을 밝히기 위한 화자의 시도가 드러난다.
② 명암(明暗)의 이미지에 빗대어 인식의 상태를 표현하고 있다.
③ 대상과의 과거 관계를 회복하고자 하는 소망을 표현하고 있다.
④ 청자를 호명하며 시상을 마무리하여 시적 여운을 남기고 있다.

009
다음 중 ㉠의 주장을 드러낸 것으로 가장 적절한 것은?

> 최근 한 재독 한인 철학자가 우리가 살고 있는 시대를 긍정성의 과잉으로 인한 '피로 사회'라고 진단하며 주목받고 있다. ㉠그는 근대의 서양 사회를 지배해 온 부정성의 패러다임, 즉 금지, 강제, 규율, 의무, 결핍, 타자에 대한 거부 등이 적어도 20세기 말부터 긍정성의 패러다임, 즉 능력, 성과, 자기 주도, 과잉, 타자성의 소멸 등으로 전환되었거나 전환되어 가는 과정에 있다고 주장한다. 과거의 사회가 규율 사회이고 그 속에서 살아가는 인간이 복종적 주체라고 한다면, 오늘날은 그 자리에 성과 사회, 성과 주체가 대신 들어선다. 이와 같은 주장은 근대 이후에 우리가 살아가고 있는 세계를 어떻게 보아야 할 것이냐 하는 문제에 대해 새로운 관점을 제공해 주는 것으로 보인다.

① 근대는 금지, 강제 등의 패러다임 때문에 피로 사회로 규정할 수 있다.
② 근대 사회는 현대 사회와 달리 타자에 대한 복종으로 피로를 느꼈던 사회이다.
③ 현대 사회는 능력과 성과를 중시하지만 그것의 실패에 고통받는 피로 사회이다.
④ 현대 사회는 자기가 주도하여 성과를 낼 수 있다는 지나친 긍정으로 피로를 느끼는 사회이다.

010

㉠, ㉡의 한자 표기로 옳은 것은?

- 기자 회견에서 16강에 진출하겠다는 감독님의 ㉠결의를 볼 수 있었다.
- 유라시아 대륙은 끝이 없을 만큼 ㉡방대하다.

	㉠	㉡
①	結意	厖大
②	決意	方大
③	結意	方大
④	決意	厖大

011

㉠~㉢에 들어갈 말로 적절하지 않은 것은?

- **주제문**: 일상과 소비 생활에서 전기 에너지 절약에 참여하자.
- Ⅰ. 전기 에너지 낭비의 원인
  1. ㉠
  2. 전기 에너지 절약 방법에 대한 인식 부족
- Ⅱ. ㉡
  1. 전기 에너지 생산비 및 국가 예산 부담
  2. 전기 에너지 생산 과정에서의 환경 오염
- Ⅲ. ㉢
  1. 일상생활 속 전기 에너지를 절약하는 습관 형성
  2. 전기 에너지를 절약하는 전기 제품 구매
- Ⅳ. ㉣
  1. 전기 에너지 생산비 및 국가 예산 절약
  2. 전기 에너지 생산으로 인한 환경 오염 감소

① ㉠: 전기 에너지의 원료가 되는 자원 낭비
② ㉡: 전기 에너지 낭비의 문제점
③ ㉢: 전기 에너지 절약의 실천 방법
④ ㉣: 전기 에너지 절약의 기대 효과

012

다음 글의 순서로 가장 적절한 것은?

ㄱ. 말의 대의가 임금의 뜻에 거슬리는 것이 없어야 하고, 말은 걸리고 얽히는 데가 없어야 한다.
ㄴ. 대체로 설득의 어려움이란 남을 설득할 수 있을 만큼 내가 풍부한 지식을 갖기가 어렵다는 것이 아니다.
ㄷ. 또 나의 의사를 충분히 표현할 수 있을 만큼 나의 언변이 능숙하기가 어렵다는 뜻도 아니다.
ㄹ. 그런 뒤에야 지혜로운 언변을 마음껏 구사할 수가 있다.
ㅁ. 설득하는 사람이 힘써야 할 일은 상대방이 자랑으로 여기는 바를 아름답게 꾸며 주고, 부끄러워하는 일을 없애 줄 줄 아는 데 있다.

① ㄴ-ㄷ-ㅁ-ㄱ-ㄹ
② ㄴ-ㄹ-ㅁ-ㄷ-ㄱ
③ ㅁ-ㄱ-ㄷ-ㄴ-ㄹ
④ ㅁ-ㄱ-ㄴ-ㄷ-ㄹ

013

다음 글에 대한 이해로 적절한 것은?

고대 그리스의 철학자 플라톤은 앎을 감각으로부터 얻어지는 단순한 믿음과 구별했다. 그는 우리가 감각을 통해 알 수 있는 것은 끊임없이 변화하는 그림자 세계, 즉 현상(現象) 세계인 데 반하여, 감각으로 알 수는 없지만 더 궁극적이며 영원한 참된 세계, 즉 이데아의 세계가 있으며, 이 세계에 대한 앎이야말로 참다운 앎이라고 하였다. 여기서 말하는 믿음이란 종교적인 의미만을 가리키는 것이 아니다.

사실 '나는 그를 안다.'라는 말과 '나는 그를 믿는다.'라는 말은 분명 그 의미가 다르다. 하지만 양자가 전혀 관계가 없는 것 또한 아니다. '안다'라는 말에는 두 가지 뜻이 있기 때문이다. 즉, 직접 대면해 보았다는 뜻과 어떤 사실이나 명제(命題)를 안다는 뜻이 그것이다. 후자의 경우 '안다'라는 말은 '믿는다'라는 말과 어떤 연관성이 있다. 그럴 경우 앎도 일종의 믿음에 해당한다. 이때 어떤 믿음이 앎이 되려면 그것은 '참된 믿음'이어야 한다. 단, 믿음이 참이라고 해도 그것은 어디까지나 우연히 믿게 된 참이 아니라 근거나 이유를 제시할 수 있는 참이어야 한다. 여기서 우리가 앞의 특성을 규명하려는 시도는 결국 앎이 일상 속에서의 실천적 삶의 문제로서 의미가 있기 때문이다. 이 경우 참이란 진실과 같은 말이며, 그것은 어디까지나 구체적 삶과 관련된 진실일 수밖에 없다.

① 플라톤은 감각을 초월한 믿음을 경계하였다.
② 믿음이 참으로 판정되더라도 진실이 아닐 수 있다.
③ 근거를 제시할 수 있는 믿음이라도 앎이 될 수 없다.
④ 직접 대면해 보았다는 의미의 앎은 일종의 믿음에 해당한다.

014

다음 글에 대한 이해로 적절하지 않은 것은?

> 부사어는 수의적인 문장 성분이지만 항상 수의적이지는 않다. 다음은 부사어를 반드시 필요로 하는 예이다.
>
> (1) 철수는 영수에게 메일을 보냈다.
>
> (1)의 서술어 '보내다'는 세 자리 서술어로서 목적어인 '메일을' 이외에도 부사어인 '영수에게'를 반드시 요구한다. 그래서 문장 (1)에서는 목적어와 부사어 둘 중의 하나를 빠뜨리면 비문법적 문장이 된다.
> 또한 '굴다, 생기다'와 같은 동사도 혼자서는 문장을 이루지 못한다.
>
> (2) 가. 아이들이 매우 시끄럽게 굴고 있다.
> 　　나. 그 아이가 멋있게 생겼다.
>
> (2)-가의 '시끄럽게'는 형용사에 부사형 어미 '-게'가 붙어 부사어가 되었다. (2)-나의 '멋있게'는 '멋있다'에 어미 '-게'를 취하여 부사어가 되었다. (2)의 '굴다, 생기다'와 같은 동사는 부사어를 취하지 못하면 문장이 성립되지 않는 예이다. 이렇게 동사 중에는 부사어를 필수적으로 요구하는 것이 있다.

① '굴다'와 같은 동사는 반드시 부사어와 함께 쓰인다.
② '보내다'와 같은 동사는 '-게' 형태의 부사어를 요구한다.
③ 부사어는 수의적인 문장 성분이지만 그렇지 않은 경우도 있다.
④ 목적어뿐만 아니라 부사어가 생략되더라도 비문법적인 문장이 될 수 있다.

015

다음 중 피사체의 에너지를 강하게 느끼게 하는 예로 가장 적절한 것은?

> 영화의 화면에 등장하는 피사체들은 크기나 위치에 따라 상대적인 무게감이나 의미 강조의 정도가 달라진다. 화면 속 피사체들의 이러한 시각적 무게감이나 의미 강조의 정도는 흔히 에너지의 양으로 표현되곤 하는데, 작가나 감독들은 이를 적절히 고려하여 영상을 만든다. 화면 속 피사체가 지니는 에너지의 양은 일차적으로 크기에 의해서 결정된다. 피사체의 크기는 비교 대상이 있을 때 쉽게 파악되고 그 에너지의 양도 잘 대비되는데, 일반적으로 크게 보일수록 그 피사체가 지니는 에너지가 강하게 느껴진다.
> 화면 속 피사체가 지니는 에너지의 양을 더 교묘하고 세밀하게 드러내는 장치는 피사체의 위치이다. 화면의 맨 위쪽 부분은 위에서 끄는 힘이 작용하는 곳으로서, 이 위치에 있는 피사체에는 주로 힘과 열망, 권위, 지배, 성스러움 등의 의미가 상징적으로 부여된다. 반면에 화면의 맨 아래쪽 부분에 피사체가 위치하면 굴종, 무력함, 나약함 등의 의미가 주로 부여되며, 아래에서 끌어당기는 힘의 영향에 의해 화면 밖으로 벗어날 것 같은 위태한 느낌을 준다. 화면의 좌측이나 우측 부분은 에너지의 양이 가장 적게 느껴지는 곳이기 때문에, 이 위치에는 상대적으로 덜 중요한 인물들이나 주 피사체의 주변 물체들이 주로 배치된다.

① 먼 거리에서 앵글을 포착하여 전체적인 상황을 보여 준다.
② 어떤 인물의 얼굴을 클로즈업하여 화면에 꽉 차게 보여 준다.
③ 주인공과 대립각을 펼치고 있는 인물을 화면의 좌측에 배치한다.
④ 화면의 위와 정중앙은 비워두고 아래와 옆에 인물들을 배치한다.

016
다음 글에서 추론할 수 없는 것은?

조선 전기만 해도 고려 말의 유풍이 강하게 남아 있어서 남녀가 심하게 차별되지는 않았다. 남녀평등과 차별 여부를 알 수 있는 가장 현실적인 잣대는 재산 상속의 차등 여부인데, 현존하는 여러 기록에는 적어도 임란 전만 해도 재산 상속에 있어 남녀가 차별되지 않았음을 보여주고 있다. 『경국대전』에도 철저한 남녀 균분을 규정하고 있으나, 이러한 재산 상속의 남녀평등 경향은 인조반정이 일어나면서 조직적으로 변화하게 된다.

임진왜란과 병자호란 이후 조선은 사회 밑바닥에서부터 신분제 해체를 요구하는 분위기가 팽배해 갔다. 그러나 광해군과 북인 정권에 비해 명분을 중요시한 인조와 서인 정권은 사회 저변의 요구를 묵살하면서, 오히려 신분제를 강화하는 정책으로 나아가게 된다. 신분제 강화 정책이 사상으로 나타난 것이 예학(禮學)인데, 예학의 기본 사상은 각 신분에는 각자 지켜야 할 예가 따로 있다는 것이었다. 즉, 사대부는 사대부의 예가 있고, 중인은 중인의 예가 있으며, 양인은 양인의 예가 있다는 것이다. 그리고 이 신분 간의 경계를 넘는 것은 비례(非禮)로서 처벌받아야 했다. 이러한 예학이 여성들에게 그대로 적용되면서 찬양받은 것이 바로 열녀였으며, 열녀 만들기는 다름 아닌 신분제를 강화하는 반동 수구 정책의 산물이었다.

부부란 상호 평등한 인격체이고 부부 사이의 정절은 남자든 여자든 간에 모두 지켜야 할 덕목이다. 그러므로 열부는 기리지 않고 열녀만 기렸던 조선 사회의 의식 구조는 분명히 잘못된 것이었다. 게다가 정절은 스스로의 자유 의지에 따라서 지키든지 말든지 결정해야 할 선택의 문제이지, 무조건 강요할 일은 아니다.

① 부녀의 재가 금지 정책은 조선 전기부터 유지되었다.
② 고려 때에는 남녀 차별이 조선 후기만큼 심하지 않았다.
③ 명분을 중시한 인조 정권은 예학을 강조하는 정책을 추진하였다.
④ 조선에서 전쟁을 겪은 뒤 약해진 신분 의식을 회복하려는 움직임이 나타났다.

017
문장 성분의 호응이 가장 자연스러운 것은?

① 마스크 착용과 흐르는 물에 손을 자주 씻어야 합니다.
② 우리는 모든 일에 가능한 한 최대의 노력을 기울였다.
③ 자랑스러운 점은 우리나라는 반만년 역사를 가지고 있다.
④ 아마 이번 사태를 해결할 수 있는 좋은 수가 생겼습니다.

018
다음 글에 대한 이해로 적절하지 않은 것은?

행랑채가 퇴락하여 지탱할 수 없게끔 된 것이 세 칸이었다. 나는 마지 못하여 이를 모두 수리하였다. 그런데 그중의 두 칸은 앞서 장마에 비가 샌 지가 오래되었으나, 나는 그것을 알면서도 이럴까 저럴까 망설이다가 손을 대지 못했던 것이고, 나머지 한 칸은 비를 한 번 맞고 샜던 것이라 서둘러 기와를 갈았던 것이다. 이번에 수리하려고 본즉 비가 샌 지 오래된 것은 그 서까래, 추녀, 기둥, 들보가 모두 썩어서 못 쓰게 되었던 까닭으로 수리비가 엄청나게 들었고, 한 번밖에 비를 맞지 않았던 한 칸의 재목들은 완전하여 다시 쓸 수 있었던 까닭으로 그 비용이 많지 않았다.

나는 이에 느낀 것이 있었다. 사람의 몸에 있어서도 마찬가지라는 사실을, 잘못을 알고서도 바로 고치지 않으면 곧 그 자신이 나쁘게 되는 것이 마치 나무가 썩어서 못 쓰게 되는 것과 같으며, 잘못을 알고 고치기를 꺼리지 않으면 해(害)를 받지 않고 다시 착한 사람이 될 수 있으니, 저 집의 재목처럼 말끔하게 다시 쓸 수 있는 것이다. 뿐만 아니라 나라의 정치도 이와 같다. 백성을 좀먹는 무리들을 내버려 두었다가는 백성들이 도탄에 빠지고 나라가 위태롭게 된다. 그런 연후에 급히 바로잡으려 하면 이미 썩어 버린 재목처럼 때는 늦은 것이다. 어찌 삼가지 않겠는가.

— 이규보, 「이옥설(理屋說)」 —

① 비가 샌 세 칸의 행랑의 특성을 대조적으로 분석하고 있다.
② 일상적 체험으로부터 얻은 깨달음을 확장하여 적용하고 있다.
③ 행랑채 수리에 필요한 재료를 열거하여 상대적 관점을 강조하고 있다.
④ 설의적 표현으로 글을 마무리하여 현실의 문제를 개선해야 함을 지적하고 있다.

019

다음 대화에 대한 이해로 적절하지 않은 것은?

> 갑: 그리스 신화의 영웅 헤라클레스 이야기는 허구이겠지?
> 을: 나는 헤라클레스 신화는 사실에 기반한 이야기라고 생각해.
> 갑: 헤라클레스는 그리스 신화 최고의 신 제우스의 아들이야. 그리고 머리가 아홉 개인 괴물 히드라를 죽이기도 했어. 그런 허무맹랑한 일이 어떻게 현실에서 있을 수 있겠어. 이러한 신화는 고대인의 상상력을 바탕으로 지어낸 이야기야. 그러니까 헤라클레스의 이야기도 온전히 허구로 볼 수밖에 없어.
> 을: 신화에는 고대인의 은유적 사실이 반영되어 있어. 제우스의 또 다른 아들인 페르세우스는 이집트 출신으로, 메두사를 죽인 영웅으로 묘사되어 있어. 그런데 역사학자들이 다양한 역사적 자료를 조사해 보니 이집트 출신의 비슷한 실존 인물이 있었고 이를 신화에서 페르세우스로 표현한 것 같다고 추론했대. 물론 그의 업적은 부풀려진 허구이지만 사건에 기반한 것이야. 그러니까 신화는 온전히 지어낸 이야기가 아니라, 과거의 어떤 사건을 신성시하기 위해 은유적으로 표현된 이야기인 거야.

① 갑은 '헤라클레스' 신화를 현실과 견주며 신화를 거짓된 이야기라고 보았다.
② 을은 '페르세우스' 신화에 대한 역사학자들의 견해를 들어 신화가 사실에 기반한다고 보았다.
③ 갑은 '헤라클레스' 신화를 온전한 허구로, 을은 '헤라클레스' 신화를 은유적 사실을 반영한 것으로 보았다.
④ 갑과 을은 '헤라클레스' 신화가 고대인들이 상상력을 바탕으로 과거의 사건을 신성시하기 위해 꾸며낸 것이라고 보았다.

020

다음 글을 바탕으로 <보기>를 판단한 내용으로 적절하지 않은 것은?

추론은 이미 제시된 명제인 전제를 토대로, 다른 새로운 명제인 결론을 도출하는 사고 과정이다. 논리학에서는 어떤 추론의 전제가 참일 때 결론이 거짓일 가능성이 없으면 그 추론은 '타당하다'라고 말한다. "서울은 강원도에 있다. 따라서 당신이 서울에 가면 강원도에 간 것이다."[추론 1]라는 추론은, 전제가 참이라고 할 때 결론이 거짓이 되는 경우는 전혀 생각할 수 없으므로 타당하다. 반면에 "비가 오면 길이 젖는다. 길이 젖어 있다. 따라서 비가 왔다."[추론 2]라는 추론은 전제들이 참이라고 해도 결론이 반드시 참이 되지는 않으므로 타당하지 않은 추론이다.

그런데 [추론 1]의 전제는 실제에서는 거짓이다. 만약 행정 구역이 개편되어 서울이 강원도에 속하게 되었다고 가정하면, [추론 1]의 결론은 참일 수밖에 없다. 반면에 [추론 2]는 결론이 실제로 참일 수는 있지만 반드시 참이 되는 것은 아니다. 다른 이유로 길이 젖는 경우를 얼마든지 상상할 수 있기 때문이다. [추론 2]와 같은 추론은 비록 타당하지 않지만 결론이 참일 가능성이 꽤 높다. 그런 추론은 '개연성이 높다'라고 말한다. 결론이 참일 가능성이 낮은 추론은 개연성이 낮을 것이다. 한편 추론이 타당하면서 전제가 모두 실제로 참이기까지 하면 그 추론은 '건전하다'라고 정의한다.

─ 보기 ─
㉠ 병아리는 닭의 새끼이다. 닭은 조류의 한 종이다. 따라서 병아리도 조류의 한 종이다.
㉡ 에펠탑은 서울에 있다. 서울은 대한민국의 수도이다. 따라서 에펠탑은 대한민국에 있다.
㉢ 출퇴근 시간대에는 교통 정체가 일어난다. 교통 정체가 일어났다. 따라서 출퇴근 시간대이다.

① ㉠의 추론은 결론이 참이며 실제에서도 전제가 참이므로, 건전하다.
② ㉡의 추론은 전제가 참이라고 가정할 때 결론도 참이지만, 타당하지 않다.
③ ㉡의 추론은 결론이 참이더라도 실제에서는 전제가 참이 아니므로, 건전하지 않다.
④ ㉢의 추론은 결론이 반드시 참이 아니고 참일 가능성이 높으므로, 개연성이 높다.

모의고사 04회

001
밑줄 친 부분이 바르게 쓰인 것은?

① 책을 읽다가 잠에 곯아떨어졌다.
② 그녀는 몇 일 동안 아무 말이 없었다.
③ 하느라고 했는데 마음에 들었으면 좋겠다.
④ 그렇게 주구장창 일만 하다가는 과로로 쓰러지겠다.

002
㉠, ㉡의 사례로 옳은 것만을 짝지은 것은?

> 용언의 불규칙 활용은 크게 ㉠어간만 불규칙하게 바뀌는 부류, ㉡어미만 불규칙하게 바뀌는 부류, 어간과 어미 둘 다 불규칙하게 바뀌는 부류로 나눌 수 있다.

	㉠	㉡
①	선을 긋다.	피부가 하얗다.
②	밥을 푸다.	목적지에 이르다.
③	허리가 굽다.	운동을 하다.
④	하늘이 푸르다.	냇물이 붇다.

003
밑줄 친 한자성어가 바르게 쓰이지 않은 것은?

① 말을 너무 잘하니 오히려 구밀복검(口蜜腹劍)이 아닐까 의심스럽다.
② 부상으로 인해 경기에 출전하지 못했던 그는 절치부심(切齒腐心)하여 재활 훈련에 임했다.
③ 무리한 일정을 계속 유지한다면 건강에 무리가 가는 것은 명약관화(明若觀火)한 일이다.
④ 주식 거래를 할 때 주변에서 사는 종목을 그대로 망양지탄(亡羊之歎)하여 구매하면 손실을 볼 가능성이 매우 크다.

004
다음 글에서 토의 참여자의 말하기 방식에 대한 이해로 가장 적절한 것은?

> **사회자**: 최근 한 아파트에서 단지 내 외부인 통행을 금지해서 논란이 되고 있습니다. 이에 대한 해결 방안을 마련하고자 관련 자분들을 모셨습니다. 각자 의견을 말씀해 주시겠습니까?
> **입주민**: 아파트 단지는 입주민의 사유 재산입니다. 그러니 아파트 단지 내 외부인 통행을 금지하는 조치는 적절합니다.
> **인근 주민**: 통행로가 막혀 길을 돌아가야 하니 몹시 불편합니다. 우리가 아파트를 지나면서 문제를 일으키는 것도 아닌데, 출퇴근 시간대만이라도 통행로를 개방해 줄 수 없을까요?
> **입주민**: 그건 어려울 것 같습니다. 출퇴근 시간대에만 우리 아파트를 지나는 인원이 100~200명 정도입니다. 많은 사람이 통행로를 이용하면 그만큼 통행로가 노후될 것인데, 인근 주민분들께서 보수 비용을 내실 건가요?
> **인근 주민**: 그걸 왜 우리가 냅니까? 그건 지자체에서 관리해야죠.
> **사회자**: 두 분의 입장을 잘 이해했습니다. 구청장님, 지자체에서 아파트 단지 내 통행로 관리를 할 수 있습니까?
> **구청장**: 우리나라 법에 의하면 아파트 단지 내 모든 시설과 통행로에 대한 부담은 아파트 입주자들이 지게 되어 있습니다. 그래서 지자체에서 통행로 보수에 예산을 쓸 수 있는 법적 근거가 없으며, 통행 금지 조치를 막을 권한도 없습니다. 대신 입주민들께서 허락한다면 아파트 담장을 허물고 그 자리를 공원과 산책로로 꾸미면 어떨까요?
> **입주민**: 아파트 단지 인근에 공원이 생기고, 인근 주민분들이 아파트 단지를 가로질러 통행하지 않을 테니, 입주민들도 수용할 수 있을 것 같습니다.
> **인근 주민**: 저희도 길을 돌아가지 않아도 되고 아파트 입주민분들께 피해를 주지 않으니 좋습니다.
> **구청장**: 그 방안이라면 구청에서도 예산 확보를 긍정적으로 검토해 볼 수 있을 것 같습니다.
> **사회자**: 모든 분께서 만족할 만한 방안을 찾아 뜻있는 토의가 된 것 같습니다.

① 사회자는 참여자의 의견을 수용하여 새로운 주제로 전환하고 있다.
② 입주민은 당면한 문제점을 부각하면서 타협의 가능성을 배제하고 있다.
③ 인근 주민은 상대 주장의 근거를 지적하고 자신의 입장을 관철하고자 한다.
④ 구청장은 참여자들의 의견에 대한 입장을 밝히고 새로운 대안을 제시하고 있다.

005
다음 글에 대한 설명으로 적절하지 않은 것은?

> 수국(水國)에 가을이 드니 고기마다 살져 있다
> 닫 들어라 닫 들어라
> 만경징파(萬頃澄波)에 슬카지 용여(容與)하자
> 지국총(至匊悤) 지국총(至匊悤) 어사와(於思臥)
> 인간(人間)을 돌아보니 멀수록 더욱 좋다
>
> 세상 밖의 깨끗한 일이 어부 생애 아니겠느냐
> 배 띄워라 배 띄워라
> 어옹(漁翁)을 비웃지 마라 그림마다 그려있더라
> 지국총(至匊悤) 지국총(至匊悤) 어사와(於思臥)
> 사계절 흥이 한가지나 추강(秋江)이 으뜸이라
>
> 옷 위에 서리 오대 추운 줄을 모랄로다
> 닻 내려라 닻 내려라
> 조선(釣船)이 좁다 하나 부세(浮世)와 어떠하니
> 지국총(至匊悤) 지국총(至匊悤) 어사와(於思臥)
> 내일도 이리 하고 모레도 이리 하자
>
> — 윤선도, 「어부사시사(漁父四時詞)」 —

① 계절감을 드러내는 소재를 활용하여 자연의 아름다움을 표현하고 있다.
② 배를 저을 때 나는 소리를 표현한 음성 상징어를 통해 흥취를 돋우고 있다.
③ 자연을 통해 노동의 고단함을 풀고 위안을 얻고 있는 어부(漁夫)의 삶을 형상화하고 있다.
④ 조흥구를 활용하여 배의 출항(出港)과 귀항(歸港)의 과정을 드러냄으로써 작품을 유기적으로 연결하고 있다.

006
㉠과 ㉡에 대한 진술 방식으로 가장 적절한 것은?

> 우리 주변에서는 ㉠'정체성'이라는 말을 할 때 ㉡'주체성'과 혼동하는 경우를 많이 볼 수 있다. "남의 말에 좌지우지되는 일이 없이, 자신의 정체성을 찾아야 한다.", "우리 민족의 정체성을 확립하기 위해 우리 민족의 문제는 우리 민족이 해결해야 한다."라는 말들이 바로 그것이다. 여기에서 '정체성'은 실은 '주체성'을 언급하고 있는 것이다. '주체성'을 언급하기 위해서는 '정체성'이 무엇인지를 언급해야만 하는 것은 사실이지만, 양자를 동일하게 다루는 태도는 정체성 파악을 혼란스럽게 만들 수 있다.

① ㉠에 대한 예시를 들고 있다.
② ㉠에 대한 개념을 밝히고 있다.
③ ㉠과 ㉡의 차이를 강조하고 있다.
④ ㉠과 ㉡의 공통점을 기술하고 있다.

007
다음 글에 대한 이해로 적절하지 않은 것은?

> "얘? 낡은 솜이 돼 그런지, 삯바느질이 돼 그런지 바지 솜이 모두 치어서 어떤 덴 홑옷이야. 암만해두 샤쓸 한 벌 사입어야겠다."
> 하고 딸의 눈치만 보아 오다 한번은 입을 열었더니,
> "어련히 인제 사드릴라구요."
> 하고 딸은 대답은 선선하였으나 샤쓰는 그해 겨울이 다 지나도록 구경도 못 하였다. 샤쓰는커녕 안경다리를 고치겠다고 돈 일 원만 달래도 일 원짜리를 굳이 바꿔다가 오십 전 한 닢만 주었다. 안경은 돈을 좀 주무르던 시절에 장만한 것이라 테만 오륙 원 먹은 것이어서 오십 전만으로 그런 다리는 어림도 없었다. 오십 전짜리 다리도 있지만 살 바에는 조촐한 것을 택하던 초시의 성미라 더구나 면상에서 짝짝이로 드러나는 것을 사기가 싫었다. 차라리 종이 노끈인 채 쓰기로 하고 오십 전은 담뱃값으로 나가고 말았다.
> "왜 안경다린 안 고치셨어요?"
> 딸이 그날 저녁으로 물었다.
> "흥……."
> 초시는 말은 하지 않았다. 딸은 며칠 뒤에 또 오십 전을 주었다. 그러면서 어떻게 들으라고 하는 소리인지,
> "아버지 보험료만 해두 한 달에 삼 원 팔십 전씩 나가요."
> 하였다. 보험료나 타먹게 어서 죽어 달라는 소리로도 들리었다.
> "그게 내게 상관 있니?"
> "아버지 위해 들었지 누구 위해 들었게요 그럼?"
> 초시는 '정말 날 위해 하는 거문 살아서 한푼이라두 다우. 죽은 뒤에 내가 알 게 뭐냐.' 소리가 나오는 것을 억지로 참았다.
>
> — 이태준, 「복덕방」에서 —

① '초시'는 '딸'에게 당당하게 돈을 요구하지 못하는 처지에 있다.
② '초시'는 '딸'에게 안경다리 수리비를 받아 다른 용도로 쓴 적이 있다.
③ '초시'는 자신에게 돈을 쓰는 데에 인색한 '딸'을 못마땅하게 생각하고 있다.
④ '초시'는 생활의 기반을 잃어 체면을 차리지 않는 억척스러운 성격으로 변했다.

008
띄어쓰기가 옳은 것은?

① 하루내지 이틀만 기다려 주세요.
② 제 1장 총칙의 내용을 서술하시오.
③ 내놓고 잘난 체하는 모습이 보기 싫다.
④ 김군은 앞으로 무슨 일을 하고 싶은가?

009

다음 글의 주장으로 가장 적절한 것은?

자본주의 경제는 무한히 반복되는 확대 재생산을 목적으로 하기 때문에 잉여를 온전히 생산에 재투자한다. 확대 재생산을 위한 자본주의의 운용 원리는 '수단-목적 합리성'으로, 이것은 최선의 수단을 통해 목적을 성취하고 이를 다시 수단 삼아 또 다른 목적을 추구하는 원리이다. 그렇기 때문에 자본주의 경제는 지속적인 성장을 위해서 잉여를 '수단-목적 합리성'을 혁신하는 일에 남김없이 투자한다.

'수단-목적 합리성'을 통해 지속적인 성장을 추구하는 자본주의는 성장을 위해 유용성과 효용성의 이름으로 인간의 고유한 속성인 성(聖)의 세계, 즉 초월성이나 정서, 도덕을 몰아낸다. 이러한 질서 속에서 인간은 유용한 사물이 되고, 인간의 관계도 사물의 관계가 된다. 그렇기 때문에 유용성에 대한 계산만으로 이루어진 사물들 사이에는 진정한 의미의 내밀한 관계가 형성될 수 없다. 또한 이러한 성장 체제 속에서 인간은 자신의 존재 조건을 뛰어넘어 초월적인 것과 소통하는 체험을 상실하게 됨으로써 끊임없이 권태와 우울에 시달리게 된다. 다만 노동을 하는 순간만은 상실감에 시달리지 않을 수 있기 때문에 자본주의 체제에서 노동은 권태와 우울에 대한 방어 기제로 작용하는 것이다.

① 자본주의는 재투자를 통해 잉여를 추구한다.
② 자본주의 질서 속에서 부자와 빈자의 위치는 역전된다.
③ 자본주의는 '수단-목적 합리성'을 위해 성장을 희생한다.
④ 자본주의 체제에서 잉여를 단순 소모하는 것을 기피한다.

010

밑줄 친 부분의 한자 표기가 옳은 것은?

① 자기 실수에 대해 구차한 변명(辨明)만을 늘어놓았다.
② 교전국 간에 평화 협상(協上)이 시작되었다.
③ 앞일을 예단(銳斷)하고 성급하게 일을 저지른 것은 우리들의 잘못이다.
④ 물품 강매 행위를 근절(勤絕)하다.

011

㉠~㉣ 중 시적 의미가 다른 하나는?

이것은 ㉠소리 없는 아우성
저 푸른 해원(海原)을 향하여 흔드는
영원한 ㉡노스탤지어의 손수건
순정은 물결같이 바람에 나부끼고
오로지 맑고 곧은 ㉢이념(理念)의 푯대 끝에
애수(哀愁)는 백로처럼 날개를 펴다.
아아 누구던가
이렇게 ㉣슬프고도 애달픈 마음을
맨 처음 공중에 달 줄을 안 그는.

- 유치환,「깃발」-

① ㉠   ② ㉡   ③ ㉢   ④ ㉣

012

다음과 같이 개요를 작성했을 때, 내용상 적절하지 않은 것은?

주제: 우리나라 청소년의 신체 활동 증진 방안
Ⅰ. 도입
　우리나라 청소년의 신체 활동 실태 ················ ㉠
Ⅱ. 전개
　1. 청소년 신체 활동 부족의 원인
　　가. 청소년들의 신체 활동 기피 심리
　　나. 청소년들의 IT 기기 관심과 사용 시간 증가 ········ ㉡
　　다. 청소년들이 활용할 신체 활동 프로그램 부족
　2. 청소년 신체 활동 증진 방안
　　가. 청소년의 신체 활동 중요성 강조 및 인식 제고
　　나. IT 기기를 활용한 청소년의 신체 활동 유도
　　다. 외국과 우리나라의 신체 활동 프로그램 비교 ········ ㉢
Ⅲ. 마무리
　청소년 신체 활동의 중요성 강조 및 신체 활동 권장 ············· ㉣

① ㉠   ② ㉡   ③ ㉢   ④ ㉣

013

③에 들어갈 말로 가장 적절한 것은?

1972년 맥콤과 쇼에 의해 체계적으로 연구되기 시작한 의제 설정 효과 이론의 핵심적인 가정은 매스 미디어의 의제가 대중의 의제로 이전된다는 것이다. 대부분의 연구에서 이러한 가정은 확인되었지만, 그렇지 못한 경우도 있었다. 주커는 매스 미디어의 의제와 대중의 의제 간에 이러한 상관관계가 발견되지 못한 원인을 이전 연구들의 잘못된 가설에서 찾으려고 했다. 그는 의제 설정의 효과는 ⬚ ③ ⬚ 는 가설을 세웠다. 그리고 쟁점의 '두드러짐'이 의제 설정의 발생 여부를 결정짓는 중요한 요인이라고 제안했다. 여기서 쟁점의 '두드러짐'은 쟁점에 대한 사람들의 경험과 관련된다. 즉, 평소에 사람들이 생활하면서 직접 경험할 수 있는 쟁점은 '두드러진 쟁점'이며 그렇지 못한 쟁점은 '두드러지지 않은 쟁점'이라고 할 수 있다.

① 모든 쟁점에서 동일하게 발생하는 것이 아니라 쟁점의 시기와 밀접한 관련을 맺고 있다
② 모든 쟁점에서 동일하게 발생하는 것이 아니라 쟁점의 성격과 밀접한 관련을 맺고 있다
③ 모든 쟁점에서 다양하게 발생하는 것이 아니라 쟁점의 빈도와 밀접한 관련을 맺고 있다
④ 모든 쟁점에서 다양하게 발생하는 것이 아니라 쟁점의 경험 가능성과 밀접한 관련을 맺고 있다

014

다음 글의 순서로 가장 적절한 것은?

㉠ 고려 시대까지 불교가 한국에서 압도적 지위를 차지하고 있었으므로 불교가 한국 문화에 끼친 영향은 지대했다.
㉡ 즉 자신의 이성이나 힘으로 자신의 삶을 개척하는 자력 구제가 아니었다.
㉢ 그중에서도 특징적인 것은 자력 구제(自力救濟)가 아닌 타력 구제(他力救濟) 사상을 널리 퍼뜨린 것이었다.
㉣ 따라서 인간 구원의 힘은 인간이 아니라 보살이나 미륵, 관음에 달려 있으므로 열심히 불공을 드리는 것이 삶의 양식이 되었던 것이다.
㉤ 다만 부처님의 힘으로 세상에서 복을 받고 아미타불의 힘으로 죽어서 정토 세계에 가기를 기원하는 타력 구제의 방식을 일반적인 믿음으로 퍼뜨린 것이었다.

① ㉠-㉢-㉡-㉤-㉣
② ㉠-㉣-㉤-㉢-㉡
③ ㉣-㉠-㉢-㉡-㉤
④ ㉣-㉠-㉤-㉢-㉡

015

다음 글에 대한 설명으로 적절하지 않은 것은?

내가 특히 목련이 필 무렵이면 옛집을 생각하는 데는 슬프게 살다 간 망형(亡兄)의 영상을 지울 수 없기 때문이다. 형이 지금 살아 있다면 여든 일곱의 나이인데 그가 돌아가신 건 마흔 여덟의 젊은 나이였으니 그가 죽고 나서 오늘로 40년의 세월이 흐른 셈이다. 형은 우리 8남매의 맏이로 태어났는데 막내인 내가 태어나기 일 년이 되기도 전에 어머니가 돌아가셨으니 우리 8남매는 어머니 없이 올망졸망 자란 것이다. 따라서 우리 8남매는 한 몸처럼 결속했고 사랑했다. 특히 동생들에 대한 형의 사랑은 형제 사랑의 일반적인 통념으로는 생각하기 어려운 것임을 나는 알고 있다.

… (중략) …

지난해 어느 날 밤, 꿈속에 형이 나타났는데 그 깨끗하고 다정하고 재기에 넘친 건강했던 시절의 그의 모습이 아니라 꿈속에서도 생각하기 싫은 병상에서의 형의 모습이었다. 형은 "목련이 지금 피었느냐?"라고 물으셨다. 나는 꿈속에서도 그 옛집이 이미 우리 집이 아니고 그 목련 또한 어찌되었는지 알지 못하면서도 "네, 한창 피었네요." 하고 대답했더니 형은 금세 건강한 모습으로 바뀌면서 "너는 왜 거짓말을 하느냐."며, 그러나 네가 한 거짓말의 뜻이야 모르겠느냐고 생시처럼 너그러웠다. 형을 속인 죄책감에 어쩌지 못하다가 눈을 뜨고 나니 등엔 식은땀이 흐르고 있었다. 이래서 나는 이 목련이 필 무렵이면 고향의 옛집을 생각하고 망형의 병창 앞에 서 있던 한 그루 자목련을 회상한다.

- 박규환, 「목련꽃 필 무렵」에서 -

① 회상의 방식으로 '형'에 대한 추억을 떠올리고 있다.
② '동생들'을 아끼고 인자했던 '형'의 성격을 짐작할 수 있다.
③ 병으로 세상을 떠난 '형'에 대한 안타까움과 그리움이 드러나 있다.
④ '어머니'와 '형'을 다른 자연물에 빗대어 부재의 의미를 표현하고 있다.

016

다음 글에서 추론한 내용으로 적절하지 않은 것은?

구조란 사회학에서 폭넓게 사용되고 있는 개념인데, 일반적이거나 특수한 의미를 가지고 쓰이기 때문에 간단히 정의 내리기는 힘들다. 그런데 구조는 대체로 형식과 그것을 구성하는 요소와 맺고 있는 관계에서 등장한 개념이므로, 통합 관계로 설명할 수 있다. 이는 다음과 같은 비유를 통해서 살펴보면 이해하기가 쉽다. 자동차는 많은 부속품으로 구성되어 있고, 그 부속품은 서로 유기적인 관계로 긴밀히 결합되어 있다. 거기에는 규칙성이 있는데, 그것이 무너지면 자동차는 움직일 수 없게 된다. 부속품이 각각 있을 자리에 있어서 하나의 유기적인 조직체가 될 때에 그 자동차라는 개체는 하나의 구조인 것이다.

그런데 자동차를 구성하는 하나하나의 나사나 전선 같은 것은 다른 부속품과 함께 먼저 작은 구조를 만들고, 그 작은 구조 몇 개가 모여서 좀 더 큰 구조를 만든다. 이런 과정을 몇 단계 거쳐서 마지막으로 자동차가 만들어진다. 이런 관계를 계층적인 구조라 한다. 여기서, 하위 단위는 상위 단위의 구성 요소가 되고, 상위 단위는 몇 개의 하위 단위를 지니게 된다. 최하위 단위는 구성 요소가 될 뿐 구조를 이루지는 못하며, 최상위 단위는 구조일 뿐 구성 요소가 되지는 않는다.

① 상위 단위는 최소한 하나 이상의 하위 단위를 지니고 있을 것이다.
② 부속품의 기능에 문제가 생기면 전체 구조에 문제가 발생할 수 있다.
③ 자동차의 엔진은 구조라고 할 수는 있으나 구성 요소로 보기는 어렵다.
④ 자동차의 나사는 구성 요소가 될 수 있지만 구조가 되지는 못할 것이다.

017

다음 중 글쓴이의 입장으로 보기 어려운 것은?

지금 우리 사회는 일찍이 겪어 보지 못한 좌절과 시련을 겪고 있습니다. 이 어려운 때 우리가 할 수 있는 최선의 선택은 기본으로 돌아가는 것입니다. 우리 사회의 흐트러진 기본을 바로잡고 취약해진 기초를 탄탄히 다짐으로써 새로운 도약의 발판을 구축해야 합니다. 우리 속담에 "급할수록 돌아가라"라는 말이 있습니다. 일이 안 풀릴 때는 평소에 소홀히 했던 근원으로 돌아가서 재점검을 해보라는 뜻으로 해석하고 싶습니다. 현재의 어려움에서 한시라도 빨리 탈출해야겠다는 조급함 때문에 다시 졸속(拙速)과 시행착오(試行錯誤)를 되풀이하는 어리석음을 범해서는 안됩니다. 오늘날의 이 위기가 우리 자신을 되돌아보고 이 사회의 근본적인 문제점이 무엇인지를 통렬하게 자성(自省)하는 기회가 될 수 있다면 시련은 곧 축복(祝福)으로 변할 수 있을 것입니다. 지금 우리에게 절실하게 필요한 것은 정확한 문제 인식, 참된 위기의식이 아닐까 생각해 봅니다.

① 문제 해결이 어려울 때에는 오히려 근본부터 점검해야 한다.
② 사회의 기본이 무엇인지 고민하고 기초를 탄탄히 해야 한다.
③ 시련을 극복하기 위해서는 실패에서 자신을 철저히 반성해야 한다.
④ 참된 위기의식이 있어야 지금의 안정과 번영을 영위할 수 있을 것이다.

018

밑줄 친 부분이 표준어인 것은?

① 콧망울을 벌름거리며 웃는 모습이 귀엽다.
② 윗돈을 주고 특별히 주문해서 산 운동화야.
③ 장사가 안되는 이유를 이제야 깨단하게 되다니.
④ 그는 잘못을 저지르고도 뉘연히 모습을 드러냈다.

019

다음 대화에 대한 이해로 적절하지 않은 것은?

> 갑: 인류의 역사는 진보한다고 볼 수 있겠지?
> 을: 글쎄, 나는 역사가 진보한다고 생각하지 않아.
> 갑: 인류의 역사란 인류의 자취라고 할 수 있어. 그런데 지난 역사를 보았을 때, 과학 기술은 비약적으로 발전해 왔음을 부정할 수 없어. 그 덕분에 초기 인류의 절대적 과제인 빈곤과 질병에서 해방되었고, 과학 기술은 앞으로도 발전해서 인류는 더욱 안락한 삶을 누릴 거야. 과학 기술이 지금까지 발전해 왔고, 앞으로도 발전할 거니까 즉, 역사도 진보한다고 할 수 있지.
> 을: 인류 역사의 진보란 인류가 누리는 삶의 수준이 나아지거나 높아진다는 뜻이야. 그런데 과학 기술의 발전에 따라 인류가 물질적인 부유함을 누리게 되었다는 것이 곧 인류의 삶의 수준이 높아졌음을 의미하는 것은 아니라고 봐. 물론 과학 기술은 지금까지 발전해 왔고, 앞으로도 발전할 것이라고 생각해. 그러나 과학 기술이 발전하며 전쟁은 끊이지 않고 그 규모가 커져 더 많은 사람들이 학살되고 있어. 그뿐만 아니라 과학 기술의 발전은 환경 오염과 자연재해를 초래해 인류를 위협하고 있어. 또 과학 기술의 발달로 확립된 자본주의는 물질적 풍요를 가져다주었지만 동시에 빈부 격차와 첨예한 사회 계급 간의 갈등을 만들었어. 과연 이러한 상태에 놓인 인류의 역사가 진보했다고 말할 수 있을까?

① 갑은 인류 역사의 진보와 과학 기술의 발전을 독립적인 것으로 파악하는군.
② 을은 물질적인 부유함이 곧 인류의 진보를 의미하는 것은 아니라고 생각하는군.
③ 갑과 을 모두 과학 기술이 지금까지 발전해 왔으며 앞으로도 발전할 것이라고 보는군.
④ 갑은 과학 기술 발전의 혜택에 주목하고 있고, 을은 과학 기술의 발전에 따른 위험에 주목하고 있군.

020

다음 글을 참고할 때, ㉠~㉣의 관계에 대한 설명으로 적절하지 않은 것은?

정의는 단어에 명확한 의미를 부여하여 그 대상의 본질을 명확하게 드러내는 것이다. 그렇게 하려면 그 이름에 해당하는 단어의 정확한 특성을 알아야 하고, 또 그 특성이 적용되는 범위를 따져야 한다. 이러한 특성과 범위가 '내포'와 '외연'이다. '사람'이란 단어를 예로 들어 보자.

사람:「명사」생각을 하고 언어를 사용하며, 도구를 만들어 쓰고 사회를 이루어 사는 동물.

위의 예는 '사람'이라는 단어가 지시하는 대상의 여러 특성을 보여 준다. 바로 이것이 '사람'이란 단어의 '내포'이다. 내포는 그 단어가 적용되는 사물에만 있는 속성을 가리키는 용어이다. 한편 위 예에서 '사람'은 그 단어의 내포가 적용되는 대상들을 가리킨다. 이처럼 내포가 적용되는 대상들을 '외연'이라고 한다. 우리는 사람의 외연을 남자와 여자, 또는 황인종과 백인종 등으로 구분할 수 있다. 사람의 외연을 구분할 수 있는 여러 방식이 있는 셈이다. 그런데 따져 보면, 이런 구분은 사실상 사람이란 단어의 내포에 따른 것이다. 즉, 단어의 외연이란 단어의 내포가 올바르게 적용되는 대상이나 사건들을 의미한다.

여자:「명사」여성으로 태어난 사람.

이번에는 '사람'이란 단어와 '여자'라는 단어를 예로 들어, 두 단어의 내포와 외연을 따져 보자. 우선 두 단어의 내포를 생각해 보면, 여자란 단어의 내포는 사람이란 단어의 내포보다 적어도 한 가지 더 많다. 그렇지만 두 단어의 외연을 따져 보면, 여자란 단어의 외연은 사람이란 단어의 외연보다 분명히 작다. 여자가 사람에 포함되기 때문이다. 이렇듯 외연이 넓어질수록, 내포는 줄어든다. 반대로 외연이 좁아질수록, 내포는 늘어난다.

> ㉠ **학생:**「명사」학교에 다니면서 공부하는 사람.
> ㉡ **대학생:**「명사」대학교에 다니면서 공부하는 학생.
> ㉢ **초등학생:**「명사」초등학교에 다니면서 공부하는 학생.
> ㉣ **휴학생:**「명사」학교에 소속되어 있으나 일정 기간 동안 학교를 쉬는 학생.

① ㉠의 내포는 '학교에 다니면서 공부하는 사람'이다.
② ㉡과 ㉣은 다른 방식으로 구분한 ㉠의 외연이다.
③ ㉢은 ㉠에 비해 내포가 더 많다.
④ ㉣은 ㉠에 비해 외연이 더 넓다.

모의고사 05회

001
어법에 맞는 것만으로 묶은 것은?

① 소쩍새, 담뿍, 깍뚜기
② 왕릉, 가십난, 실낙원
③ 낟가리, 돗자리, 게시판
④ 회전율, 구름량, 사육신

002
밑줄 친 부분의 의미 관계가 나머지 셋과 다른 것은?

① 그는 퍽 겸손한 듯 행동하지만, 사실은 교만한 성격의 소유자이다.
② 선천적으로 타고난 기질이 전 생애에 걸쳐 성격 발달에 영향을 미친다.
③ 나는 하늘을 나는 새가 되어 모든 구속으로부터 나를 해방시키고 싶었다.
④ 단념은 포기한 다음에도 머릿속에 남는 미련까지 비워버리고자 하는 결심이다.

003
다음 글의 상황에 어울리는 한자성어로 가장 적절한 것은?

> 천지는 만물에 좋은 것만을 다 가질 수는 없게 하였다. 그러므로 뿔이 있는 것은 이가 없고, 날개가 있는 것은 다리가 둘뿐이며, 이름 난 꽃은 열매가 없고, 채색 구름은 쉽게 흩어진다. 사람에게 있어서도 마찬가지로, 뛰어난 재주가 있으면 공명까지는 없는 것이니 이치가 그러한 것이다.
>
> – 이인로, 「파한집」에서 –

① 각자무치(角者無齒)
② 시시비비(是是非非)
③ 학수고대(鶴首苦待)
④ 혼정신성(昏定晨省)

004
다음은 '교내 과학 학술 대회'의 준비를 위해 두 학생이 나눈 대화이다. 이들이 고려하지 않은 것은?

> 순호: 혜수야. 어제 공고된 과학 학술 대회 일정 봤어?
> 혜수: 응, 일주일밖에 안 남았더라. 발표 준비를 서둘러야겠어. 뭐 생각해 둔 것 있어?
> 순호: 발표문에 대해 잠깐 생각해 보긴 했는데, 우리 실험을 친구들에게 잘 알려야 하니까 발표문 앞부분에 실험 목적을 밝히고 그다음에 실험 과정을 소개해야 할 것 같아.
> 혜수: 좋은 생각이야. 그런데 발표 시간이 20분이니까 원고가 길어지지 않게 실험 과정은 요약해서 정리해야 할 것 같아.
> 순호: 그리고 우리 실험과 관련된 과학적 개념에 대해 잘 모르는 친구들을 위해 어려운 용어는 쉬운 말로 풀어 주도록 하자.

① 목적에 맞게 발표 내용을 조직한다.
② 청중을 고려하여 적절한 어휘를 사용한다.
③ 정해진 시간에 맞게 발표문의 양을 조절한다.
④ 발표 연습을 통해 예상되는 문제점을 보완한다.

005
㉠~㉣에 대한 설명으로 적절하지 않은 것은?

> 새벽 서리 지는 달에 ㉠외기러기 슬피 울 때
> 반가운 임의 소식 행여 올까 바랐더니
> 아득한 구름 밖에 빗소리뿐이로다
> 지루하다 이 이별이 언제 만나 다시 볼까
> 어와 내 일이야 나도 모를 일이로다
> 이리저리 그리면서 어이 그리 못 보는고
> ㉡약수(弱水) 삼천리 멀단 말은 이런 데를 이르도다
> 산머리 편월(片月)되어 임의 낯에 비취고저
> 석상의 오동(梧桐)되어 임의 무릎 베이고저
> 공산(空山)의 새가 되어 ㉢북창에 가 울고지고
> 옥상(屋上) 아침볕에 제비 되어 날고지고
> 옥창(玉窓) 앵두꽃에 나비 되어 날고지고
> ㉣태산이 평지 되도록 금강이 다 마르나
> 평생 슬픈 회포 어디에다가 견주리
>
> – 작자 미상, 「춘면곡」 –

① ㉠: 임을 향한 화자의 정서가 이입되어 있다.
② ㉡: 화자와 임과의 단절감을 나타낸다.
③ ㉢: 화자가 감정을 토로하고 싶은 곳이다.
④ ㉣: 임과의 재회를 기대하는 공간이다.

006
밑줄 친 부분의 띄어쓰기가 옳은 것은?

① 내가 알던 바와는 사뭇 다르다.
② 예상한대로 시험 문제는 평이했다.
③ 네가 준 책을 다 읽는데 한 달이 걸렸어.
④ 그곳이 너무 좋아서 또 갈 수 밖에 없었다.

007
다음 시에 대한 이해로 적절하지 않은 것은?

> 여승은 합장하고 절을 했다
> 가지취의 내음새가 났다
> 쓸쓸한 낯이 옛날같이 늙었다
> 나는 불경(佛經)처럼 서러워졌다
>
> 평안도의 어느 산 깊은 금덤판
> 나는 파리한 여인에게서 옥수수를 샀다
> 여인은 나 어린 딸아이를 따리며 가을 밤같이 차게 울었다
>
> 섭벌같이 나아간 지아비 기다려 십 년이 갔다
> 지아비는 돌아오지 않고
> 어린 딸은 도라지꽃이 좋아 돌무덤으로 갔다
>
> 산꿩도 설게 울은 슬픈 날이 있었다
> 산절의 마당귀에 여인의 머리오리가 눈물방울과 같이 떨어진 날이 있었다
>
> — 백석, 「여승」 —

① 한 여인이 여승이 되기까지 겪은 비극적 사건을 순차적으로 제시하고 있다.
② 색채 이미지를 활용하여 어린 딸의 비극적 죽음을 감각적으로 표현하고 있다.
③ 가족 구성원이 해체되는 과정을 보여주며 우리 민족의 삶을 형상화하고 있다.
④ 자연물에 감정을 이입한 표현을 통해 여인의 한(恨)을 효과적으로 전달하고 있다.

008
다음 글에 대한 이해로 적절하지 않은 것은?

> 한 식경쯤 지났을까, 도적은 다시 나타난다. 논둑에 머리만 내놓고 사면을 두리번거리더니 그제서 기어나온다. 얼굴에는 눈만 내놓고 수건인지 뭔지 형겊이 가리었다. 봇짐을 등에 짊어 메고는 허리를 구붓이 뺑손을 놓는다. 그러자 응칠이가 날째게 달려들며,
> "이 자식아, 남의 벼를 훔쳐 가!"
> 하고 대포처럼 고함을 지르니 논둑으로 고대로 데굴데굴 굴러서 떨어진다. 얼결에 호되게 놀란 모양이다.
> 응칠이는 덤벼들어 우선 허리께를 내려조겼다. 어이 쿠쿠, 쿠 하고 처참한 비명이다. 이 소리에 귀가 번쩍 띄어서 그 고개를 들고 필(疋)부터 벗겨 보았다. 그러나 너무나 어이가 없었음인지 시선을 치걷으며 그 자리에 우두망찰한다.
> 그것은 무서운 침묵이었다. 살풍맞은 바람만 공중에서 북새를 논다.
> 한참을 신음하다 도적은 일어나더니,
> "성님까지 이렇게 못살게 굴기유?"
> 제법 눈을 부라리며 몸을 확 돌린다. 그리고 느끼며 울음이 복받친다. 봇짐도 내버린 채,
> "내 것 내가 먹는데 누가 뭐래?"
> 하고 데퉁스러이 내뱉고는 비틀비틀 논 저쪽으로 없어진다.
> 형은 너무 꿈속 같아서 멍하니 섰을 뿐이다.
> 그러다 얼마 지나서 한 손으로 그 봇짐을 들어 본다. 가뿐하니 끽 말가웃이나 될는지. 이까짓 걸 요렇게까지 해 가려는 그 심정은 실로 알 수 없다. 벼를 논에다 도로 털어 버렸다. 그리고 아내의 치마이겠지, 검은 보자기를 척척 개서 들었다. 내 걸 내가 먹는다……. 그야 이를 말이랴. 허나 내 걸 내가 훔쳐야 할 그 운명도 얄궂거니와 형을 배반하고 그 짓을 벌인 아우도 아우렷다. 에이 고연 놈, 할 제 볼을 적시는 것은 눈물이었다.
>
> — 김유정, 「만무방」에서 —

① '응칠이'는 도둑의 정체를 알고 당황하고 있다.
② '아우'는 자신의 상황에 복받쳐 눈물을 흘리고 있다.
③ '응칠이'는 '아우'가 훔친 벼의 양이 상당함에 놀랐다.
④ '응칠이'는 '아우'의 상황을 이해하고 거기에 공감하고 있다.

009
다음 글의 주제로 가장 적절한 것은?

데카르트가 의심을 지식의 시작으로 본 것은 사상적으로 대단히 중요하다. 아우구스티누스나 안셀무스는 믿음이 지식의 근본이라 생각했다. 그들은 알기 위해서는 먼저 믿으라고 충고했다. 믿음과 신뢰가 지식의 출발점이기 때문이다. 말이나 숫자, 그리고 다른 모든 것을 배우기 시작할 때, 우리는 가르치는 사람을 믿는다. 처음부터 의심한다면 아무것도 배울 수가 없다. 배운 것이 과연 옳은가를 비판적으로 따져 보는 것은 어른이 되어서야 비로소 하는 것이다.

그러나 데카르트가 말하듯 우리 모두는 어린아이였고 어린아이였기에 무엇을 배울 수 있다. 이런 의미에서 데카르트 철학은 그야말로 '계몽의 철학', 즉 성숙한 어른이 되고자 하는 철학이다. 왜냐하면 '계몽'이란 칸트가 정의하듯 '미성숙에서의 해방됨', 즉 남의 생각을 따르는 것이 아니라 스스로 생각하는 것을 뜻하기 때문이다. 계몽의 철학은 그래서 실제로는 지식 형성의 조건이 되는 '전통, 선입견, 권위'라는 세 요소를 배제해 버렸다. 데카르트의 '나는 생각한다. 그러므로 나는 존재한다.'라는 말은 이러한 배경에서 이해할 수 있다.

① 의심하는 철학도 믿음을 바탕으로 이루어지므로 최소한의 믿음을 견지해야 한다.
② 계몽의 철학은 기존의 믿음에 의문을 가지면서 다시 그 믿음을 강화하는 작업이다.
③ 주체적인 철학은 처음 공부를 시작하는 사람이 아닌 성숙을 지향하는 사람의 것이다.
④ 전통과 선입견으로부터 벗어나기 위해서는 학문의 지향점이 무엇인지 고려해야 한다.

010
밑줄 친 부분의 한자 표기가 옳지 않은 것은?
① 팀장이 생산성 향상을 위해서는 조직이 개조(改組)되어야 한다고 주장했다.
② 현금을 사용하는 대신 카드 결제(決濟)를 하는 사람들이 많다.
③ 사람이 붐비는 곳은 화장실 표지(標識)를 눈에 띄게 해야 한다.
④ 인문 과학은 동서양을 가릴 것 없이 가장 오래된 학문(學文)이다.

011
다음은 '재능 기부'에 관한 글을 쓰기 위한 개요이다. ㉠과 ㉡에 들어갈 내용으로 옳은 것끼리 짝지어진 것은?

┤보기├
Ⅰ. 서론
  1. 재능 기부의 개념 및 실태
Ⅱ. 재능 기부가 활성화되지 못한 이유
  1. 재능 기부에 대한 인식 부족
  2. 재능 기부 확대를 위한 정책 미비
  3. 재능 기부 방식에 대한 안내 부족
Ⅲ. 재능 기부 활성화 방안
  1. 재능 기부에 대한 기존의 인식 개선
  2. 재능 기부 활성화 정책 도입 및 실시
  3. ㉠
Ⅳ. 결론
  : ㉡

① ㉠: 재능 기부 프로그램 개발
  ㉡: 재능 기부 활성화를 위한 예산 확보
② ㉠: 재능 기부 방식에 대한 홍보
  ㉡: 재능 기부 활성화를 위한 노력 촉구
③ ㉠: 재능 기부 방식의 다양화 추진
  ㉡: 재능 기부 활성화를 위한 법안 마련
④ ㉠: 재능 기부 봉사자·수혜자 만족도 조사
  ㉡: 재능 기부 활성화를 위한 지원 조직 설치

012
㉠과 ㉡에 대한 진술 방식으로 적절하지 않은 것은?

역사에 처음 등장하는 ㉠음악이 무속 음악이나 노동요였다는 사실에서 알 수 있듯이 음악은 처음부터 어떤 목적을 지니고 사용되었다. '구약 성서'에서는 정신병에 시달리던 사울 왕을 다윗이 음악을 연주해 치료했다는 이야기가 나온다. 이처럼 음악은 타인을 위한 것이든 자신을 위한 것이든, 혹은 집단을 위한 것이든 간에 오랫동안 어떤 목적을 위해 사용되고 있다.

음악은 인간만이 할 수 있다. 인간은 음악을 단순한 소리로 받아들이는 것이 아니라, 그 속에 숨겨진 법칙을 발견하고 그 원리를 바탕으로 새로운 소리를 만들어 내기 때문이다. 동물이나 식물도 감정을 지니고 있으며 경쾌한 음악과 슬픈 음악에 따라 각기 다른 반응을 보이기는 하지만 이들은 자신들에게 주어진 소리를 바탕으로 새로운 창의력을 발휘하지는 못한다. 그러나 인간에게는 바로 상상하는 힘이 있다. 워쇼스키 형제가 TV와 만화 영화에 영향을 받아 ㉡'매트릭스'를 만든 것처럼, 상상하는 힘은 우리의 삶을 재창조시킨다.

① ㉠에 대한 개념을 밝히고 있다.
② ㉠의 목적에 대한 예시를 들고 있다.
③ ㉠과 ㉡의 공통점을 기술하고 있다.
④ ㉡을 통해 인간의 특성을 부각하고 있다.

013

㉠~㉤의 전개 순서로 가장 자연스러운 것은?

㉠ 그 세계는 눈에 보이는 세속의 원리가 통하지 않는 근원적인 세계이다.
㉡ 내세를 꿈꾼다는 것은 현세가 불완전하다는 뜻이고 어딘가 완전한 세계가 따로 있다는 것을 전제로 한다.
㉢ 그렇다면 그 완전한 세계는 눈에 보이는 현세와는 당연히 다를 것이다.
㉣ 메소포타미아인들이 불멸, 불변의 것에 큰 가치를 둔 이유는 현세 이외의 어딘가에 내세가 있으리라는 종교적 믿음 때문이었다.
㉤ 비슷한 시기에 중국에서 하늘을 진리의 근원으로 삼아 하늘의 뜻대로 살고자 한 것도 궁극의 근원에 대한 믿음에서 비롯된 것이라고 할 수 있다.

① ㉠-㉤-㉡-㉢-㉣
② ㉠-㉣-㉤-㉢-㉡
③ ㉣-㉡-㉢-㉠-㉤
④ ㉣-㉠-㉤-㉢-㉡

014

다음 발화에 나타난 생각으로 가장 적절한 것은?

어떤 사람이 '클립'을 '붙임쇠'로, '펀치'는 '뚫음쇠'로, '스테이플러'는 '박음쇠'로 고치자는 의견을 내놓았다. 실생활에서 많이 쓰는 쇠붙이 관련 도구를 우리말의 '쇠'를 사용하여 다듬어 보자는 것으로, 이는 매우 흥미로운 생각이라 할 수 있다. 이러한 제안이 많으면 많을수록 말다듬기는 더욱 힘을 얻어 갈 것이다. '쇠'는 명사와 결합하는 경우가 많지만 동사 어간과도 결합이 가능하기 때문에 '펀치'의 경우 '뚫음쇠' 대신 '뚫쇠'로 고치는 것이 좋을 듯하다. 나아가 같은 부류인 '압정'도 '누름쇠' 정도로 바꿀 수 있을 것이다. 누리그물(인터넷)이 확산되면서 새로운 외래어가 많이 유입되기도 했지만, 역설적으로 그 덕분에 우리의 말다듬기 운동도 새로운 국면을 맞이하게 되었다. 수많은 누리꾼들이 말다듬기에 동참할 것이며, 쉽고 아름다운 우리말을 만들어 낼 것이다. 이제 남은 일은 다듬은 말을 실생활에서 자랑스럽게 열심히 쓰는 일이다.

① 실생활에서 많이 사용하는 도구는 순우리말로만 표현해야 한다.
② 다듬은 말을 만들 때에는 어휘의 문법적 특성을 고려할 수 있다.
③ 외래어의 유입이 가속화될수록 우리말의 사용 빈도는 늘어날 것이다.
④ 말다듬기에 동참하는 사람들이 많다는 사실을 긍정적으로만 보기는 어렵다.

015

다음 글에 대한 이해로 적절하지 않은 것은?

저 엄 행수란 사람은 일찍이 나에게 알아 달라고 요구하지 않았는데도 나는 항상 그를 예찬하고 싶어 못 견뎌 했지. 그는 밥을 먹을 때는 끼니마다 착실히 먹고 길을 걸을 때는 조심스레 걷고 졸음이 오면 쿨쿨 자고 웃을 때는 껄껄 웃고 그냥 가만히 있을 때는 마치 바보처럼 보인다네. 흙벽을 쌓아 풀로 덮은 움막에 조그마한 구멍을 내고 들어갈 때는 새우등을 하고 들어가고 잘 때는 개처럼 몸을 웅크리고 잠을 자지만 아침이면 개운하게 일어나 삼태기를 지고 마을로 들어와 뒷간을 청소하지. 구월에 서리가 내리고 시월에 엷은 얼음이 얼 때쯤이면 뒷간에 말라붙은 사람 똥, 마구간의 말 똥, 외양간의 소 똥, 홰 위의 닭 똥, 개 똥, 거위 똥, 돼지 똥, 비둘기 똥, 토끼 똥, 참새 똥을 주옥인 양 긁어 가도 염치에 손상이 가지 않고, 그 이익을 독차지하여도 의로움에는 해가 되지 않으며, 욕심을 부려 많은 것을 차지하려고 해도 남들이 양보심 없다고 비난하지 않는다네. 그는 손바닥에 침을 발라 삽을 잡고는 새가 모이를 쪼아 먹듯 꾸부정히 허리를 구부려 일에만 열중할 뿐, 아무리 화려한 미관이라도 마음에 두지 않고 아무리 좋은 풍악이라도 관심을 두는 법이 없지. 부귀란 사람이라면 누구나 원하는 것이지만 바란다고 해서 얻을 수 있는 것이 아니기에 부러워하지 않는 것이지. 따라서 그에 대한 예찬을 한다고 해서 더 영예로울 것도 없으며 헐뜯는다 해서 욕될 것도 없다네.

- 박지원, 「예덕선생전」에서 -

① '엄 행수'라는 인물의 예화를 들어 그를 소개하는 방식을 활용하고 있다.
② 궂은일을 하면서도 자신의 삶에 만족하는 '엄 행수'의 태도가 드러나 있다.
③ '나'는 근면 성실하며 헛된 욕심을 품지 않는 '엄 행수'를 높이 평가하고 있다.
④ '나'는 '엄 행수'의 진솔한 삶의 모습을 보고 자신의 행동과 의식을 반성하고 있다.

016

다음 글의 내용에 부합하지 않는 것은?

> 우리 사찰은 대들보를 가공하지 않고 자연목을 그대로 사용한 경우가 유달리 많다. 선운사에 들어가자마자 있는 만세루는 강당처럼 쓰는 건물로 여러 개의 대들보 가운데 휘지 않은 나무가 하나도 없을 정도로 자유분방하고, 비균제적이다. 휘어진 대들보를 쓴 예는 선운사 같은 사찰뿐만 아니라 유교 건축에서도 많이 발견된다. 이는 한국 건축의 전반적인 현상이라고 보아도 될 것이다.
>
> 기둥에서도 이러한 특징이 발견된다. 조선 후기의 사찰 건물에는 자연목을 기둥으로 쓴 경우가 많다. 논산의 쌍계사 대웅전(보물 408호)의 네 모서리 기둥은 장관이다. 자연목을 그대로 써서 굵고 비스듬한 모양이나 줄기에 움푹 파인 홈이 그대로 드러나는 등 너무도 적나라하게 자연스러운 모습이 표출되어 있다. 그런데 모서리의 기둥을 뺀 나머지 다른 기둥들은 가지런한 굵기에 잘 다듬어져 있는 나무를 사용하고 있다. 따라서 모서리의 네 기둥만 거칠고 굵은 자연목을 쓴 것이 어떤 의도가 있거나 나름대로의 미의식에 따른 것이라고 볼 수 있다.
>
> 안성의 청룡사 대웅전(보물 824호)의 측면 기둥 또한 모두 휘어 있는 자연목을 그대로 썼는데, 그 휜 정도가 마치 기둥들이 춤을 추고 있는 느낌을 준다. 어떤 기둥은 너무 휘어 중심선마저 유지되지 않을 정도인데, 이런 나무를 기둥으로 쓰는 기술은 아무 기술자나 할 수 있는 기술이 아니다. 이는 자유롭고 투박한 예술 정신의 발현이다.

① 쌍계사 대웅전에는 일정한 크기로 다듬어진 나무 기둥이 있다.
② 청룡사 대웅전의 측면 기둥에는 기술자의 미의식이 반영돼 있다.
③ 우리나라 사찰에서는 한국 건축의 일반적인 양식을 발견할 수 있다.
④ 사찰 기둥에는 자유분방함을 살리기 위해 기술자가 가공한 흔적이 있다.

017

㉠~㉢에 들어갈 말로 가장 적절한 것은?

> 고고학은 땅속이나 바닷속의 유물을 발굴하여 고증·복원하고 체계를 세워서 역사의 고리를 (㉠)하는 학문이다. 따라서 그것은 주로 인문 과학의 영역 안에 있었고 학문적인 방법도 인문 과학적이었다. 그런데 고고학에서 다루는 유물의 제작 연대나 제작지, 제작 방법을 (㉡)하는 데에는 자연 과학적 실험 방법이 요구된다. 실험 고고학은 인문 과학적 방법으로는 쉽게 해결되지 않는 고고학의 여러 문제들을 푸는 데 결정적으로 (㉢)한다. 실험 고고학의 가장 큰 업적은 우리에게 이미 상식처럼 정착된 이른바 카본 데이팅이라는 고대 유물의 연대 측정법이다.

	㉠	㉡	㉢
①	계승	포착	공헌
②	계승	파악	기여
③	승계	파악	기여
④	승계	포착	공헌

018

문장 부호의 쓰임이 바른 것은?

① 여기에 언제 왔니, 어디서 왔니?
② 4·19 혁명 국민문화제가 개최되었다.
③ 그 사람의 나이(年歲)는 생각보다 많다.
④ 예로부터 '가는 말이 고와야 오는 말이 곱다.'라고 하였다.

019

다음 대화에 대한 이해로 적절하지 않은 것은?

> 갑: 예술은 '모차르트'와 같은 천재들의 비범한 영감의 소산인 것 같아.
> 을: 글쎄, 나는 예술이란 그 시대에 축적된 문화 예술적 소양의 발현이라고 생각해.
> 갑: '모차르트'는 누구나 인정하는 천재적 음악가야. 그가 타의 추종을 불허하는 음악적 능력을 보여줄 수 있었던 것은 그가 천재였기 때문이라고밖에 말할 수 없어. '모차르트'가 아니라면 그런 수많은 명곡을 남길 수 있었겠어. 그러니까 예술가는 천재로 인정되는 개별 행위자이고, 예술은 그러한 신비한 능력을 소유한 한 천재가 남긴 독특한 결과물이야.
> 을: '모차르트'가 뛰어난 능력을 가진 천재적 음악가라는 데에는 동의해. 그런데 그것을 모두 개인의 천부적인 능력으로만 보기는 어려워. '모차르트'의 아버지 '레오폴드 모차르트' 역시 작곡가, 음악 교육가, 바이올리니스트였어. 아들의 재능을 알아본 그는 음악가로서의 자신의 경력을 포기하고 오스트리아 빈을 비롯해서, 브뤼셀, 파리 등을 '모차르트'와 함께 여행하며 음악 교육을 시켰어. 그리고 '바흐', '하이든'과의 만남은 '모차르트'에게 큰 음악적 영향을 끼쳤다고 해. 아버지의 음악 교육, 거장들과의 교류가 없이 '모차르트'가 위대한 음악가가 될 수 있었을까? 그러니까 예술이란 그 시대에 축적된 예술적 지식, 문화적 관심과 활동이 빚어낸 공동의 복잡한 결과물인 거야.

① 갑은 '모차르트'의 예술에 영향을 미친 그의 아버지, '바흐', '하이든' 등의 영향을 간과하였군.
② 을은 천재적인 예술가가 있었기 때문에 특정 시대에 문화 예술적 소양이 축적될 수 있다고 보는군.
③ 갑과 을은 모두 '모차르트'가 뛰어난 능력을 지닌 천재적 음악가라는 사실에 대해서는 이견이 없군.
④ 갑은 예술을 특별한 개인이 남긴 결과물로, 을은 예술을 그 시대의 문화 예술적 소양이 발현된 공동의 결과물로 보는군.

020

다음 글을 바탕으로 <보기>의 ㉠, ㉡에 대해 판단한 내용으로 적절하지 않은 것은?

> 귀납 논증이란 개별적인 특수한 사실이나 현상에서 일반적인 결론을 이끌어 내는 추론 형식이다. 그런데 귀납 논증은 전제가 참이라도 결론이 필연적으로 참이 되지 않는다. 예를 들어 '한 의사가 편두통을 호소하는 환자들에게 아스피린을 처방했고, 그 결과 80%가 약을 복용한 다음 두통이 완화되었다. 민우는 편두통을 호소했고 그 의사가 아스피린을 처방했다면, 아마도 민우의 편두통도 완화될 것이다.'를 [추론 1]이라고 하자. 그런데 만약 민우가 아스피린에 알레르기 반응을 보이는 환자라면, '민우의 편두통도 완화될 것이다.'라는 [추론 1]의 결론은 참이 되지 않을 것이다. 이처럼 귀납 논증에서 전제는 결론의 확정적 근거가 아닌 개연적 근거만을 제공할 수 있다. 그런데 귀납적 논증은 개연성의 강도를 평가할 수 있다. [추론 1]은 결론이 필연적으로 참은 아닐지라도, 전제가 참일 때 결론이 참임을 그럴듯하게 보장해 준다. 따라서 [추론 1]은 개연성이 높다고 할 수 있다.
>
> 반면, '논리학 수업을 들은 학생들 중 3가지 색 볼펜으로 필기한 학생 60%가 A 학점을 받았다. 수진이가 논리학 수업을 들었고 3가지 색 볼펜으로 필기를 했다면, 아마도 수진이는 논리학 수업에서 A 학점을 받을 것이다.'를 [추론 2]라고 하자. 이 경우는 전제가 참이더라도 통상적으로 그 전제가 결론이 참임을 그럴듯하게 보장해 주지 못한다. 따라서 [추론 2]는 개연성이 낮다고 할 수 있다. 그런데 귀납 논증은 기존의 전제에 새로운 전제를 덧붙이면, 그 개연성의 강도가 바뀔 수 있다. [추론 2]에서 실제로 3가지 색 볼펜으로 필기를 하면 집중력과 기억력이 향상된다는 학습 인지 연구 결과가 있다면 [추론 2]의 개연성은 더 높아질 것이다.

┤ 보기 ├

㉠ 의학적으로 흡연은 폐암의 주요 위험 요인이다. 과도한 흡연을 하는 사람은 폐암에 걸릴 위험이 40%이다. 이 씨는 과도한 흡연을 하므로, 폐암에 걸릴 것이다.
㉡ 한 여론 조사 기관에서 실시한 출구 조사 결과는 역대 국회의원 당선자를 80% 확률로 맞혔다. 이번 ○○ 지역구 선거 출구 조사 결과가 김 후보자의 지지율이 가장 높았다면, 김 후보자가 당선될 것이다.

① ㉠과 ㉡은 귀납 논증 형식을 갖춘 추론으로, 전제가 참이더라도 결론은 반드시 참이 되지 않는다.
② ㉠과 ㉡의 추론에서 각각의 전제가 참일 때, ㉠은 개연성이 높고, ㉡은 개연성이 낮다고 평가할 수 있다.
③ ㉠의 추론에서 이 씨의 가까운 가족 중 폐암에 걸린 사람이 있다는 전제를 덧붙이면, 개연성이 더 높아진다.
④ ㉡의 추론에서 이번 ○○ 지역구 선거 출구 조사에 형식적으로 응답한 투표자 비율이 높았다는 전제를 덧붙이면, 개연성이 더 낮아진다.

모의고사 06회

001
밑줄 친 조사의 쓰임이 옳은 것은?
① 다 함께 자연 보호를 앞장서야 합니다.
② 합격 사실을 본인에 직접 통보하겠습니다.
③ 그는 모 기업에서 뇌물을 받아 구속되었습니다.
④ 우리 도서관은 시민들에게 열람실을 편히 이용하도록 하였다.

002
다음 중 형태소 개수가 가장 많은 것은?
① 볶음밥
② 먼지떨이
③ 미닫이문
④ 깨뜨리다

003
밑줄 친 한자성어가 바르게 쓰이지 않은 것은?
① 그는 항상 다 아는 것처럼 허장성세(虛張聲勢)한다.
② 연희는 방학임에도 불구하고 위편삼절(韋編三絶)을 하며 시간을 보냈다.
③ 국경을 맞대고 있던 견원지간(犬猿之間)의 두 나라는 결국 전쟁을 일으켰다.
④ 아이가 기침을 할 때마다 큰 병에 걸린 건 아닐까 엄마는 유유자적(悠悠自適)하였다.

004
다음은 '이모티콘'에 대한 강연이다. 강연자의 발표 전략에 대한 설명으로 적절하지 않은 것은?

> 안녕하십니까. 이○○입니다. 오늘은 이모티콘을 소재로 말씀드리겠습니다. '이모티콘'은 '감정(emotion)'과 '아이콘(icon)'의 합성어로, 감정을 나타내는 기호를 말합니다. 여러분, 하루에 이모티콘을 몇 번 정도 사용하세요? 통계에 따르면 문자 대화가 일곱 번 정도 오갈 때마다 한 번씩 이모티콘이 등장한다고 합니다. 성인 남녀 400여 명을 대상으로 설문 조사한 결과를 보면, 62%가 '감정 전달을 위해서' 이모티콘을 사용한다고 합니다. 이모티콘을 쓰면 글로 쓸 때보다 시간을 줄이면서 감정이나 생각을 쉽게 전달할 수 있기 때문에 나타난 결과일 것입니다. 하지만 이모티콘에 긍정적인 효과만 있는 것은 아닙니다. 상황에 어울리지 않거나 생소한 이모티콘을 사용하면 오해를 불러일으킬 수도 있습니다. 또, 많은 전문가들이 이모티콘에 지나치게 의존해 자신의 생각이나 감정을 표현하면 언어 표현 능력이 떨어지게 된다고 말하고 있습니다. 표현이 손쉽다는 이유로 이모티콘에만 의존하면 결과적으로 감정 표현 능력 향상에 방해가 된다는 것입니다.

① 청중에게 질문을 던져서 강연 내용에 대한 관심을 유도하고 있다.
② 통계 자료와 설문 자료를 활용하여 강연 내용을 뒷받침하고 있다.
③ 전문가의 견해를 토대로 이모티콘 사용의 문제점을 언급하고 있다.
④ 구체적 사례를 제시하여 이모티콘의 긍정적인 측면을 강조하고 있다.

005
밑줄 친 발음이 표준 발음이 아닌 것은?
① 오후에는 날이 맑게[말께] 개었다.
② 돌이키고 싶지 않은[아는] 과거예요.
③ 옆 사람의 발을 계속 밟고[밥꼬] 있었다.
④ 농부는 밭을[바슬] 갈며 노래를 흥얼거렸다.

006
<보기>의 밑줄 친 시적 대상과 가장 유사한 의미를 지니는 것은?

> ┤ 보기 ├
> 묏버들 갈히 것거 보내노라 님의손디
> 자시는 窓(창) 밧긔 심거 두고 보쇼셔
> 밤비예 새닙곳 나거든 날인가도 너기쇼셔
>
> ㅡ 홍랑 ㅡ

① 風霜(풍상)이 섯거친 날의 又피온 黃菊花(황국화)를
　金盆(금분)에 マ득 담아 玉堂(옥당)의 보닉오니
　桃李(도리)야 곳인 체 마라 님의 뜻을 알괘라
　　　　　　　　　　　　　　　　　　ㅡ 송순 ㅡ

② 님 글인 相思夢(상사몽)이 蟋蟀(실솔)의 넉시되야
　秋夜長(추야장) 깊픈 밤에 님의 房(방)에 드럿다가
　날 닛고 집히 든 줌을 끼와 볼가 ᄒ노라
　　　　　　　　　　　　　　　　　　ㅡ 박효관 ㅡ

③ 靑荷(청하)애 밥을 밧고 綠柳(녹류)에 고기 꿰여
　蘆荻 花叢(노적 화총)애 빅 믹야 두고
　一般(일반) 淸意味(청의미)를 어늬 부니 아릇실고
　　　　　　　　　　　　　　　　　　ㅡ 이현보 ㅡ

④ 내 언제 無信(무신)하여 님을 언제 소겻관대
　月沈三更(월침삼경)에 온 뜻이 전혀 업네
　秋風(추풍)에 지는 닙 소리야 낸들 어이 하리오
　　　　　　　　　　　　　　　　　　ㅡ 황진이 ㅡ

007
다음 시에 대한 이해로 적절하지 않은 것은?

> 꽃 사이 타오르는 햇살을 향하여
> 고요히 돌아가는 해바라기처럼
> 높고 아름다운 하늘을 받들어
> 그 속에 맑은 넋을 살게 하자.
>
> 가시밭길 넘어 그윽히 웃는 한 송이 꽃은
> 눈물의 이슬을 받아 핀다 하노니
> 깊고 거룩한 세상을 우러르기에
> 삼가 육신의 괴로움도 달게 받으라.
>
> 괴로움에 짐짓 웃을 양이면 / 슬픔도 오히려 아름다운 것이
> 고난을 사랑하는 이에게만이
> 마음 나라의 원광(圓光)은 떠오른다.
>
> 푸른 하늘로 푸른 하늘로 / 항시 날아오르는 노고지리같이
> 맑고 아름다운 하늘을 받들어
> 그 속에 높은 넋을 살게 하자.
>
> ㅡ 조지훈, 「마음의 태양」 ㅡ

① 시상을 전환하여 현실의 고난을 이겨내는 과정을 나타내고 있다.
② 청유형 표현과 명령형 표현을 통해 화자의 소망을 부각하고 있다.
③ 자연물에 의탁하여 이상을 추구하는 높은 정신적 자세를 표현하고 있다.
④ 역설적 표현으로 시련이 성숙한 삶을 위한 과정이라는 것을 표현하고 있다.

008
다음 글에 대한 이해로 적절하지 않은 것은?

> 　어색하게 들린 것은 그가 '제기랄'이라고 씹어뱉은 그 대목뿐이었다. 평상시의 권 씨답지 않은 그 말만 빼고는 그럴 수 없이 진지한 이야기였다. 아니다. 그가 처음으로 점잖지 못한 그 말을 사용했기 때문에 내 귀엔 더욱더 진지하게 들렸을지도 모른다. 나는 한동안 망설이지 않을 수 없었다. 그의 진지함 앞에서 '아아, 그거 참 안됐군요.'라든가 '그래서 어떡하죠.' 하는 상투적인 말로 섣불리 이쪽의 감정을 전달하기엔 사실 말이지 '십만 원 가까이'는 내게 너무나 큰 부담이었다. 집을 살 때 학교에다 진 빚을 아직 절반도 못 가린 처지였다. 정상 분만비 일, 이만 원 정도라면 또 모르지만 단순히 권 씨를 도울 작정으로 나로서는 거금에 해당하는 십만 원 가까이를 또 빚진다는 건 무리도 이만저만이 아니었다. 그뿐만 아니라 집안에서 경제권을 장악하고 있는 아내의 양해도 없이 멋대로 그런 큰일을 저질러도 괜찮을 만큼 나는 자유롭지도 못했다.
> 　"빌려만 주신다면 무슨 짓을, 정말 무슨 짓을 해서라도 반드시 갚겠습니다."
> 　반드시 갚는 조건임을 강조하면서 그는 마치 성경책 위에다 오른손을 얹고 말하듯이 엄숙한 표정을 했다. 하마터면 나는 잊을 뻔했다. 그가 적시에 일깨워 주었기 망정이지 안 그랬더라면 빌려주는 어려움에만 골똘한 나머지 빌려줬다 나중에 돌려받는 어려움이 더 클 거라는 사실은 생각도 못 할 뻔했다. 그렇다. 끼니조차 감당 못 하는 주제에 막벌이 아니면 어쩌다 간간이 얻어걸리는 출판사 싸구려 번역 일 가지고 어느 겨를에 빚을 갚을 것인가. 책임이 따르는 동정은 피하는 게 상책이었다. 그리고 기왕 피할 바엔 저쪽에서 감히 두말을 못 하도록 야멸치게 굴 필요가 있었다.
>
> ㅡ 윤흥길, 「아홉 켤레의 구두로 남은 사내」에서 ㅡ

① '나'는 '권 씨'가 요청한 금액에 부담을 느껴 선뜻 대답하지 못했다.
② '나'는 '권 씨'에게 부채 의식을 느끼고 있었기 때문에 그의 요청에 책임감을 느꼈다.
③ '나'는 '권 씨'가 생활 능력이 부족하여 돈을 빌려주더라도 갚지 못할 것이라고 생각했다.
④ '나'는 절박한 '권 씨' 부탁을 듣고 오히려 그의 요청을 단호하게 거절해야겠다고 마음먹었다.

009

다음 글에서 글쓴이가 주장하는 바로 가장 적절한 것은?

데이터가 객관적 타당성을 가질 거라고 속단해서는 안 된다. 이미 수집, 보관된 데이터를 접하고 그로부터 필요한 정보를 습득하면 그뿐이라고 생각하는 사람들은 점점 소외되어 수동적 입장의 데이터 노예가 될 수밖에 없다. 물론 데이터는 거짓말을 하지 않는다. 그러나 인간은 보고 싶은 데이터를 통해 현상을 보려 하기에 그 선택 과정에서 내용이 바뀌거나 왜곡이 발생한다. 데이터를 올곧게 바라보는 것은 인간의 본성이 아니다. 그것은 인간 본성의 한계를 극복하려는 인간 의지의 문제다. 데이터는 객관적 개체라기보다 관찰자가 주관적으로 바라보고 싶은 세상의 단면이다. 인간이 주도적 관찰자로서 빅데이터 시대의 신이 되고자 한다면, 데이터를 어떠한 관점에서 왜 수집하는가를 파악하고 이를 올바른 가치관에 따라 활용해야 한다. 데이터의 값어치는 결국 인간의 주체성에 의해 결정된다.

① 수집된 데이터로부터 중요한 데이터를 추출하는 것이 중요하다.
② 데이터를 수집할 때에는 최대한 객관적인 자세를 견지해야 한다.
③ 데이터를 가공할 때에는 주어진 데이터를 그대로 사용해야 한다.
④ 데이터의 해석은 주관적인 것으로 데이터에 담긴 관점을 파악해야 한다.

010

㉠, ㉡의 한자 표기가 옳은 것은?

- 출판 사인회를 포함해 당분간 ㉠자서전 홍보에 주력할 계획이다.
- 그의 ㉡논지를 요약하면 다음과 같다.

	㉠	㉡
①	自書傳	論旨
②	自敍傳	論志
③	自敍傳	論旨
④	自書傳	論志

011

㉠~㉣에 들어갈 말로 적절하지 않은 것은?

제목: ○○ 도서관 홈페이지 이용자 만족도 제고 방안
Ⅰ. ㉠
 1. 정보 자료 접근 시 반복 인증 과정 불편
 2. 홈페이지 검색 결과 관련도 낮은 정보 제공
Ⅱ. ㉡
 1. 정보 자료 담당 부서마다 인증 절차 요구
 2. 홈페이지 검색 시스템 노후화
Ⅲ. 홈페이지 이용자 불만 해결 방안
 1. ㉢
 2. 홈페이지 검색 시스템 개선 및 최적화
Ⅳ. ㉣
 1. 홈페이지 이용자 불만 해결 및 편의 제고
 2. 만족도 정기 조사 및 건의 게시판 신설

① ㉠: 홈페이지 이용자 불만 현황
② ㉡: 홈페이지 이용자 불만 처리 절차
③ ㉢: 정보 자료 담당 부서의 인증 절차 통합
④ ㉣: 기대 효과와 향후 과제

012

다음 글에 나타난 설명 방식으로 적절하지 않은 것은?

개인의 정체성 확립의 어려움 중 하나는 정체성을 규정할 수 있는 속성이 여러 가지라는 것이다. 어떤 한 사람이 남자이며, 의사이며, 남편이며, 아버지이며, 아들이며, 동네 테니스 동호회 회장이며, 영화광이라고 하자. 그의 정체를 물을 때, 우리는 어떤 대답을 원하는 것일까? 그중 어떤 것이 그 개별자의 본질을 이루는 속성이 될까? 아니면 이 모두가 그의 정체성을 구성하는 것일까? 만약 문맥과 상황에 따라 그를 규정하는 정체성이 결정된다면, 그에게 정체성이란 게 실제로 존재하기는 하는 것일까? 이것이 바로 정체성을 탐구하는 데 따르는 어려움이다. 문제의 개별자가 이 모든 속성을 동시에 갖는다면, 우리는 다음 세 가지 중 하나를 선택해야 할 것이다. 첫째, 이 속성들 가운데 어느 하나가 정체성을 이루는 진정한 속성이다. 둘째, 이 모든 속성이 정체성을 구성한다. 셋째, 정체성이란 애초에 존재하지 않으며 단지 정체성을 구성하는 것처럼 보이는 속성의 연속 혹은 다발이 존재할 뿐이다.

① 예시
② 가정
③ 열거
④ 자문자답

013

㉠~㉣의 전개 순서로 가장 자연스러운 것은?

> 북한의 텔레비전을 시청한다든지 귀순자들의 말을 들으면, 특히 공식 석상에서 연설을 할 때 우리와는 비교가 되지 않을 정도로 말을 조리 있고 유창하게 구사한다는 것을 알 수 있다.
>
> ㉠ 이와 함께 높은 데서 낮은 데로 떨어지는 어조를 수반하기 때문에 특이한 효과를 낸다.
> ㉡ 또한 리듬과 어조도 남쪽과는 다른 점이 많다. 우선 리듬의 단위의 길이가 짧은 데서 그 이유를 찾을 수 있다.
> ㉢ 한국어에서는 두세 개로 나뉘는 문장이 북한어에서는 여러 토막으로 갈라져 발음되는 경향이 있다.
> ㉣ 이는 유물론적 언어관에 따라 국어 교육을 받는 사실과 관련이 있어 보인다.
>
> 북한의 말씨가 전투적이고 선동적으로 들리는 까닭을 이런 데서 찾을 수 있다.

① ㉡-㉠-㉢-㉣
② ㉡-㉣-㉢-㉠
③ ㉣-㉡-㉢-㉠
④ ㉣-㉢-㉠-㉡

014

다음 글에 대한 이해로 적절하지 않은 것은?

> 인상주의 이전의 미술 작품들은 대부분 위대한 인물, 신화나 종교적 사건 등 일상 현실과는 동떨어진 것을 택해 매우 웅장하게 표현했다. 18~19세기의 작품들은 장엄한 초상화나 그리스의 신화적 사건 등을 그리는 것이 특징이었다. 인물들은 마치 조각처럼 그려졌다. 그러나 19세기 말엽부터 화풍(畫風)은 현실에 관심을 기울이는 방향으로 변해 갔다. 이때 인상주의자들의 눈길을 끈 것은 주변의 사소한 일상이었다. 그들은 카페나 기차역, 거리를 거니는 사람들, 공원을 그리기 시작했다. 이때부터 회화는 그림 속의 인물들이 누구며 사물들은 어떤 상징성을 지니는지 알아야 제대로 감상할 수 있다는 부담감을 주지 않게 되었다. 누가 보아도 그림의 내용을 쉽게 이해할 수 있었다. 또한 이 시기에 들어 사진기가 발명되었기 때문에 화가들은 대상을 있는 그대로 똑같이 그릴 필요가 없었다. 인상주의자들에게 사실적 묘사란 의미 없는 것이었다.

① 18세기 그림을 이해하기 위해서는 배경지식이 필요하다.
② 인상주의 화가들의 그림은 대중들이 쉽게 접근할 수 있었다.
③ 사진의 발명으로 인해 인상주의 화가들의 화풍이 변화하였다.
④ 그림 속 대상이 지닌 상징성은 19세기 말엽부터 약화하였다.

015

다음 글에 대한 이해로 적절하지 않은 것은?

> 어느 날 남쪽 지방을 여행하였는데 도중에 큰 강물을 만났다. 그리하여 강나루에서 뱃삯을 주고 강물을 건너게 되었는데, 때마침 강물을 건너는 사람이 많아서 두 척의 배에 나누어 타고 동시에 출발하였다. 두 척의 배는 크기도 똑같고, 노 젓는 사람의 수도 똑같고, 태운 사람의 수도 똑같았다.
>
> 두 척의 배가 마침내 닻줄을 풀고 노를 젓기 시작하였는데 조금 있다 보니 곁에서 같이 출발했던 배는 날 듯이 강물을 건너가서 이미 저쪽 나루에 도착하고 있었다. 그와 반대로 내가 탄 배는 아직도 이쪽 나루 근처에서 머뭇거리고 있었다. 내가 이상히 여겨 그 까닭을 묻자 함께 배를 탔던 사람들이 이르기를, "저 배를 탄 사람들은 술을 싣고 가다가 그 술로 노 젓는 사람을 먹이니 뱃사공이 힘을 다하여 노를 저었기 때문이오." 하였다. 나는 겸연쩍은 얼굴로 한탄하였다.
>
> "아하! 이 조그마한 강물을 건너는 데도 뇌물을 먹이고 안 먹이는 데 따라 빠르게 건너고 느리게 건너는 차이가 있는데, 하물며 바다같이 험한 벼슬길을 다투어 건너는 데야 더 말할 나위가 있겠는가? 생각해 보니 내 주변에는 나를 돌보아 주는 사람도 없고 뇌물을 줄 만한 사람도 없는 까닭에 지금까지 조그만 벼슬자리 하나도 제대로 차지하지 못하였구나."
>
> 나는 뒷날 나의 과거를 돌이켜 보는 계기를 삼기 위하여 이렇게 써 두기로 하였다.
>
> - 이규보, 「주뢰설(舟賂說)」-

① 뇌물로 인해 부패가 만연한 세태에 대한 비판적 인식이 드러나 있다.
② 유사한 조건이 서로 다른 결과를 낳는 상황에 대한 체험이 나타나 있다.
③ 배를 타는 상황을 벼슬살이에 확대 적용하여 짐작하는 유추가 나타나 있다.
④ 시대에 순응하지 못했던 과거의 고집스러운 태도에 대한 뉘우침을 암시하고 있다.

016

밑줄 친 발화가 ㉠의 예로 보기 어려운 것은?

㉠결정 이양의 원리란 판단이나 결정의 최종적인 권한을 화자가 청자에게 넘겨주는 원리를 말한다. 화자가 자기 나름으로 판단한 내용을 완전히 결정을 지은 채로 제시함으로써 청자로 하여금 그것을 그대로 받아들이게 하는 것이 아니라, 최종적인 판단 혹은 결정을 청자 스스로 내리게 하는 것이다.

전달하고자 하는 정보를 모두 제시하지 않고 일부를 남겨 둔다는 것은 바로 경제성의 원리와 관계된다. 동일한 효과를 갖는 것으로 가정되는 두 가지 표현이 있다면, 당연히 남겨 두기가 적용된 표현이 더 경제적이라는 것은 자명하다. 적은 비용을 들여서 동일한 효과를 얻을 수 있기 때문이다. 그리고 판단이나 결정의 최종적인 권한을 화자가 가지지 않고 청자에게 넘겨주는 것은 상대방과의 관계를 고려한 것으로서 곧 공손성의 원리와 관련을 갖는다. 동일한 정보 전달력을 갖는 두 가지 표현 중에서 결정 이양의 원리가 적용된 표현은 그렇지 않은 표현에 비해 상대방과의 우호적인 관계를 형성하고 유지하는 데 더 크게 기여할 것이라는 점은 두말할 필요가 없다.

① (도서관에서 시끄럽게 떠드는 학생에게) 여긴 도서관이야.
② **명호**: 커피 드시겠어요?
   수진: 네, 고맙습니다.
③ **사장**: 그 사람 요즘 근무 태도 어때?
   부장: 앞으로 좋아질 겁니다.
④ **철수**: 오늘 저녁 나랑 영화 볼래?
   영희: 저번 시험에서 성적이 떨어졌어.

017

<보기>의 ㉠~㉥ 중 잘못 쓰인 것으로만 묶은 것은?

┤ 보기 ├
○ 상추를 씻어 채반에 ㉠받쳐 놓았다.
○ 열무 백 단을 시장 상인에게 ㉡받쳤다.
○ 그는 평생을 과학 연구에 몸을 ㉢바쳤다.
○ 그녀는 설움에 ㉣바쳐 끝내 울음을 터뜨렸다.
○ 학생이 길을 건너다 차에 ㉤받혀 크게 다쳤다.
○ 잔잔한 배경 음악이 영화 장면을 잘 ㉥받혀 주었다.

① ㉠, ㉢, ㉥
② ㉠, ㉣, ㉤
③ ㉡, ㉢, ㉤
④ ㉡, ㉣, ㉥

018

문맥상 ㉠에 들어갈 말로 가장 적절한 것은?

'이상적인 방랑의 기사'가 되고자 했던 돈키호테의 욕망은 어디에서 비롯된 것일까? 이를 설명할 때 우리는 흔히 욕망의 대상과 욕망하는 주체를 고려한다. 고대 철학자들은 욕망이 대상에서 비롯된다고 보았다. 우리가 무언가를 욕망한다면, 이는 대상이 욕망할 만한 것, 즉 좋은 것이기 때문이라는 것이다. 즉 돈키호테는 이상적인 기사가 좋은 것이기 때문에 그것을 욕망하는 것이다. 그런데 근대에 들어서면서 사람들은 욕망의 발원처가 대상이 아니라 욕망하는 주체에게 있다고 생각하게 된다. 우리가 무언가를 욕망하는 것은 대상이 객관적으로 좋기 때문이 아니라, 주체가 가진 욕망의 표현일 뿐이라는 것이다. 즉 ㉠ 이다.

르네 지라르는 욕망이 대상의 고유한 가치에서 발생한다거나 주체의 필요에서 발생한다는 욕망의 이원적 구도를 비판한다. 그는 욕망의 대상과 주체 외에 제3의 항이 존재한다고 보고 '욕망의 삼각형 구조'를 제시하였는데, 제3의 항은 주체의 욕망을 매개하는 다른 주체이다. 우리가 어떤 대상을 욕망한다면, 이는 대상이 그 자체로 바랄 만한 것이기 때문도 아니요, 우리가 그 대상을 근원적으로 필요로 하거나 가치 있다고 여기기 때문도 아니다. 우리는 대개 다른 누군가의 욕망을 모방하여 무언가를 욕망하는 것이다. 즉 돈키호테의 욕망은 그의 이상형인 아마디스라는 전설적 기사를 매개로 생겨난다고 보았다.

① 돈키호테의 욕망은 자신에게서 발원하는 것
② 돈키호테의 욕망은 욕망의 대상에게서 발원하는 것
③ 돈키호테의 욕망은 이상형인 아마디스에서 발원하는 것
④ 돈키호테의 욕망은 주체의 욕망을 매개하는 주체에게서 발원하는 것

019

다음 대화에 대한 이해로 적절하지 않은 것은?

> 갑: '샛별'과 '개밥바라기'는 별개의 실체로 봐야겠지?
>
> 을: '샛별'과 '개밥바라기'는 모두 '금성(金星)'을 가리키니까 하나의 실체로 봐야지.
>
> 갑: 새벽 무렵 동쪽 하늘에서 볼 수 있는 '금성'을 '샛별'이라고 부르고, 저녁 무렵 서쪽 하늘에 보이는 '금성'을 '개밥바라기'라고 불러. 그 말은 새벽에는 '샛별'만 보이고 '개밥바라기'는 보이지 않고, 반대로 저녁에는 '개밥바라기'만 보이고 '샛별'은 보이지 않는다는 거잖아? 하나의 실체가 존재할 때 또 다른 실체가 부재할 수는 있지만, 하나의 실체가 존재하는 동시에 부재한다는 것은 있을 수 없어. 그러니까 '샛별'과 '개밥바라기'는 동시에 존재할 수 없으니까 별개의 실체인 거지.
>
> 을: '샛별'과 '개밥바라기' 모두 '금성'이라는 하나의 실체에 대한 서로 다른 명칭일 뿐이야. '금성'이라는 하나의 실체는 늘 그곳에 존재하는데 우리가 그것을 발견하는 시간대가 다르고, 그걸 다른 명칭으로 부른 것뿐이야. 추사체로 이름난 조선의 서화가 '김정희'는 '추사(秋史)', '완당(阮堂)' 등 여러 개의 호를 가지고 있어. 그렇다고 해서 '김정희'가 여러 명인 것은 아니잖아. 어떤 실체에 대한 명칭이 둘 이상이라고 하더라도 존재가 둘 이상인 것은 아니야.

① 갑은 '샛별'이 가리키는 대상과 '개밥바라기'가 가리키는 대상이 동시에 존재할 수 없다고 보는군.
② 을은 '김정희', '추사(秋史)', '완당(阮堂)' 등을 동일한 인물에 대한 서로 다른 명칭이라고 보는군.
③ 갑은 '샛별'과 '개밥바라기'를 별개의 실체로, 을은 '샛별'과 '개밥바라기'를 하나의 실체로 보는군.
④ 갑과 을은 명칭은 실체를 가리키는 표현이므로 서로 다른 명칭은 서로 다른 실체가 존재함을 의미한다고 보는군.

020

다음 글을 바탕으로 '형식적 오류'를 범한 것만을 <보기>에서 모두 고르면?

> 형식적 오류란 논증의 부당한 형식 때문에 일어난다. 이때 논증의 형식이 부당하다는 것은 논증이 타당하지 않다는 것이고, 논증이 타당하지 않다는 것은 전제가 참이더라도 결론이 거짓이라는 뜻이다. 예를 들어 '모든 고양이는 동물이다. 모든 샴고양이는 동물이다. 그러므로 모든 샴고양이는 고양이이다.'라는 '논증 (a)'는 형식적 오류를 범하고 있는데 그것을 잘 파악하지 못할 수도 있다. 전제가 실제로 참이고 결론이 참이기 때문이다. 그래서 사람들은 무심결에 이 논증이 타당하다고 생각할지 모른다. 그러나 논증의 타당성은 전제와 결론의 관계에 의해 결정된다. '논증 (a)'의 논증 형식은 '모든 A는 B이다. 모든 C는 B이다. 그러므로 모든 C는 A이다.'로 나타낼 수 있다. 이 형식에 다른 예를 대입해 '모든 고양이는 동물이다. 모든 개는 동물이다. 그러므로 모든 개는 고양이이다.'라는 '논증 (b)'를 만들어 보자. '논증 (b)'는 전제가 모두 참이지만 결론이 거짓이 되고, 따라서 부당한 논증이며 형식적 오류를 범하고 있는 것이다. 그런데 어떤 논증 형식이 타당한 것이면, 그 논증 형식으로 된 모든 사례들은 타당한 논증이 된다. 그리고 어떤 논증 형식이 부당한 것이면, 그 논증 형식으로 된 사례는 부당한 논증이 된다. 즉, '논증 (b)'는 부당한 논증이므로, 같은 논증 형식을 갖춘 '논증 (a)' 역시 부당한 논증이다.

─┤ 보기 ├─

ㄱ. 모든 과학자는 교수이다.
   모든 교수는 연구자이다.
   따라서 모든 과학자는 연구자이다.

ㄴ. 모든 사업자는 기업가이다.
   모든 기업가는 경영자는 아니다.
   따라서 모든 사업자는 경영자는 아니다.

ㄷ. 모든 음악가는 예술가이다.
   모든 음악가는 재즈 연주자가 아니다.
   따라서 모든 예술가는 재즈 연주자가 아니다.

① ㄱ ② ㄷ ③ ㄱ, ㄴ ④ ㄴ, ㄷ

모의고사 07회

001
밑줄 친 발음이 표준 발음이 아닌 것은?

① 산길을 뚫는[뚤른] 것에 반대합니다.
② 공원에는 봄꽃이 활짝 피어[피여] 있다.
③ 양가 부모님을 모시고 상견례[상결례]를 한다.
④ 대관령[대ː괄령] 일대는 고랭지 농업으로 유명하다.

002
국어의 주요한 음운 변동을 다음과 같이 유형화할 때, '흙일'에 일어나는 음운 변동 유형을 모두 고른 것은?

	변동 전		변동 후
㉠	XaY	→	XbY
㉡	XY	→	XaY
㉢	XabY	→	XcY
㉣	XaY	→	XY

① ㉠, ㉢
② ㉡, ㉣
③ ㉠, ㉡, ㉣
④ ㉡, ㉢, ㉣

003
밑줄 친 한자성어가 바르게 쓰이지 않은 것은?

① 최악의 노동 환경과 규제가 기업들을 절망케 하는 상황에서 이 전략은 연목구어(緣木求魚)에 불과하다.
② 항공 본사의 이전으로 경제적인 효과와 더불어 일거양득(一擧兩得)으로 고용 창출의 효과까지 기대하고 있다.
③ 친구와 나는 같은 경험을 해봤기에 맥수지탄(麥秀之嘆)의 마음으로 서로를 이해할 수 있었다.
④ 그녀는 보고 있으면 행복해지는 천의무봉(天衣無縫)의 연기를 보여주고 있다.

004
㉠~㉣을 고쳐 쓰기 위한 방안으로 적절하지 않은 것은?

> 궁궐은 왕실의 생활 공간이기도 했지만 현실 정치의 중심이기도 했다. 그래서 조상들은 궁궐에 왕조의 정치적 이상을 드러내기 위한 장식물을 ㉠둔다.
> 그 예로 경복궁 광화문 앞에 있었던 '해태상'을 들 수 있다. ㉡이러한 해태상을 세운 것은 궁궐을 출입하는 관료들에게 경계하는 마음을 갖게 함으로써 투명한 정치를 꿈꾸던 조선 왕조의 정치 철학을 실현하려는 의도로 볼 수 있다. 해태는 옳지 않은 일을 하는 사람을 뿔로 받아버린다는 상상의 동물이다. 그리고 경복궁의 근정전, 창덕궁의 인정전, 창경궁의 명정전 계단 중앙에는 '답도'라는 ㉢넓직한 돌이 박혀 있다. 여기에는 봉황이 새겨져 있는데 조상들은 봉황이 출현하면 훌륭한 왕이 태어나서 태평성대가 펼쳐질 것으로 믿었다. ㉣그러므로 궁궐에 새긴 봉황은 태평성대를 바라는 소망을 나타낸 것으로 볼 수 있다.

① ㉠은 시간 표현이 자연스럽지 않으므로 '두었다'로 고쳐야겠어.
② ㉡은 문장 간의 의미 관계를 고려하여 바로 뒤의 문장과 순서를 바꿔야겠어.
③ ㉢은 맞춤법이 잘못되었으므로 '널찍한'으로 고쳐야겠어.
④ ㉣은 앞의 내용과 자연스럽게 연결하기 위해 '그런데'로 바꿔야겠어.

005
㉠~㉣ 중 문장 성분이 다른 하나는?

> 너는 高麗ㅅ사름이어니 쏘 엇디 漢語 니름을 잘 ᄒᆞᄂᆞ뇨
> 내 ㉠漢ㅅ사름의손ᄃᆡ 글 ᄇᆡ호니 이런 젼ᄎ로 져기 漢ㅅ말을 아노라
> 네 뉘손ᄃᆡ 글 ᄇᆡ혼다
> 내 ㉡漢 흑당의셔 글 ᄇᆡ호라
> 쏘 흑당의 가 ㉢셔품쓰기 ᄒᆞ고 셔품쓰기 맛고
> 년구ᄒᆞ기 ᄒᆞ고 년구ᄒᆞ기 맛고
> 글읇기 ᄒᆞ고 글읇기 맛고 스승 ㉣앏픠셔 강ᄒᆞ노라

- 『노걸대언해』 -

① ㉠
② ㉡
③ ㉢
④ ㉣

006
다음 글에 대한 이해로 가장 적절한 것은?

새로 거른 막걸리 젖빛처럼 뿌옇고	新蒭濁酒如渾白
큰 사발에 보리밥 높기가 한 자로세	大碗麥飯高一尺
밥 먹자 도리깨 잡고 마당에 나서니	飯罷取耞登場立
검게 탄 두 어깨 햇볕 받아 번쩍이네	雙肩漆澤翻日赤
옹헤야 소리 내며 발맞추어 두드리니	呼邪作聲擧趾齊
삽시간에 보리 낟알 온 마당에 가득하네	須叟麥穗都狼藉
주고받는 노랫가락 점점 높아지는데	雜歌互答聲轉高
보이느니 지붕 위에 보리티끌뿐이로다	但見屋角紛飛麥
그 기색 살펴보니 즐겁기 짝이 없어	觀其氣色樂莫樂
마음이 몸의 노예 되지 않았네	了不以心爲形役
낙원이 먼 곳에 있는 게 아닌데	樂園樂郊不遠有
무엇 하러 벼슬길에 헤매고 있으리오	何苦去作風塵客

- 정약용, 「보리타작(打麥行)」 -

① 부조리한 현실을 개선하고자 하는 의지가 나타나 있다.
② 대상의 긍정적 자세를 본받으려는 태도가 드러나 있다.
③ 자연과 더불어 사는 삶에 대한 만족감이 제시되어 있다.
④ 회상의 방식으로 과거의 삶에 대한 지향을 되새기고 있다.

007
다음 시에 대한 이해로 적절하지 않은 것은?

흐르는 것이 물뿐이랴
우리가 저와 같아서
강변에 나가 삽을 씻으며
거기 슬픔도 퍼다 버린다.
일이 끝나 저물어
스스로 깊어 가는 강을 보며
쭈그려 앉아 담배나 피우고
나는 돌아갈 뿐이다.
삽자루에 맡긴 한 생애가
이렇게 저물고, 저물어서
샛강 바닥 썩은 물에
달이 뜨는구나
우리가 저와 같아서
흐르는 물에 삽을 씻고
먹을 것 없는 사람들의 마을로
다시 어두워 돌아가야 한다.

- 정희성, 「저문 강에 삽을 씻고」 -

① 시간의 흐름과 화자의 내면을 따라 시상을 전개하고 있다.
② 관념을 구체화한 표현을 활용하여 삶의 비애를 나타내고 있다.
③ 산업화로 인해 소외된 도시 노동자의 열악한 삶을 반영하고 있다.
④ 반복되는 삶을 자연 현상에 빗대어 현실 극복 의지를 표현하고 있다.

008
다음 글에 대한 이해로 적절하지 않은 것은?

오늘도 하늘은 더할 나위 없이 맑고, 우리 연전 일대를 덮은 신록은 어제보다도 한층 더 깨끗하고 신선하고 생기 있는 듯하다. 나는 오늘도 나의 문법 시간이 끝나자, 큰 무거운 짐이나 벗어놓은 듯이 옷을 훨훨 떨며, 본관 서쪽 숲 사이에 있는 나의 자리를 찾아 올라간다.

나의 자리래야 솔밭 사이에 있는 겨우 걸터앉을 만한 조그마한 소나무 그루터기에 지나지 못하지마는, 오고 가는 여러 동료가 나의 자리라고 명명하여 주고, 또 나 자신도 하루 동안에 가장 기쁜 시간을 이 자리에서 가질 수 있으므로, 시간의 여유 있는 때마다 나는 한 특권이나 차지하듯이, 이 자리를 찾아 올라와 앉아 있기를 좋아한다.

물론 나에게 멀리 군속을 떠나 고고한 가운데 처하기를 원하는 선골이 있다거나, 또는 나의 성미가 남달리 괴팍하여 사람을 싫어한다거나 하는 것은 아니다. 나는 역시 사람 사이에 처하기를 즐거워하고, 사람을 그리워하는 갑남을녀의 하나요, 또 사람이란 모든 결점이 있음에도 불구하고, 역시 가장 아름다운 존재의 하나라고 생각한다. 그리고 또, 사람으로서도 아름다운 사람이 되려면 반드시 사람 사이에 살고, 사람 사이에서 울고 웃고 부대껴야 한다고 생각한다.

그러나, 이러한 때—푸른 하늘과 찬란한 태양이 있고, 황홀한 신록이 모든 산, 모든 언덕을 덮은 이 때, 기쁨의 속삭임이 하늘과 땅, 나무와 나무, 풀잎과 풀잎 사이에 은밀히 수수되고, 그들의 기쁨의 노래가 금시라고 우렁차게 터져 나와, 산과 들을 흔들 듯한 이러한 때를 당하면, 나는 곁에 비록 친한 동무가 있고, 그의 재미있는 이야기가 있다 할지라도, 이러한 자연에 곁눈을 팔지 않을 수 없으며, 그의 기쁨의 노래에 귀를 기울이지 아니할 수 없게 된다.

- 이양하, 「신록 예찬」에서 -

① 진솔한 어조로 사람과 인생에 대한 가치관을 이야기하고 있다.
② 자연과 인간을 대비하여 세속적 삶에 대한 경계를 드러내고 있다.
③ 감정을 이입하여 자연의 아름다움에 매료된 심경을 표출하고 있다.
④ 장황한 표현으로 자연과 교감하는 감정을 풍부하게 표현하고 있다.

009

밑줄 친 부분의 한자 표기가 옳지 않은 것은?

① 부모님께서는 평생을 성실(誠實)하게 생활하셨다.
② 그 사람은 볼 때마다 인상(人相)을 찌푸리고 있었다.
③ 그 당시 나는 가장 고통스러운 시기(時期)를 보내고 있었다.
④ 며칠째 계속되는 열대야 현상(現像)으로 잠을 못 이루는 사람이 많다.

010

㉠, ㉡의 주장에 대한 비판으로 가장 적절한 것은?

> 인권에 대한 제도적 접근은 최소한으로 해야 한다는 입장이 있다. ㉠그들은, 명예훼손죄는 제도적으로 처벌하기에 그 경계가 명확하지 않다는 입장을 고수하며 다만 타인을 인종적으로, 지역적으로 모욕하고 차별하는 것은 법적으로 제한할 수 있다고 본다. 정치적 성향 차이로 편견을 조장하는 것 역시 옹호될 수 없다고 본다. 특히 그들은 명예훼손죄가 대부분의 나라에서 사라졌거나 사문화되고 있다는 점을 들며, 명예훼손죄가 표현의 자유를 억압하는 측면이 있다는 점을 강조한다. 특히 한국은 진실을 알렸을 때에도 명예훼손죄를 적용하는데, 이런 점들을 알리며 그들의 주장을 강화한다.
> 반면 이에 대해 반대의 입장을 띠는 쪽에서는 다른 죄들도 그 경계가 명확하지 않음을 주장한다. ㉡그들은 살인죄의 적용 역시 언뜻 보기에는 명백할 것 같지만 상황에 따라 상해치사인지 과실치사인지 명확하게 구별하기 어려울 때가 많은 점을 근거로 든다. 진실을 알렸다 해도 개인의 인권을 침해하는 예는 많다는 점을 들며 사생활 보호 역시 개인의 인권을 수호하는 중요한 가치임을 내세우며 자신들의 주장을 강화한다.

① ㉠은 진실을 알렸을 때에도 명예훼손죄로 처벌하면 안 되는 이유를 밝혀야 한다.
② ㉠은 인종 차별적인 발언을 명예훼손죄로 처벌하면 안 되는 이유를 밝혀야 한다.
③ ㉡은 개인의 인권을 수호하는 것이 표현의 자유와 어떤 관계가 있는지 밝혀야 한다.
④ ㉡은 타인의 사생활을 발설하는 경우에도 명예훼손죄를 적용하지 않는 이유를 밝혀야 한다.

011

밑줄 친 부분의 주된 설명 방식은?

> '피아노와 여인'이라는 말을 듣는다면 대개는 그런대로 어울리는 한 쌍이라고 생각할 것이다. 그렇다면, '예술과 돈'이라고 하면 어떨까? 이에 대해서는 기이함이나 당혹감, 심지어 불쾌감을 느끼는 사람들이 많을 것이다. 그들은 진정한 거장이 창조해 낸 예술 작품은 측량할 수 없는 값어치를 담고 있다고 여긴다. 예술 작품에 포함되어 있는 '정신적 가치'는 '육체적 만족 등의 물질적 가치'와는 차원이 다른 것이며, 전자는 후자로부터 조금도 영향을 받지 않는다는 것이다. 그리하여 예술 작품은 세속에 물들지 않는, 움직일 수 없는 진리를 표상하고 있는 것으로, <u>그리고 미(美)란 진(眞), 선(善)과 같이 절대적 가치를 가지고 있는 것으로 여겨진다.</u>

① 정의
② 비교
③ 예시
④ 대조

012

㉠~㉣의 전개 순서로 가장 자연스러운 것은?

> 남태평양의 작은 섬 투발루가 점점 가라앉고 있다고 한다. 이는 투발루섬 주민들 때문이 아니다.
>
> ㉠ 이로 인해 기후 변화가 일어나 해수면이 상승하여 섬이 가라앉고 있다.
> ㉡ 또 그들은 지구 대기 속의 온실가스 농도를 올리는 데 조금도 기여한 바 없다.
> ㉢ 섬 주민들은 수천 년 동안 자연과 조화를 이루며 평온하게 살아왔을 뿐 섬을 조금도 망가뜨린 일이 없다.
> ㉣ 그런데도 태평양의 해수면이 점점 높아져 섬이 가라앉고 있는 이유는 유럽이나 미주 대륙의 선진국들이 화석 연료를 대량으로 사용했기 때문이다.

① ㉠-㉡-㉢-㉣
② ㉠-㉢-㉡-㉣
③ ㉢-㉡-㉣-㉠
④ ㉢-㉣-㉠-㉡

013

대담 참여자들의 말하기 방식에 대한 이해로 적절하지 않은 것은?

> **사회자:** 안녕하십니까? 오늘은 '도로 소음, 문제와 대책'에 대해 환경공학과 박□□ 교수님을 모시고 의견 들어보겠습니다. 교수님, 최근 도로 소음이 문제가 되는 이유는 무엇인가요?
> **박 교수:** 최근 들어 차량이 증가하고 도로가 늘어나면서 상시적으로 발생하는 도로 소음이 신체적·정신적 피해를 끼치고 있어 문제가 되고 있습니다.
> **사회자:** 이와 관련된 법적 규제는 없는지요?
> **박 교수:** 현재 환경 정책 기본법이나 소음·진동 관리법 등을 통해 소음을 규제하고 관리하고 있습니다. 예를 들어, 공동 주택 도로변 소음의 법적 허용 기준을 주간 68dB, 야간 58dB로 정하고, 이를 초과하는 경우 개선 명령을 내리거나 과태료를 부과하고 있습니다.
> **사회자:** 그렇다면 소음 발생이나 소음으로 인한 피해를 애초에 줄일 수 있는 방안은 없을까요?
> **박 교수:** 현재 주로 사용되고 있는 도로 소음 저감 기술에는 방음벽, 방음 터널 등이 있습니다. 그런데 방음벽의 경우 설치 비용이 상대적으로 적게 들지만, 주로 5m 이하로 설치되므로 주변 건물이 6층 이상의 높이일 경우 방음 효과가 작습니다. 또 방음 터널의 경우에는 소음원 자체를 감싸는 구조로 되어 있어 방음의 효과가 탁월하지만, 초기 설치비 및 유지비가 많이 듭니다.
> **사회자:** 그런 단점을 보완할 수 있는 새로운 기술은 없는지요?
> **박 교수:** 비교적 최근에 개발된 저소음 포장 공법이 있습니다. 도로 소음은 차량 타이어와 도로가 마찰하는 과정에서 발생하는데, 이 기술은 9dB 정도의 소음을 줄일 수 있습니다. 또한 주변 건물에 방음 창호를 설치하면 최대 35dB 정도의 소음을 줄일 수 있어 효과적입니다.
> **사회자:** 그렇군요. 오늘 말씀 잘 들었습니다. 감사합니다.

① 사회자는 박 교수의 발언을 요약하며 대담을 이끌어가고 있다.
② 박 교수는 구체적인 수치를 들어가며 사회자의 질문에 답하고 있다.
③ 사회자는 박 교수의 설명을 듣고 추가적인 정보를 요청하고 있다.
④ 박 교수는 화제와 관련된 대상들의 장단점을 비교하며 설명하고 있다.

014

다음 글에 대한 이해로 적절하지 않은 것은?

> 장끼 고집 끝끝내 굽히지 아니하니 까투리 할 수 없이 물러났다. 그러자 장끼란 놈 얼룩 꽁지깃 펼쳐 들고 꾸벅꾸벅 고갯짓하며 조츰조츰 콩을 먹으러 들어가는구나. 반달 같은 혓부리로 콩을 꽉 찍으니 두 고패 둥그러지며 머리 위에 치는 소리 박랑사 중에 저격시황 하다가 버금수레 맞히는 듯 와지끈 뚝딱 푸드드득 푸드드득 어찌할 수 없이 치었구나.
> 이 꼴을 본 까투리 기가 막히고 앞이 아득하여,
> "저런 광경 당할 줄 몰랐던가. 남자라고 여자 말 잘 들어도 패가(敗家)하고 계집 말 안 들어도 망신하네."
> 하면서, 위아래 넓은 자갈밭에 자락 머리 풀어 헤치고 당글당글 뒹굴면서 가슴 치고 일어나 앉아 잔디 풀을 쥐어뜯어가며 애통해하고 두 발을 땅땅 구르면서 성을 무너뜨릴 듯이 대단히 절통해한다. 아홉 아들 열두 딸과 친구 벗님네들이 불쌍하다 탄식하며 조문 애곡 하니 이 어찌 가련치 아니하리오.
>
> ― 작자 미상, 「장끼전」 ―

① 동물을 의인화한 우의적 방식으로 이야기를 전개하고 있다.
② 인물의 발화를 통해 주제 의식을 직접적으로 드러내고 있다.
③ 인물의 처지와 대비되는 배경을 설정하여 비극미를 부각하고 있다.
④ 서술자가 개입하여 작중 인물의 정서에 대한 공감을 드러내고 있다.

015

다음 중 밑줄 친 부분을 드러낸 것으로 가장 적절한 것은?

> <u>순환 사관</u>은 인간의 역사를 사계절처럼 순환하고 반복하는 것으로 보는 관점이다. 공자는 『춘추』를 순환 사관의 입장에서 서술하였고, 수많은 도시 국가가 흥망성쇠를 거듭한 지중해 지역에서도 역사는 순환하고 반복한다는 인식이 널리 퍼져 있었다.

① 역사는 사람을 정치적·도덕적으로 올바르고 지혜롭게 훈육하는 삶의 학교이다.
② 역사는 과거와 현재와의 끊임없는 대화로 역사가는 자신의 생각으로 자신의 사실을 만든다.
③ 세상의 일을 서술할 때에는 상상력이 더해진 이야기를 덧대서는 안 되고 일어난 일만 기록해야 한다.
④ 우리의 조상들이 우리가 보는 것 이상을 보지 못한 것처럼 우리의 자손들도 그 어떤 새로운 것도 볼 수 없을 것이다.

016

다음 글의 내용과 일치하는 것은?

「텍스트 레인」은 로미 아키튜브와 카미유 우터백의 공동 작품이다. 이 작품은 현대 미술이 나아가는 방향을 보여준다. 작품 앞에 서게 되면 관람객은 자신의 모습이 화면에 나타나는 것을 보게 된다. 그리고 자신의 모습이 비치는 스크린에 영문 알파벳이 눈송이처럼 떨어지는 것을 볼 수 있다. 알파벳은 불규칙적으로 자연스럽게 하늘에서 내려온다. 스크린에 비친 관람객의 모습에 닿자마자 알파벳은 통통 튕기거나 흘러내린다. 알파벳은 관람객의 어깨에 쌓이기도 하고 관람객이 손으로 오목한 그릇 모양을 만들면 그 안에 담기면서 관객들에게 눈송이처럼 가벼운 무게를 느끼게도 해 준다. 이렇게 해서 알파벳은 의미 있는 텍스트를 만들기도 한다. 작품에서 알파벳 구성의 순서와 위치는 관람객이 관람할 때마다 항상 자유롭게 바뀐다. 이로 인해 스크린에는 무한의 의미가 만들어진다.

① 현대 미술은 관객의 참여로 인해 완성된다.
② 현대 미술의 소통은 역방향으로 이루어진다.
③ 현대 미술의 의미는 작가의 의도에 달려 있다.
④ 현대 미술은 감각을 배제하고 관념을 지향한다.

017

<보기>는 사이시옷 규정의 일부이다. 이 조건에 부합하지 않는 것은?

─ 보기 ─
○ 순우리말로 된 합성어로서 앞말이 모음으로 끝난 경우
  [1] 뒷말의 첫소리가 된소리로 나는 것
  [2] 뒷말의 첫소리 'ㄴ, ㅁ' 앞에서 'ㄴ' 소리가 덧나는 것
  [3] 뒷말의 첫소리 모음 앞에서 'ㄴㄴ' 소리가 덧나는 것
○ 순우리말과 한자어로 된 합성어로서 앞말이 모음으로 끝난 경우
  [1] 뒷말의 첫소리가 된소리로 나는 것
  [2] 뒷말의 첫소리 'ㄴ, ㅁ' 앞에서 'ㄴ' 소리가 덧나는 것
  [3] 뒷말의 첫소리 모음 앞에서 'ㄴㄴ' 소리가 덧나는 것

① 냇물
② 두렛일
③ 기찻간
④ 전셋집

018

다음 글에 대한 이해로 적절한 것은?

특정한 원인이 특정한 질병을 일으킨다는 '특정 병인론'이야말로 현대 의학의 가장 핵심적인 관념이다. 최근 유전 공학의 발달로 특정 유전자의 변이가 특정한 병을 일으킨다는 주장이 대두되고 있으며, 잘못된 유전자를 정상적인 것으로 교정함으로써 질병을 치료하려고도 한다. 현대 의학이 지닌 '특정 병인론'이라는 관념은 가장 첨단적인 표현일 것이다. 100여 년 전 싹트기 시작한 '특정 병인론'은 논리적 귀결로 '특효 요법'이라는 개념을 낳았다. 병은 특정한 원인에 의해 생기는바, 그 특정 원인을 제거하거나 교정하는 특별한 효과가 있는 치료법이 있다는 것이다. 이는 전통 시대의 만병통치약이나 보약과는 완전히 상반되는 근대 과학적 사고의 산물이다. 고대 이래 동·서양을 막론하고 질병은 대체로 몸 전체의 균형과 관련된 문제였다. 한의학에서는 음과 양의 조화 여부가, 서양 의학에서는 혈액, 점액, 담황즙, 흑담즙 등 네 가지 체액의 균형 여부가 건강과 질병을 가르는 핵심적인 기준이었다. 이에 따라 환자의 치료도 넘치는 것을 덜어내고 부족한 것을 채워 주는 것을 요체로 삼았다.

① 현대 의학은 질병의 원인을 신체의 불균형에서 찾는다.
② 보약은 잘못된 요소를 찾아 그것을 없애 버리는 약이다.
③ 현대 의학은 모든 병을 다스릴 수 있는 약을 개발하는 데 치중한다.
④ 서양 의학에서는 건강에 필수적인 요소가 너무 많은 것도 문제라고 보았다.

019

다음 대화에 대한 이해로 적절하지 않은 것은?

> 갑: '선의의 거짓말'을 꼭 비윤리적이라고 볼 수 없고, 필요한 경우에는 해도 되겠지?
>
> 을: '선의의 거짓말'도 결국 거짓말이니까 비윤리적이고, 해서는 안 된다고 생각해.
>
> 갑: '선의의 거짓말'은 타인을 위해서 하는 거짓말이잖아? 그러니 '선의의 거짓말'이 타인에게 도움이 되는 결과로 이어진다면 그것을 비윤리적이라고 할 수 없어. 예를 들어 의사가 환자를 위해 예후를 긍정적으로 말해서 환자에게 희망을 주고, 그 믿음으로 인해 환자의 병세가 호전된다면 이러한 '선의의 거짓말'은 오히려 윤리적이라고 평가할 수 있어. 그러니 '선의의 거짓말'은 필요한 경우에 제한적으로 해도 된다고 생각해.
>
> 을: '선의의 거짓말'을 타인을 위해서 하는 거짓말이라고 하지만, 오히려 타인이 진실을 알고 싶어 할 수도 있잖아. 그리고 결과에 따라서 윤리적 평가가 갈린다면 우리는 행위를 결정하기 어려워. 예를 들어 의사가 환자를 위해 '선의의 거짓말'을 했지만 환자의 병세가 호전되지 않고 마음의 준비도 하지 못한 채로 병이 더 심각해 지면 어떡해? 그러니까 어떤 경우에도 거짓말을 하지 않아야 한다는 도덕적 의무를 다하는 것이 최선이야. '선의의 거짓말'은 그런 도덕적 의무를 어긴 것이니까 비윤리적이고, 어떤 경우에도 해서는 안 되는 거지.

① 갑은 '선의의 거짓말'이 타인에게 도움이 된다면 윤리적이라고 보는군.
② 을은 '선의의 거짓말'이 타인에게 도움이 되는지 알 수 없으므로 윤리적 평가를 할 수 없다고 보는군.
③ 갑은 '선의의 거짓말'은 제한적으로 해도 된다고 보고, 을은 '선의의 거짓말'을 어떤 경우에도 해서는 안 된다고 보는군.
④ 갑은 행위의 결과를 기준으로 윤리적 평가를 해야 한다고 보고, 을은 의무를 기준으로 윤리적 평가를 해야 한다고 보는군.

020

다음 글을 참고할 때, <보기>의 발화에서 드러난 논증에 대한 설명으로 적절하지 않은 것은?

> 통계적 논증은 전제에 통계가 포함되어 있는 논증으로, 전체 집단에 대한 통계 정보에서 그 전체 집단의 한 원소나 부분 집합에 대한 결론을 도출하는 것이다. 예를 들어 '독감 예방주사를 맞지 않은 노약자의 90%가 이번 겨울에 독감에 걸렸다. 우리 할머니는 독감 예방주사를 맞지 못했다. 따라서 할머니는 이번 겨울에 독감에 걸리셨을 것이다.'와 같다. 이 예에서 '독감 예방주사를 맞지 않은 노약자'는 준거 집단이고, '독감에 걸린' 것은 그 집합 중 '90%'의 개체들이 지닌 성질을 의미한다. 그리고 '우리 할머니'는 개체를 나타낸다. 이때 '독감에 걸린' 성질을 가진 '독감 예방주사를 맞지 않은 노약자'의 퍼센트는 논증의 강도를 결정한다. 그 퍼센트가 100에 가까울수록 그 통계적 논증은 강하다고 할 수 있다. 그런데 퍼센트가 0에 가까울 때도, 우리는 강한 논증임을 내세울 수 있다. 예를 들어 '독감 예방주사를 맞은 노약자의 10%가 이번 겨울 독감에 걸렸다. 우리 할머니는 독감 예방주사를 맞으셨다. 그러므로 우리 할머니는 이번 겨울에 독감에 걸리지 않으셨을 것이다.'와 같이 결론이 부정문인 경우를 고려하면, 통계적 논증은 그 퍼센트의 수치가 100이나 0에 가까울수록 강하고 50에 가까울수록 약하다.

⊣ 보기 ⊢

> 상철, 영식: 옥순아, 너 다이어트한다며?
> 옥순: 맞아, 그런데 쉽지가 않네.
> 영식: 옥순이 너 운동도 병행하고 있어? 운동과 음식 조절을 병행한 사람들은 85%가 다이어트에 성공했대. 너도 운동과 음식 조절을 병행하면 다이어트에 성공할 수 있을 거야.
> 상철: 반면에 음식 조절만 한 사람들은 10%만이 다이어트에 성공했대. 그러니 너도 음식 조절만 하면 다이어트에 실패할지도 몰라.
> 옥순: 그렇구나. 그럼 나도 운동과 음식 조절을 병행해야겠어.

① '영식'이 활용한 통계적 논증에서 '운동과 음식 조절을 병행한 사람들'은 준거 집단이다.
② '상철'이 활용한 통계적 논증에서 '다이어트에 성공'한 것은 '음식 조절만 한 사람들' 중 '10%'만이 지닌 성질이다.
③ '영식'과 '상철'이 활용한 통계적 논증에서 각각의 준거 집단에 포함되는 개체는 모두 '옥순'으로 가정하고 있다.
④ '영식'이 활용한 통계적 논증은 '상철'이 활용한 통계적 논증보다 강하다.

001

밑줄 친 부분이 어법에 맞는 것은?

① 그는 곰곰히 생각에 잠겼다.
② 언덕빼기로 힘겹게 올라갔다.
③ 한숨 소리가 나직이 새어 나왔다.
④ 그들은 자장면을 곱배기로 시켜 먹었다.

002

<보기>의 ㉠, ㉡이 모두 사용된 문장은?

> ─ 보기 ─
> 우리말에서는 일반적으로 선어말 어미나 종결 어미, 조사 등을 통해 높임을 표현하지만, 어휘를 통해 높임을 표현하는 경우도 있다. 높임 표현에 쓰이는 어휘들은 다음과 같이 분류할 수 있다.
>
> ○ 주체를 높이는 용언 (예 주무시다)
> ○ 객체를 높이는 용언 (예 드리다) ················ ㉠
> ○ 높여야 할 인물을 직접 높이는 명사 (예 선생님)
> ○ 높여야 할 인물과 관련된 것을 높이는 명사 (예 진지) ········· ㉡

① 그는 두 교수님을 모시고 연구회에 참석하였다.
② 할아버지께서는 정정하셔서 좀체 댁에 계시지 않는다.
③ 의사가 익숙하게 진찰하며 할머니께 연세를 여쭈었다.
④ 선생님은 학생들에게 부모님의 성함을 적어 보도록 했다.

003

밑줄 친 한자성어가 바르게 쓰이지 않은 것은?

① 이번 기회에 피해를 주는 일부 악덕 업자를 발본색원(拔本塞源)해야 한다.
② 친구와 의견 차이가 있을 때에는 갈이천정(渴而穿井)으로 친구의 입장을 생각해 볼 필요가 있다.
③ 관리의 가렴주구(苛斂誅求)를 견디다 못한 백성들이 봉기를 일으켰다.
④ 주식으로 돈을 번 사람들의 이야기를 듣고는 수주대토(守株待兔)로 어리석게도 주식이 오르기만을 기다리고 있다.

004

다음 강연 내용에 대한 반응으로 가장 적절한 것은?

> 오늘날 지역 사회의 인구 이탈과 수도권 쏠림 현상이 가속화되어 사회적 문제가 되고 있습니다. 그래서 이번 시간에는 지방 중소 도시가 나아갈 방향에 대해 이야기해 보겠습니다. 먼저 지방 중소 도시의 바람직한 모습은 해당 도시를 둘러싼 인접 지역의 교육·문화·상업·금융 등의 중심 기능을 도맡아야 합니다. 중추 기능을 하지 못하는 지방 중소 도시는 지역 사회의 구심점 역할을 할 수 없습니다. 그리고 중앙 정부의 권한을 보다 지방으로 이양하여 대도시에 가지 않더라도 지역 주민들이 행정 업무를 보는 데에 불편함이 없도록 해야 합니다. 그렇다고 지방 중소 도시가 대도시처럼 되어야 한다는 것이 아닙니다. 지방 중소 도시는 지역의 특색을 살려 발전해야 합니다. 해당 지역의 지형, 문화, 역사를 반영한 도시를 건설해야 하나뿐인 의미 있는 지방 중소 도시가 될 것입니다.

① 지방 중소 도시는 인접 지역에 교육·문화·상업·금융 중심 기능을 고르게 이양해야 하겠군.
② 지방 중소 도시는 시민들의 삶의 질을 높이고 지역의 개성을 살리는 방향으로 발전해야 하겠군.
③ 지방 중소 도시는 중앙 정부와 구별되는 행정 체계를 갖추어 지역 주민들의 불편함이 없도록 해야 하겠군.
④ 지방 중소 도시는 대도시의 특색을 반영한 도시 건설을 통해 지역 사회의 인구 이탈 현상을 막아야 하겠군.

005

(가)와 (나)의 공통점으로 가장 적절한 것은?

> (가)
> 짚 方席(방석) 내지 마라 落葉(낙엽)엔들 못 안즈랴
> 솔불 혀지 마라 어제 진 달 도다 온다
> 아히야 薄酒山菜(박주산채)ㄹ망졍 업다 말고 내여라.
> ─ 한호 ─
>
> (나)
> 白鷗(백구)ㅣ야 말 무러보쟈 놀라지 마라스라
> 名區勝地(명구승지)를 어듸어듸 ㅂ렷드니
> 날드러 仔細(자세)히 닐러든 네와 게 가 놀리라
> ─ 김천택 ─

① 시간의 흐름에 따라 변화하는 자연의 모습을 그려내고 있다.
② 청자에게 말 건네는 방식으로 자연 친화적 태도를 드러내고 있다.
③ 대립적 공간을 설정하여 세속적 가치에 대한 경계를 드러내고 있다.
④ 대조적 의미를 지닌 사물의 속성을 분석하여 깨달음을 전달하고 있다.

006

밑줄 친 부분이 어법에 맞지 않는 것은?

① 나는 당신의 보호자가 아니오.
② 막냇동생은 아직 키가 짤따랗다.
③ 이것은 시집이오, 저것은 소설책이다.
④ 무성한 이파리 사이로 매미 소리가 들렸다.

007

다음 글에 대한 이해로 가장 적절한 것은?

> 애들이 앞에 나가서 코끼리 맴돌기를 하고 있을 때, 자치회를 위하여 자리를 피해 주었던 선생님이 눈을 휘둥그레 뜨며 놀랐다. "뭘 하구 있는 거예요." 아이들은 입을 꾹 다물었고 영래가 자신만만하게 말했다. "벌을 주고 있습니다." "무슨 벌을?" "얘들이 단체 행동에서 빠지려구 합니다." "단체 행동이라니……" "얘들 때문에 우리가 졌어요. 우리 반의 명예를 위해서 전부 놀이에 참가할 작정이었습니다." "네 그런가요. 언제 그 놀이를 해 보자구 여럿이서 의논을 했었나요?" 선생님의 한결같이 부드러운 질문에 영래가 대들듯이 거칠게 대답했다. "아뇨, 하나 마나죠. 우리 반을 위해서 나는 모두 참가해야 된다구 생각했습니다." "물론 여럿이 하는 일에 마음이 모두 맞기란 어려운 일입니다. 그렇지만 각자의 의견도 묻지 않고 혼자의 생각만 주장해서는 절대로 무슨 일에서건 이길 수 없을 거예요. 급장은 책임이 중할수록 누구에게 불만이 없는가를 살피고, 있다면 그 불만이 자기가 저지른 어떤 잘못 때문이 아닌가 스스로 반성해 보아야 합니다. 마음을 모으겠다는 핑계로 제 잘못을 감추려는 일이 있어서도 안 됩니다."
> — 황석영, 「아우를 위하여」에서 —

① '영래'는 급장으로서 단체 행동에 따르지 않는 아이들과 함께 벌을 받았다.
② '선생님'이 '영래'의 독단적인 의사 결정을 지적하자 '영래'는 주눅 든 모습을 보였다.
③ '선생님'은 민주적인 절차 없이 아이들에게 놀이 참가를 강요하는 '영래'의 행동을 지적하였다.
④ '선생님'은 자치회의 역할을 존중하며 '영래'와 아이들 간의 갈등을 스스로 해결하도록 개입하지 않았다.

008

글의 흐름을 고려했을 때 ㉠에 들어갈 말로 가장 적절한 것은?

> 지구상의 대부분 지역은 경사면을 이루고 있다. 이 사면은 겉으로는 안정적인 것처럼 보이지만 그 위에 얹혀 있는 물질들은 끊임없이 움직이려 한다. 중력의 영향으로 모든 물질은 좀 더 안정된 위치를 찾아 하부로 이동하려고 하기 때문이다. 이처럼 바위, 자갈, 모래, 진흙 등 지반을 이루고 있던 물질들이 하부로 이동하는 모든 현상을 산사태라고 한다. 그런데 사면이 붕괴될지 아닐지의 여부는 산사태를 일으키는 여러 요인들이 어떻게 작용하느냐에 따라서 달라진다.
> 특히 물은 직·간접적으로 산사태에 영향을 주기 때문에 다른 요소들보다 중요하다. 비가 오면 물은 지반을 포화시키고 사면 아래쪽을 깎아 내어 산사태가 일어날 가능성도 커진다. 또한 지하로 스며들어 산사태를 일으키기도 한다. 바닷가에서 모래 쌓기를 해 본 사람이라면 조금 젖은 모래로는 모래성을 잘 쌓을 수 있지만 물이 일정 정도 이상이 되면 모래가 금방 흘러내려 버린다는 것을 알고 있을 것이다. 물이 모래 표면을 적실 정도면 표면이나 입자 사이의 점성을 증가시켜 주지만, 모래 입자 사이를 물로 포화시킬 정도가 되면 모래 입자의 결합력을 떨어뜨리기 때문이다. 결국 다른 외부 조건이 동일하다면 ㉠

① 모래로 이루어진 곳에서는 물의 양이 많아질수록 산사태의 발생 확률이 높아진다.
② 모래로 이루어진 곳에서는 물의 양이 적어질수록 산사태의 발생 확률이 높아진다.
③ 강우량이 적은 곳에서는 물의 양이 적기 때문에 산사태의 발생 확률이 낮아진다.
④ 강우량이 많은 곳에서는 물의 양이 너무 많기 때문에 산사태의 발생 확률이 높아진다.

009

㉠~㉢에 대한 설명으로 적절하지 않은 것은?

> 언제부턴가 갈대는 속으로
> 조용히 울고 있었다.
>
> 그런 어느 ㉠밤이었을 것이다. 갈대는
> 그의 온몸이 ㉡흔들리고 있는 것을 알았다.
>
> ㉢바람도 달빛도 아닌 것,
> 갈대는 저를 흔드는 것이 ㉣제 조용한 울음인 것을
> 까맣게 몰랐다.
>
> ─ 산다는 것은 속으로 이렇게
> 조용히 울고 있는 것이란 것을
> 그는 몰랐다.
>
> — 신경림, 「갈대」 —

① ㉠: 갈대가 흔들리고 있음을 깨달은 시간
② ㉡: 울고 있는 갈대의 외면적 모습
③ ㉢: 갈대가 갈등의 원인을 찾게 한 실마리
④ ㉣: 갈대의 슬픔을 일으키는 내면적 원인

010

㉠, ㉡의 한자 표기로 옳은 것은?

> • 이 나라의 헌정사는 권력자의 ㉠자의에 의한 파행으로 얼룩져 있다.
> • 그는 조직에 이미 깊숙이 ㉡간여하고 있었다.

	㉠	㉡
①	恣意	干與
②	自意	間與
③	恣意	間與
④	自意	干與

011

다음은 보고서의 목차이다. 내용상 적절하지 않은 것은?

> ┤ 보기 ├
> Ⅰ. 서론
> 　가. 층간 소음 민원 증가율 ·················· ㉠
> 　나. 층간 소음 때문에 발생한 갈등과 분쟁 사례
> Ⅱ. 본론
> 　1. 문제의 원인
> 　　가. 주민들의 공동체 의식 부족
> 　　나. 건설 회사의 부실시공
> 　　다. 층간 소음을 규제할 관리 규정의 미흡 ·················· ㉡
> 　2. 문제의 해결 방안
> 　　가. 더불어 살아가는 공동체 의식 함양
> 　　나. 부실시공에 대한 정부의 관리·감독 강화 ·················· ㉢
> 　　다. 층간 소음을 규제할 관리 규정 구체화
> Ⅲ. 결론
> 　: 공동 주택 관리 사무소의 층간 소음 방지 노력 촉구 ·················· ㉣

① ㉠　　② ㉡　　③ ㉢　　④ ㉣

012

국어의 <로마자 표기법>이 옳지 않은 것은?

① 설악 Seorak
② 팔당 Paldang
③ 집현전 Jipyeonjeon
④ 독립문 Dongnimmun

013

다음 글에 대한 이해로 적절한 것은?

이슬람 금융 방식은 돈만 빌려주고 금전적인 이자만을 받는 행위를 금지하는 이슬람 율법에 따라 실물 자산을 동반하는 거래의 대가로서 수익을 분배하는 방식을 말한다. 이슬람 금융 방식에는 '무라바하, 이자라, 무다라바, 무샤라카, 이스티스나' 등이 있다.

무라바하와 이자라는 은행이 채무자가 원하는 실물 자산을 매입할 경우 그것의 소유권이 누구에게 있느냐에 따라 구별된다. 실물 자산의 소유권이 은행에서 채무자로 이전되면 무라바하이고, 은행이 소유권을 그대로 보유하면 이자라이다.

무다라바와 무샤라카는 주로 투자 펀드나 신탁 금융에서 활용되는 방식으로서 투자자와 사업자의 책임 여부에 따라 구별된다. 사업 시 발생하는 손실에 대한 책임이 투자자에게만 있으면 무다라바이다. 양자의 협상에 따라 사업에 대한 이익을 배분하긴 하지만, 손실이 발생할 경우 사업자는 그 손실에 대한 책임을 지지 않는다. 반면에 투자자와 사업자가 공동으로 사업에 대한 책임과 이익을 나누어 가지면 무샤라카이다.

이스티스나는 장기 대규모 건설 프로젝트에 활용되는 금융 지원 방식으로서 투자자인 은행은 건설 자금을 투자하고 사업자는 건설을 담당한다. 완공 시 소유권은 투자자에게 귀속되고, 사업자는 그 자산을 사용해서 얻은 수입으로 투자자에게 임차료를 지불한다.

① 은행이 실물 자산을 매입한 모든 경우를 '이자라'라고 한다.
② '이스티스나'의 경우 은행이 자금을 투자하고 건설을 담당한다.
③ '무다라바'의 경우 사업자의 도덕적 해이가 발생할 위험이 있다.
④ 실물 자산의 소유권이 채무자에게 이전되면 '무라바하'는 종결된다.

014

㉠~㉣의 전개 순서로 가장 자연스러운 것은?

㉠ 언어 없이 사유하는 것은 불가능하다. 우리가 어떤 대상을 접했을 때, 그로 인해 어떤 이미지나, 느낌, 생각의 편린들이 생겨날 수 있다.

㉡ 시각적인 예술은 이미지를 던져 주기 때문에 그것이 사유(思惟)의 대상은 될 수 있어도, 그것으로 사유할 수는 없다.

㉢ 그러나 이런 것들은 언어로 구체화되기 전에는 다만 무정형의 덩어리로 머릿속에 들어 있을 뿐이다. 시각적인 예술도 그 밑바탕에는 언어가 있어야만 하는 것이다.

㉣ 언어로 소통할 수 있는 책 읽기의 중요성이 간과되어 교육에 적극적으로 반영이 되지 않는다면, 학생들은 점점 언어와 멀어지게 되고, 이는 결국 깊이 있는 사고를 하지 못하는 결과를 초래하고 말 것이다.

① ㉡-㉠-㉢-㉣
② ㉡-㉢-㉠-㉣
③ ㉣-㉡-㉢-㉠
④ ㉣-㉢-㉠-㉡

015

다음 중 ㉠의 예로 가장 적절한 것은?

㉠긴급 피난은 위법성이 배제되어 처벌되지 않는다는 점에서 정당방위와 같다. 하지만 그 법적 성격은 정당방위와 다르다. 정당방위는 '자기 또는 타인의 법익에 대한 현재의 위법한 침해를 방위하기 위한 상당한 이유 있는 행위'이므로 불법을 부정하여 정당하게 반격을 가하는 것이지만, 긴급 피난은 위법하지 않은 침해에 대해 일정한 한도에서 피난하여 타인이나 타인의 기물에 손상을 입히는 것을 법이 허용하는 것이다. 그런데 긴급 피난은 경찰관, 소방관, 의사 등 일정한 위난을 피하지 못할 책임이 있는 자에게는 허용되지 않는다. 이것은 부과된 특별한 직무를 중시하는 것과 관련이 있다. 따라서 범죄 현장의 경찰관, 화재 현장의 소방관, 진료 현장의 의사 등은 감수해야 할 위험이 있다.

① 밤 늦게 운전하다가 무단 횡단하는 사람을 치고 말았다.
② 지진이 발생해서 급하게 피하다가 행인을 다치게 하였다.
③ 흉기로 위협하는 강도에 맞서 싸우다 강도에게 부상을 입혔다.
④ 공항에서 자기 것으로 착각해서 가져온 캐리어를 파손하였다.

016

다음 글에 대한 이해로 적절하지 않은 것은?

> 어느 날 나는 동산 가운데 있는 대나무밭을 거닐다가 이상하게 생긴 대나무 한 그루를 발견하였다. 그 뿌리 부분과 끝부분은 다른 대나무와 비슷한데, 그 가운데 부분의 마디가 다른 것에 비하여 촘촘하게 짧고 또 굽어 있었다. 그래서 그곳을 자세히 들여다보니 벌레들이 좀먹은 구멍이 나 있었다.
> 모든 대나무는 뿌리 부분에 있는 마디가 짧고 위로 올라갈수록 마디가 길어지다가 끝부분에 가서 다시 짧아지는 것이 상례일 뿐만 아니라 곧게 자라는 것이 또한 당연한 것인데, 지금 이와 같이 길어야 할 부분이 짧고 곧아야 할 곳이 굽어 있으니, 이는 모두 본래의 성품을 벗어난 것이다.
> 그런데 생각해 보면 외부의 시련에 의하여 이와 같이 본성이 변한 것이 어찌 저 대나무뿐이겠는가? 나는 여기서 탄식하기를, "우리 인간도 이 세상에 태어날 때에는 본성이 착하지 않은 사람이 없겠지만, 물욕에 어두워 양심이 비뚤어지면 저 굽은 대나무와 같이 되지 않는 사람이 거의 없을 것이다." 하였다.
> 저 대나무는 좀벌레 때문에 그 본성을 잃어버리고, 사람은 욕심 때문에 타고난 성품을 잃어버리게 되는 것이다. 그러니 마음이 병들어 있다면 그 사람을 무엇에 쓰겠는가?
>
> — 하수일, 「병죽설(病竹說)」 —

① 보통의 대나무와 이상하게 생긴 대나무를 대조하여 특성을 분석하고 있다.
② 곧은 대나무와 굽은 대나무를 구분하는 인간의 인위적 사고를 비판하고 있다.
③ 병든 대나무로부터 얻은 깨달음을 인간사에 대한 통찰로 확장하여 적용하고 있다.
④ 대나무를 병들게 하는 좀벌레는 인간의 본성을 변하게 만드는 물욕에 대응되는 의미를 지닌다.

017

다음 글에서 추론한 내용으로 적절하지 않은 것은?

> 다리 근육을 포함한 골격근은 수많은 근섬유들로 이루어져 있다. 이러한 근섬유들은 운동 신경의 자극에 의해 수축되는데, 이때 하나의 운동 신경과 이에 의해 지배되는 근섬유들을 운동 단위라고 부른다. 운동 신경의 지배를 받는 근섬유는 크게 지근섬유와 속근섬유로 구분된다. 지근섬유는 근육 내 산소 저장과 운반에 관여하는 미오글로빈의 함량이 높아 붉은색을 띠고 있어 적근섬유라고 부르며, 상대적으로 미오글로빈의 함량이 적어 흰색을 띠는 속근섬유는 백근섬유라고 한다. 운동 단위를 기준으로 할 때, 지근섬유는 하나의 운동 신경에 10~180개 정도가 연결되고, 속근섬유는 300~800개 정도가 연결된다. 하나의 운동 신경에 연결되는 근섬유가 많을수록 근육의 수축력은 증가한다.
> 한편 근섬유들은 종류에 따라 수축력, 수축 속도, 피로에 대한 저항력이 다르게 나타난다. 지근섬유는 상대적으로 낮은 수축력과 느린 수축 속도, 높은 피로 저항력을 지니고 있다. 속근섬유는 세부적인 생리적 특성에 따라 다시 a형과 b형으로 나뉜다. b형 속근섬유는 지근섬유에 비해 빨리 피로해지는 속성을 가지고 있으나 신속하고 폭발적인 수축력을 발생시킨다. 반면에 a형 속근섬유는 지근섬유와 b형 속근섬유의 중간 속성을 가지고 있어 지근섬유보다 수축 속도가 빠르며, 동시에 b형 속근섬유보다 높은 피로 저항력을 가진다.

① 붉은색을 띠는 근육은 신체가 강한 힘을 요구할 때 작동할 것이다.
② 지근섬유는 수축력은 약하지만 오랫동안 운동할 때 활성화할 것이다.
③ 속근섬유가 제 기능을 하지 못할 경우 신체 움직임에 지장을 줄 것이다.
④ a형 속근섬유는 지근섬유보다는 수축 속도가 빠르지만 피로에 대한 저항력은 떨어질 것이다.

018

다음 글의 주된 설명 방식은?

> 제의를 구분할 때는 일반적으로 집과 마을이 중요한 단위가 된다. 즉 기제사, 절사, 성주 고사처럼 집에서 지내는 가제와 성황제, 당산제, 산신제, 산천제 등과 같이 마을 사람들이 함께 지내는 동제가 있다. 제의는 일반적으로 세 가지 요소로 구성된다. 첫 번째는 제의를 주관하는 제관이 신에게 제문을 읽거나 소망을 빌며 신과 소통하는 것으로, '풀이'라 한다. 두 번째는 그 제의에 참여한 사람들이 제물을 함께 나누어 먹는 것으로, '음복'이라 한다. 마지막으로 함께 노는 활동인 '놀이'가 있다. 이 세 가지 요소는 순서대로 진행되는 것이 일반적이지만 순서가 바뀌거나 반복적으로 이루어지기도 하며 경우에 따라서는 어떤 요소가 빠지기도 한다.

① 유추
② 묘사
③ 예시
④ 서사

019

다음 대화에 대한 이해로 적절하지 않은 것은?

> 갑: '런던은 영국의 수도이다.'라는 문장에서 '런던'과 '영국의 수도'는 동일어이겠지?
>
> 을: 나는 '런던'과 '영국의 수도'는 동일어가 아니라고 생각해.
>
> 갑: '런던'과 '영국의 수도' 모두 버킹엄 궁전, 웨스트민스터 대성당, 대영 박물관 등이 있는 템스강 기슭에 위치한 도시를 가리키는 말이잖아? 다시 말해 '런던'과 '영국의 수도'라는 말은 모두 동일한 대상을 지시하니까 동일어라고 볼 수 있지. 그러니까 '런던은 영국의 수도이다.'라는 문장은 '영국의 수도는 런던이다.'라는 문장으로 바꾸어 쓸 수도 있는 거야. 이처럼 동일어란 지시하는 대상이 동일한 말들을 의미해.
>
> 을: '런던'과 '영국의 수도'가 모두 네가 말한 그 도시를 지시하는 것은 맞아. 하지만 '영국의 수도'라는 말은 '영국의 중앙 정부가 있는 도시'를 의미하는 것이지 그 말의 의미 자체가 '런던'인 것은 아니야. 그러니까 '런던'과 '영국의 수도'라는 말은 각각의 의미를 가지고 있고, 현실에서 그것이 지시하는 대상이 같을 뿐인 거야. 만약 '영국의 수도'가 '옥스포드'나 '맨체스터'로 옮겨가서 지시하는 대상이 달라지면 '런던은 영국의 수도이다.'라고 할 수 없잖아? 동일어란 '망아지'와 '말의 새끼'와 같은 말이야. '망아지'와 '말의 새끼'는 의미는 동일하고, '망아지'가 아닌 '말의 새끼'나, '말의 새끼'가 아닌 '망아지'는 가정할 수 없어. 이처럼 동일어란 의미가 동일한 말들을 이르는 거야.

① 갑은 '런던은 영국의 수도이다.'라는 문장은 '영국의 수도는 런던이다.'로 대체 가능하다고 보는군.

② 을은 '망아지'와 '말의 새끼'는 지시하는 대상이 동일하지 않지만 의미는 동일하다고 보는군.

③ 갑은 동일어를 지시하는 대상이 동일한 말들로, 을은 동일어를 의미가 동일한 말들로 보는군.

④ 갑과 을은 현실에서 '런던'과 '영국의 수도'가 동일한 대상을 지시한다고 보는군.

020

<보기>의 명제를 '참'이라고 가정할 때, 판단한 내용으로 적절하지 않은 것은?

> 어떤 명제가 참이라는 것은 그 명제가 다른 명제와 정합적이라는 것을 뜻한다. 그러면 '정합적이다'는 무슨 의미인가? 정합적이라는 것은 명제들 간의 특별한 관계인데, 이 특별한 관계는 '모순 없음'과 '함축'으로 정의할 수 있다.
>
> 먼저 '정합적이다'를 모순 없음으로 정의하는 경우, 추가되는 명제가 이미 참이라고 인정한 명제와 모순이 없으면 정합적이고, 모순이 있으면 정합적이지 않다. 여기서 모순이란 "은주는 민수의 누나이다."와 "은주는 민수의 누나가 아니다."처럼 동시에 참이나 거짓이 될 수 없는 명제들 간의 관계를 말한다. 그러나 이러한 입장에 따르면 "은주는 학생이다."처럼 앞의 명제와 전혀 관련 없는 명제들도 모순이 되지 않기 때문에 정합적이고, 정합적이기 때문에 참이 되는 문제가 생긴다.
>
> 이 문제를 해결하기 위해 '정합적이다'를 함축으로 정의하기도 한다. 함축은 "은주는 민수의 누나이다."가 참일 때 "은주는 여자이다."는 반드시 참이 되는 것과 같은 관계를 이룬다. 명제 A가 명제 B를 함축한다는 것은 'A가 참일 때 B가 반드시 참'이라는 의미이다. '정합적이다'를 함축으로 이해하면, 명제 "은주는 민수의 누나이다."가 참일 때 이와 무관한 명제 "은주는 학생이다."는 모순이 없다고 해도 정합적이지 않다. 왜냐하면 "은주는 학생이다."는 "은주는 민수의 누나이다."에 의해 함축되지 않기 때문이다.

┤ 보기 ├

○ 우리 집은 정전되었다.

① '정합적이다'를 모순 없음으로 이해하면, "우리 집은 정전되지 않았다."를 참인 명제로 추가할 수 없다.

② '정합적이다'를 모순 없음으로 이해하면, "우리 집 앞에 숲이 있다."를 참인 명제로 추가할 수 있다.

③ '정합적이다'를 함축으로 이해하면, "우리 동네 전체가 정전되었다."를 참인 명제로 추가할 수 있다.

④ '정합적이다'를 함축으로 이해하면, "우리 집 앞에 숲이 있다."를 참인 명제로 추가할 수 없다.

001
밑줄 친 부분이 표준어가 아닌 것은?

① 너는 웃는 모습이 이쁘다.
② 뜨락에 나무 한 그루가 서 있다.
③ 그는 항상 개발새발 글씨를 쓴다.
④ 그녀는 내 소맷깃을 부여잡고 울었다.

002
㉠~㉣의 음운 변동에 대한 설명으로 옳지 않은 것은?

㉠ 복학생 [보칵쌩]
㉡ 불여우 [불려우]
㉢ 홑이불 [혼니불]
㉣ 닭다리 [닥따리]

① ㉠과 ㉢은 각각 음운 변동 전과 후의 음운 개수가 다르다.
② ㉠과 ㉣은 각각 음운의 대치가 나타난다.
③ ㉡과 ㉢은 각각 음운의 첨가가 나타난다.
④ ㉡과 ㉣은 각각 음운의 탈락이 나타난다.

003
다음 글의 상황에 어울리는 한자성어로 가장 적절한 것은?

> 1884년 뉴올리언스의 한 박람회장을 방문하고 돌아온 관람객에 의해서 플로리다주 늪지의 경관을 개선하기 위하여 도입된 부레옥잠은 맹렬하게 번식하여 플로리다주의 담수호와 냇물을 뒤덮게 되었고, 내륙 수로를 타고 미국 동남부 지방으로 확산되어 미국 수도 워싱턴의 포토맥강에까지 퍼지게 되었다. 부레옥잠의 왕성한 성장력과 확산은 급기야 내륙 수로의 선박 항해에 장애를 초래하였고, 수면을 광범위하게 뒤덮으면서 그늘을 드리워 기존의 수중 식물을 죽게 하고, 서식하는 어류와 동물들을 감소시키고, 새로이 이에 적응하는 종의 출현을 가져오는 등 생태계에 영향을 미치고 있다.

① 지록위마(指鹿爲馬)
② 연연불망(戀戀不忘)
③ 교각살우(矯角殺牛)
④ 고장난명(孤掌難鳴)

004
다음 강연 내용에 대한 반응으로 가장 적절한 것은?

> 오늘은 조선 시대 초상화에 나타난 특징에 대해 말씀드릴까 합니다. 조선 시대의 초상화에서 중시한 첫 번째 조건은 안면(顔面)입니다. 안면은 인물의 특성이 잘 표출되는 부분이므로, 사실성에 바탕을 두어 최대한 자세히 묘사하였습니다. 그런데 안면 중에서도 특히 안정(眼睛), 즉 눈동자의 묘사는 인물의 성격과 정신을 드러내므로 초상화의 성패를 좌우할 만큼 가장 중요하게 여겼습니다. 둘째는 자세(姿勢)인데, 자세는 초상화 화면 전체 분위기를 조성하는 역할을 했습니다. 조선 시대 초상화에서는 손을 노출하지 않거나 예의 바른 공수(拱手) 자세를 취하게 하여 숭앙심(崇仰心)을 느끼게 하였습니다. 그리고 마지막으로 복장(服裝)입니다. 조선 시대의 한복은 주름이 많았지만, 초상화에서는 옷 주름을 간결한 단선으로 표현하여 인물의 인품과 엄정함이 돋보이게 했습니다.

① 조선 시대 초상화는 안정을 가장 중요하게 여겼기 때문에 사실과 다르게 강조하기도 했군.
② 조선 시대 초상화에서 손은 인물의 태도를 드러내므로 손을 드러낸 초상화 작품은 없었군.
③ 조선 시대 초상화는 인물을 그릴 때에 대상의 외면뿐만 아니라 내면까지 드러내려고 했군.
④ 조선 시대 초상화는 인물의 특성을 드러내기 위해 안면, 자세, 복장을 모두 최대한 자세히 묘사하였군.

005
다음 시조에 대한 이해로 적절하지 않은 것은?

> 大川(대천) 바다 한가운데 中針(중침) 細針(세침) 빠지거다
> 여나문 사공놈이 끝 무딘 사앗대를 끝끝이 둘러 메어 일시에 소리치고 귀 꿰어 냈단 말이 있어이다 임아임아
> 온 놈이 온 말을 하여도 님이 짐작하소서
> — 작자 미상 —

① 불가능한 상황을 설정하여 시상을 전개하고 있다.
② 과장된 표현을 통해 자신의 결백을 주장하고 있다.
③ 초월적 존재에 기대어 상황을 타개하려 하고 있다.
④ 적대적 존재를 상정하여 부정적 태도를 드러내고 있다.

006

밑줄 친 부분의 띄어쓰기가 옳지 않은 것은?

① 그는 서른 살 남짓 되어 보였다.
② 집채 만한 파도가 순식간에 배를 삼켰다.
③ 전화 한 통 없더니 이제야 돌아왔네그려.
④ 친구를 만나러 가기 위해 새 옷을 꺼내 입었다.

007

다음 글에 대한 설명으로 적절하지 않은 것은?

> 유세차(維歲次) 모년(某年) 모월(某月) 모일(某日)에, 미망인(未亡人) 모씨(某氏)는 두어 자 글로써 침자(針子)에게 고(告)하노니, 인간 부녀(人間婦女)의 손 가운데 종요로운 것이 바늘이로대, 세상 사람이 귀히 아니 여기는 것은 도처(到處)에 흔한 바이로다. 이 바늘은 한낱 작은 물건(物件)이나, 이렇듯이 슬퍼함은 나의 정회(情懷)가 남과 다름이라. 오호통재(嗚呼痛哉)라, 아깝고 불쌍하다. 너를 얻어 손 가운데 지닌 지 우금(于今) 이십칠 년이라. 어이 인정(人情)이 그렇지 아니하리오. 슬프다, 눈물을 잠깐 거두고 심신(心身)을 겨우 진정(鎭定)하여, 너의 행장(行狀)과 나의 회포(懷抱)를 총총히 적어 영결(永訣)하노라.
> 연전(年前)에 우리 시삼촌(媤三村)께옵서 동지상사(冬至上使) 낙점(落點)을 무르와, 북경(北京)을 다녀오신 후에, 바늘 여러 쌈을 주시거늘, 친정(親庭)과 원근 일가(遠近一家)에게 보내고, 비복(婢僕)들도 쌈쌈이 나눠 주고, 그중에 너를 택(擇)하여 손에 익히고 익혀 지금까지 해포되었더니, 슬프다, 연분(緣分)이 비상(非常)하여, 너희를 무수(無數)히 잃고 부러뜨렸으되, 오직 너 하나를 연구(年久)히 보전(保全)하니, 비록 무심(無心)한 물건(物件)이나 어찌 사랑스럽고 미혹(迷惑)지 아니하리오. 아깝고 불쌍하며, 또한 섭섭하도다.
> – 유씨 부인, 「조침문(弔針文)」 –

① 여성이 일상적 삶에서 겪게 되는 체험을 바탕으로 하고 있다.
② 사물을 의인화하여 친근감을 드러내는 방식을 사용하고 있다.
③ 문답의 형식을 통해 대상을 향한 각별한 감정을 표현하고 있다.
④ 영탄적 표현을 통해 글쓴이의 정서를 직접적으로 나타내고 있다.

008

다음 글에 대한 이해로 적절한 것은?

> 어느 날은 점심을 먹고 이내 살그머니 사랑에 나가 보니까, 아저씨는 그때야 점심을 잡수셔요. 그래 가만히 앉아서 점심 잡숫는 걸 구경하고 있노라니까 아저씨가,
> "옥희는 어떤 반찬을 제일 좋아하누?"
> 하고 묻겠지요. 그래 삶은 달걀을 좋아한다고 했더니, 마침, 상에 놓인 삶은 달걀을 한 알 집어 주면서 나더러 먹으라고 합니다. 나는 그 달걀을 벗겨 먹으면서,
> "아저씨는 무슨 반찬이 제일 맛나우?"
> 하고 물으니까, 그는 한참이나 빙그레 웃고 있더니,
> "나두 삶은 달걀."
> 하겠지요. 나는 좋아서 손뼉을 짤깍짤깍 치고,
> "아, 나와 같네. 그럼, 가서 어머니한테 알려야지."
> 하면서 일어서니까, 아저씨가 꼭 붙들면서,
> "그러지 말어."
> 그러시겠지요. 그래도, 나는 한번 맘을 먹은 다음엔 꼭 그대로 하고야 마는 성미지요. 그래서 안마당으로 뛰어 들어가면서,
> "엄마, 엄마, 사랑 아저씨두 나처럼 삶은 달걀을 제일 좋아한대."
> 하고, 소리를 질렀지요.
> "떠들지 말어."
> 하고, 어머니는 눈을 흘기십니다.
> 그러나 사랑 아저씨가 달걀을 좋아하는 것이 내게는 썩 좋게 되었어요. 그것은 그다음부터는 어머니가 달걀을 많이씩 사게 되었으니까요. 달걀 장수 노파가 오면, 한꺼번에 열 알도 사고 스무 알도 사고, 그래선 두고두고 삶아서 아저씨 상에도 놓고, 또 으레 나도 한 알씩 주고 그래요. 그뿐만 아니라 아저씨한테 놀러 나가면, 가끔 아저씨가 책상 서랍 속에서 달걀을 한두 알 꺼내서 먹으라고 주지요. 그래, 그담부터는 나는 아주 실컷 달걀을 많이 먹었어요.
> – 주요섭, 「사랑손님과 어머니」에서 –

① '나'는 '아저씨'에게 달걀을 몰래 가져다주곤 했다.
② '나'는 '아저씨'의 환심을 사려고 달걀을 좋아한다고 거짓말을 했다.
③ '어머니'는 '나'에게 '아저씨'가 좋아하는 반찬을 알아보도록 시켰다.
④ '나'는 '어머니'가 '아저씨'의 밥상에 달걀 반찬을 올리는 이유를 이해하지 못했다.

009

㉠, ㉡의 주장에 대한 비판으로 적절하지 않은 것은?

> 송나라 유학의 거두인 ㉠주희는 ㉡진량과 덕치의 의미와 목적, 그 실현 방도를 두고 10년 동안 서신을 주고받으며 일명 왕패 논쟁을 벌이게 된다. 이 논쟁에서 주희는 도를 초월적 존재이자 인간 세상에 실현되어야 할 것으로 보았으며, 사람이 온전히 도를 따라 살지 못하거나 도를 벗어나 살게 되면, 도는 사람으로부터 멀어지게 된다고 했다. 이에 비해 진량은 도가 실현되는 방식이나 도를 경영하는 군주의 방식이 변할 수는 있어도, 도가 온전히 보존되다가 어느 날 갑자기 홀연히 훼손되어 세상이 갑자기 암흑으로 뒤바뀔 수는 없다고 보았다.
> 두 사람은 한나라 고조와 당나라 태종의 통치를 두고도 논쟁을 벌였다. 이들 두 황제는 각 나라의 기틀을 마련하며 백성에게 이로움을 베풀었지만, 고조는 황제가 된 후 자신을 도왔던 신하들을 제거했으며, 태종은 자신의 형과 동생을 살해하여 제위에 올랐다. 주희는 맹자의 도덕주의적 관점에 근거하여, 삼대에 비해 한고조나 당 태종의 통치를 인욕으로 가득하고 천리와는 거리가 먼 것으로 평가했다. 한편 진량은 한고조와 당 태종이 비록 고대의 윤리적 기준에는 미치지 못하지만 영웅적인 행위를 통해 난세의 어려움을 극복한 것은 높이 평가해야 한다고 보았다. 그들의 영웅적 행위와 업적이 덕치를 실현할 수 있는 기틀이 되는 천지의 도를 바로 설 수 있게 했으며 백성을 살리기 위한 것이라고 했다.

① ㉠은 역사 속에서 실제로 도가 사라진 경우를 제시해야 한다.
② ㉠은 천리와 거리가 먼 행위가 정당화될 수 있는 근거를 제시해야 한다.
③ ㉡은 도를 실현하는 방식이 구체적으로 어떻게 다를 수 있는지를 제시해야 한다.
④ ㉡은 도덕적이지 않은 행위가 영웅적으로 평가받을 수 있는 근거를 제시해야 한다.

010

밑줄 친 부분의 한자 표기가 옳은 것은?

① 그의 다양한 예술적 시도는 미술을 대중(對衆)에게 한결 다가서게 했다.
② 그녀는 발음 교정(校正)을 위해 피나는 노력을 했다.
③ 총리의 사의(辭意)가 아직은 대통령에게 전달되지 않았다.
④ 오랜만에 모인 네 사람은 저마다의 잔에 술을 채워 건배(建杯)를 했다.

011

'우리 부서 직원들의 에너지 절약 참여, 어떻게 유도할 것인가?'라는 제목으로 글을 쓰기 위한 계획이다. ㉠에 들어갈 내용으로 가장 옳은 것은?

> <글쓰기 계획>
> • **현상**: 우리 부서 직원들의 에너지 소비가 과도하게 높음.
> • **문제의식**: 절약하겠다는 의식이 없는 것일까, 방법을 몰라서일까?
> • **조사 내용**: 에너지 절약에 대한 직원들의 의식, 직원들이 알고 있는 에너지 절약 방법.
> • **조사 결과**: 에너지 절약의 방법은 비교적 잘 알고 있으나 에너지 절약을 위한 행동을 귀찮은 일로 생각함.
> • **결과 분석**: 에너지를 과도하게 소비하는 이유는 직원들의 절약 의식이 부족하기 때문임.
> • **서술 방향**: ㉠

① 직원들이 에너지 절약 방법을 모르기 때문에 에너지를 과도하게 소비하고 있음을 밝힌다.
② 에너지를 낭비했을 때의 문제점을 언급하며 직원들에게 에너지 절약의 실천이 필요함을 인식시킨다.
③ 우리 부서 직원들의 에너지 소비가 다른 부서보다 많다는 점을 지적하고 직원들의 에너지 소비 특징을 분석한다.
④ 에너지 절약에 대한 의식은 투철하지만 실천에 적극적이지 못함을 지적하고 생각이 행동으로 이어져야 함을 촉구한다.

012

다음 글에 나타난 설명 방식으로 적절하지 않은 것은?

> 시장에서 상품 거래가 되는 사적 재화들은 두 가지의 특성을 지니고 있다. 배제성과 경합성이다. 대가를 지불하지 않은 사람의 소비를 막을 수 있는 특성이 배제성이다. 경합성은 나의 소비로 인하여 다른 사람의 소비가 줄어드는 성격을 말한다. 경우에 따라서는 배제성과 경합성 중 한쪽만 있는 것이 있다. 배제성은 없고 경합성은 있는 재화를 공유 자원이라고 한다. 이러한 공유 자원은 필연적으로 고갈되는 속성을 가지고 있다. 경합성은 없으나 배제성이 있는 재화도 있다. 이동 통신 서비스가 대표적이다. 이동 통신사에 가입하지 않으면 이동 전화 서비스를 이용할 수 없다. 그러나 한 명이 더 가입한다고 해서 설비가 추가로 더 들거나 기존 고객의 통화 품질에 큰 차이가 생기지는 않는다. 경합성도 없고 배제성도 없는 공공재는 아예 시장 거래가 불가능하다. 따라서 국가가 생산해서 공급해야 한다. 치안과 국방 같은 것이 대표적이다.

① 분석　　② 정의　　③ 예시　　④ 유추

013
글의 통일성을 고려할 때 (가)에 들어갈 말로 가장 적절한 것은?

실종 선고의 형식적 요건은 '배우자·상속인·채권자 등과 같은 이해관계인이나 검사가 가정 법원에 청구를 하여야 하고, 청구를 받은 가정 법원은 공시 최고 절차를 반드시 거쳐야 한다.'라는 것이다. 여기서 검사를 청구권자로 한 것은 공익상 필요한 때에 선고를 청구하게 하려는 취지에서이다. 공시 최고 절차란 가정 법원이 6개월 이상의 기간을 정하여 그 기간 내에 부재자 본인이나 부재자의 생사를 아는 자에 대해 신고하도록 공고하는 것이며, 이 기간이 지나도록 신고가 없을 때에 가정 법원은 비로소 실종을 선고하게 되는 것이다. 이런 절차를 거쳐 가정 법원에 의해 실종 선고를 받은 자는 실종 기간이 끝난 때에 사망한 것으로 본다. 만약 나중에 실종자가 생존한 것이 확인되더라도 실종 선고 자체가 취소되지 않는 한 실종 선고의 효과는 사라지지는 않는다. 예를 들어 실종 선고가 내려진 후 실종자를 발견하더라도 실종 선고가 취소되지 않는 한 실종자는 ⎯⎯⎯(가)⎯⎯⎯ 으로 다뤄진다.

① 실종 신고 자체를 무효화한 것
② 실종자의 실종 신고를 포기한 것
③ 실종 선고의 효력이 미치지 않는 것
④ 법률관계에 한하여 법적으로 사망한 것

014
㉠~㉤의 전개 순서로 가장 자연스러운 것은?

㉠ 동북 공정은 국가의 장기 통치와 오랜 안정을 위해 중국에서 진행된, 중국 동북 지역의 역사와 현황에 관한 대형 학술 사업이다.
㉡ 발해는 당나라에 귀부하여 조공을 했고 그 대가로 책봉을 받았는데, 이 책봉과 조공 관계가 지방 정권의 증거라는 것이다.
㉢ 또한 중국 동북 공정의 대표 이론가들은 발해가 독립 국가가 아니었으며, 당나라의 지방 정권에 불과하다고 주장한다.
㉣ 이를 자세히 들여다보면 중국은 자신의 현재 영토 안에서 일어난 과거의 역사는 모두 중국사라는 주장을 견지하고 있다.
㉤ 이를 영토론이라 하는데, 이에 따른다면 발해는 물론 부여와 고구려도 중국의 역사가 된다.

① ㉠-㉤-㉡-㉢-㉣
② ㉠-㉣-㉤-㉢-㉡
③ ㉢-㉡-㉣-㉠-㉤
④ ㉢-㉠-㉤-㉣-㉡

015
밑줄 친 부분의 사례로 가장 적절한 것은?

<u>통합적 협상</u>은 협상 당사자들이 자신들의 이해관계를 통합한 합의를 도출해 냄으로써 서로 극대화된 이익을 얻기 위해 협력하는 경우를 말한다. 이런 협상에서는 가치 창출과 자기 몫 챙기기가 동시에 추구된다. 즉, 분배적 협상과는 달리 협상 당사자 혹은 관련자 모두가 승리하는 협상에 해당한다. 이 때문에 협상 당사자 간의 관계는 기본적으로 상호 배타적이지 않다. 또한 협상 대상이 되는 이익의 크기도 고정되어 있다고 생각하지 않기 때문에 합의에 의한 시너지 효과의 창출이 가능하다. 통합적 협상에 도달하기 위해 협상 당사자들은 자신의 이익을 실현하는 것에만 목적을 두는 것이 아니라 상대방의 이익까지 포함한 공통 이익의 실현에 더 많은 관심을 가져야 한다.

① A국은 자국 내 자동차 기업을 보호하기 위해서 B국에서 수입하는 자동차에 관세를 부여하였다.
② A국과 B국은 올림픽 유치를 위해서 서로 치열하게 경쟁하다가 결국에는 공동 유치하기로 협상하였다.
③ A와 B는 동업 관계를 유지하다가 경영에 대한 의견 충돌이 잦아서 결국 회사를 분할하기로 결정하였다.
④ A도는 도내의 철강 산업을 육성하기 위해 조선 산업으로 유망한 B도와 협상하여 A도의 철강 제품을 좋은 가격으로 공급하기로 계약을 체결하였다.

016
다음 글에서 추론한 내용으로 적절하지 않은 것은?

> 우유 속에 들어 있는 당분인 젖당을 분해하는 효소가 결핍되어 있는 사람이 우유를 마시면 설사를 하게 된다. 선천적으로 젖당 분해 효소가 부족한 동양인이나 흑인들에게서 이런 문제가 빈번히 발생한다. 우유를 잘 소화해 내는 사람의 경우에는 작은창자에서 젖당 분해 효소에 의해 젖당이 포도당과 갈락토스 같은 더 작은 분자들로 분해되어 창자벽의 실핏줄 속으로 흡수되고 그 영양분이 온몸으로 전달되므로 아무 문제가 없다. 그러나 젖당 분해 효소가 결핍된 사람의 경우에는 젖당이 소화가 안 된 채로 작은창자에 그대로 남아 있으므로 우리 몸의 조직에 있는 물이 젖당이 있는 작은창자로 몰려들게 된다. 마치 소금의 양이 많은 쪽으로 물이 이동하듯 젖당이 남아 있는 쪽으로 물이 이동하게 되는 것이다. 이렇게 물이 작은창자로 과도하게 몰려듦으로써 설사가 발생하게 된다.
>
> 우유를 마시면 설사를 하는 사람들의 경우에는 설사뿐만 아니라 방귀도 함께 나오는 것이 보통이다. 소화가 안 된 채로 작은창자에 남아 있는 젖당은 창자의 연동 작용에 의해 밀려서 큰창자에 도달하게 된다. 큰창자에는 대장균을 비롯하여 수많은 장내 세균이 살고 있다. 이들 장내 세균들에게 젖당은 좋은 먹잇감이 된다. 장내 세균들은 젖당을 섭취하여 왕성한 대사 작용을 하면서 가스를 발생시킨다. 이로 인하여 설사와 함께 방귀도 자주 나오게 되고 배설의 고통은 더해질 수밖에 없다.

① 젖당이 큰창자에 도달하지 않는다면 설사를 하지 않을 수 있다.
② 우유를 마시고 설사를 한 사람에게는 수분 보충이 필요할 것이다.
③ 장내 미생물이 충분하지 않다면 우유를 마실 경우 설사를 할 수 있다.
④ 우유를 마셔도 큰 문제가 없다면 젖당 분해 효소가 충분한 사람일 것이다.

017
다음 시에 대한 설명으로 적절하지 않은 것은?

> 어머님,
> 제 예닐곱 살 적 겨울은
> 목조 적산 가옥 이층 다다미방의
> 벌거숭이 유리창 깨질 듯 울어 대던 외풍 탓으로
> 한없이 추웠지요, 밤마다 나는 벌벌 떨면서
> 아버지 가랑이 사이로 시린 발을 밀어 넣고
> 그 가슴팍에 벌레처럼 파고들어 얼굴을 묻은 채
> 겨우 잠이 들곤 했었지요.
>
> 요즈음도 추운 밤이면
> 곁에서 잠든 아이들 이불깃을 덮어 주며
> 늘 그런 추억으로 마음이 아프고,
> 나를 품어 주던 그 가슴이 이제는 한 줌 뼛가루로 삭아
> 붉은 흙에 자취 없이 뒤섞여 있음을 생각하면
> 옛날처럼 나는 다시 아버지 곁에 눕고 싶습니다.
>
> 그런데 어머님,
> 오늘은 영하(零下)의 한강교를 지나면서 문득
> 나를 품에 안고 추위를 막아 주던
> 예닐곱 살 적 그 겨울밤의 아버지가
> 이승의 물로 화신(化身)해 있음을 보았습니다.
> 품 안에 부드럽고 여린 물살은 무사히 흘러
> 바다로 가라고,
> 꽝 꽝 얼어붙은 잔등으로 혹한을 막으며
> 하얗게 얼음으로 엎드려 있던 아버지,
> 아버지, 아버지……
>
> - 이수익, 「결빙의 아버지」 -

① 말 건네는 방식을 통해 아버지에 대한 그리움을 표현하고 있다.
② 차가운 이미지를 활용하여 아버지의 사랑을 대비적으로 부각하고 있다.
③ 현재와 과거를 대비하여 가장(家長)의 역할에 대한 부담을 표현하고 있다.
④ 겨울의 자연 현상에 빗대어 자식을 향한 아버지의 희생적 태도를 형상화하고 있다.

018
<보기>의 ㉠, ㉡에 해당하는 예로 적절하지 않은 것은?

―― 보기 ――
「한글 맞춤법」 총칙 제1항
  한글 맞춤법은 표준어를 ㉠소리대로 적되, ㉡어법에 맞도록 함을 원칙으로 한다.

① ㉠: '론의'로 적지 않고 '논의'로 적음
② ㉠: '안밖'으로 적지 않고 '안팎'으로 적음
③ ㉡: '날날이'로 적지 않고 '나날이'로 적음
④ ㉡: '타향사리'로 적지 않고 '타향살이'로 적음

019
다음 대화에 대한 이해로 적절하지 않은 것은?

갑: 인간은 정말로 실존하는 것이겠지?
을: 인간이라는 개념은 추상적으로 존재하는 것일 뿐 실존하는 대상을 지칭하진 않는다고 생각해.
갑: '인간'이라는 개념이 김갑돌이나 김갑순처럼 수명이 다하면 사라지는 것은 아니잖아. 개별적 인간들은 결국 사라지지만 '인간' 같은 추상적인 개념은 영원히 존재하지 않겠어? 그러니 김갑돌과 김갑순이 공유하는 본질로 정의한 '인간'이 김갑돌이나 김갑순보다 더 근본적이고 우월한 개념이지.
을: 실존한다는 것은 감각적으로 인식할 수 있다는 의미 아니겠어? '인간'이란 우리가 실체를 인식할 수 없는 추상적인 것에 불과해. 눈앞에 실재하는 김갑돌과 김갑순은 실존한다고 말할 수 있지만 추상적 개념은 그럴 수 없지. 오직 관념으로만 존재할 뿐이고 그런 것들은 우리가 만들어 낸 허구야. 그런 개념들은 실존이 존재하고 그에 따라 이름이 부여되었다기보다 개별적인 존재들의 공통점을 모아서 사후적 약속으로 의미가 부여된 것에 불과해. 따라서 '인간'이 김갑돌이나 김갑순보다 더 우월하다고 보기 어려워.

① 갑은 사후적 약속으로 의미가 부여된 것은 실체가 없다고 생각하는군.
② 을은 추상적인 개념은 실존하지 않는다고 보는군.
③ 갑은 '인간'을 영원히 존재하는 것으로 김갑돌과 대립된다고 보는군.
④ 갑과 을은 '인간'이라는 개념에는 개별자들의 공통점이 내재돼 있다고 보는군.

020
다음 글에 대한 내용 이해로 가장 옳은 것은?

  명제란 참과 거짓을 판단할 수 있는 문장으로, 명제 논리학에서는 명제 자체를 논증의 기본 단위로 삼았다. 가령, '소크라테스는 사람이다.'는 참인 명제이고, '사자는 개과 동물이다.'는 거짓인 명제이다. 그리고 명제 논리학에서는 이처럼 더 이상 분해할 수 없는 명제를 단순 명제라 하여 'p, q, r' 등의 기호로 표시하고, 단순 명제에 논리적 연결사인 '∨(또는)', '∧(그리고)', '→(만약 …이면 …이다)', '~(…가 아니다)' 등을 사용하여 복합 명제를 만들었다. 예를 들어 '비가 온다.'와 '소풍을 간다.'는 'p'와 'q'로 나타낼 수 있는데, 이것이 연결된 '만약 비가 온다면, 소풍을 가지 못한다.'라는 복합 명제는 'p→~q'로 나타낼 수 있다. 명제 논리학에서는 명제들의 진릿값과 논리적 연결사에 의존하여 논증의 타당성을 평가했다. 가령, 'p∨q'는 'p'와 'q' 중 하나라도 참이면 참이 되지만, 'p∧q'는 'p'와 'q' 모두 참일 때에만 참이 된다. 또한 'p→q'는 'p'와 'q'가 모두 참인 경우에는 참이지만, 'p'가 참이고 'q'가 거짓인 경우에는 거짓이 된다. 따라서 복합 명제의 진릿값은 단순 명제의 진릿값과 논리적 연결사에 의존한다.

① '타조는 새이면서 날 수 있다.'는 'p∨q'로 나타낼 수 있으며, 거짓이다.
② '대한민국의 수도는 서울이거나 부산이다.'는 'p∧q'로 나타낼 수 있으며, 참이다.
③ '고래가 포유류라면 알을 낳지 않는다.'는 'p→~q'로 나타낼 수 있으며, 거짓이다.
④ '사람이 영원히 살 수 없다면 언젠가 죽을 것이다.'는 '~p→q'로 나타낼 수 있으며, 참이다.

모의고사 10회

001
밑줄 친 부분이 바르게 쓰이지 않은 것은?

① 한여름이 지났는데 왜 이렇게 덥대?
② 우리는 떼려야 뗄 수 없는 사이입니다.
③ 고향을 떠난 지 올해로써 10년이 되었다.
④ 돈깨나 있는 사람이 이토록 쩨쩨하게 굴다니.

002
다음 중 다의어의 관계에 있는 단어끼리 묶은 것으로 가장 적절한 것은?

> ㉠ 그는 며칠 밤을 꼬박 새워 논문을 썼다.
> ㉡ 이번 달에는 식비로 너무 많은 돈을 썼다.
> ㉢ 그 한약은 몸서리를 칠 정도로 매우 썼다.
> ㉣ 아이는 돈을 훔쳤다는 억울한 누명을 썼다.
> ㉤ 농부가 수확량을 늘리기 위해 화학 비료를 썼다.

① ㉠, ㉢
② ㉠, ㉤
③ ㉡, ㉣
④ ㉡, ㉤

003
다음 중 의미 중복이 없는 문장은?

① 학교 신문에 원고를 투고하였다.
② 이 문제는 재론의 여지가 없습니다.
③ 의료 기관과 양로원이 결연을 맺었다.
④ 참석자의 과반수 이상이 안건에 찬성하였다.

004
다음에서 설명한 '관용의 격률'을 사용한 발화는?

> '공손성의 원리'는 대화 참여자들 사이에서 공손하고 예의 바르게 말을 주고받는 태도를 중시하는 원리이다. 이 원리는 '요령', '관용', '찬동', '겸양', '동의'의 격률로 구성되어 있다. 이중 우리 선조들은 화자 자신에게 혜택을 주는 표현을 최소화하고 자신에게 부담이 되는 표현을 최대화하는 것을 미덕으로 여긴 '관용의 격률'을 중요하게 생각했다.

① A: 이번 도내 독서 경시대회에서 네가 최우수상을 받았다며? 너 정말 대단하구나.
   B: 그렇게 말해줘서 고마워.
② A: 형, 미안한데 음악 소리가 너무 커서 책을 읽는 데 집중이 안 돼. 볼륨 좀 줄여줘.
   B: 미안해. 이어폰으로 들을게.
③ A: 누나는 왜 나한테만 뭐라고 하는 거야. 동생이 먼저 내 책을 찢었단 말이야.
   B: 동생이 책을 찢어서 네가 충분히 화가 날만 해. 아무리 그래도 동생을 때리면 안 되지 않겠니?
④ A: 선배님, 죄송하지만 제가 잘 이해하지 못해서 그런데 한 번만 더 설명해 주실 수 있나요?
   B: 미안해. 내가 너무 빨리 설명했나 보네.

005
<보기>의 ㉠~㉣에 대한 설명으로 적절하지 않은 것은?

> ─ 보기 ─
> 나랏 ㉠말쓰미 中國에 달아 文字와로 서르 ᄉᆞᄆᆞᆺ디 아니홀씨 이런 젼ᄎᆞ로 ㉡어린 百姓이 니르고져 홇 ㉢배 이셔도 ᄆᆞᄎᆞᆷ내 제 ᄠᅳ들 시러 ㉣펴디 몯홇 노미 하니라
>
> ─ 『훈민정음언해』 ─

① ㉠: 이어적기 표기법에 따랐다.
② ㉡: 현대의 '어리다'와 의미가 다르다.
③ ㉢: 주격 조사 'ㅣ'가 사용되었다.
④ ㉣: 구개음화가 적용되었다.

006

(가)~(라)에 대한 설명으로 적절하지 않은 것은?

(가)
池塘(지당)에 비 쑤리고 楊柳(양류)에 니 끼인 제
沙工(사공)은 어듸 가고 븬 비만 미엿눈고
夕陽(석양)에 짝 일흔 글미기는 오락가락 ᄒ노매
— 조헌 —

(나)
千萬里(천만리) 머나먼 길히 고은 님 여희옵고
니 무 음 둘 듸 업서 냇ᄀ의 안쟈시니
져 믈도 니 운 ᄀᄒ여 우러 밤길 녜놋다
— 왕방연 —

(다)
冬至(동지)ㅅ 둘 기나긴 밤을 한 허리 버혀 내여
春風(춘풍) 니불 아리 서리서리 너헛다가
어론 님 오신 날 밤이여든 구뷔구뷔 펴리라
— 황진이 —

(라)
한숨아 셰한숨아 네 어니 틈으로 드러온다
고모 장ᄌ 셰살 장ᄌ 들 장ᄌ 열 장ᄌ에 암돌져귀 수돌져귀 비목
걸쇠 쑥닥 박고 크나큰 줌을쇠로 숙이숙이 츠연ᄂ듸 병풍이라 덜
걱 접고 簇子(족자)ㅣ라 딕디골 말고 네 어니 틈으로 드러온다
어인지 너 온 날이면 좀 못 드러 ᄒ노라
— 작자 미상 —

① (가): 사물을 대비하여 한가로운 어촌의 분위기를 자아내고 있다.
② (나): 자연물에 감정을 이입하여 이별의 괴로움을 나타내고 있다.
③ (다): 추상적 시간을 구체화시켜 임을 향한 사랑을 표현하고 있다.
④ (라): 유사한 사물을 열거하여 삶의 시름을 해학적으로 표현하고 있다.

007

㉠, ㉡의 주장에 대한 비판으로 적절하지 않은 것은?

뉴미디어에 바탕을 둔 정보 사회의 미래상에 대해 가장 매혹적이고 원대한 시나리오를 쓴 사람은 ㉠앨빈 토플러이다. 그에 따르면, 산업 사회의 원리가 대량 생산, 대량 전달, 대량 소비라고 한다면 정보 사회의 원리는 다품종 소량의 주문 생산에 있고, 이에 따라 이미지, 생산, 소비, 생활 양식, 가치관 등에 이르기까지 모든 면에서 다양화·탈규격화가 이룩되리라고 한다. 뿐만 아니라 미래 정보 사회에 사는 사람들은 전문화·분업화를 원리로 했던 산업 사회에서는 서로 분리되었던 추상적인 것과 구체적인 것, 객관과 주관 사이의 균형을 추구하게 될 것이라고 예언하고 있다.

반면에 뉴미디어에 대한 ㉡비관론자들은 우선 뉴미디어에 의해 촉진되는 자동화 혁명은 대량의 실업 사태를 유발하리라고 전망한다. 뿐만 아니라 뉴미디어의 도입은 산업 사회에서는 중류 계급에 속했던 과거의 기능인들의 급격한 기능 상실을 초래하여, 비교적 소수의 사회 경제적 엘리트 집단과 다수의 저임금 노동자로 양극화되어 사회적인 안정의 기둥이 되는 중산층을 몰락시킬 것이라는 견해도 대두하고 있다. 더구나 뉴미디어의 발달이 오히려 정보의 부익부 빈익빈(富益富貧益貧)을 낳는다는 지적도 있다.

① ㉠은 뉴미디어 시대에 다양성이 중시되는 이유를 밝혀야 한다.
② ㉠은 정보 사회 체제에서 분업화가 생산성의 향상에 끼치는 영향을 설명해야 한다.
③ ㉡은 뉴미디어에 의해 자동화 혁명이 촉진되는 이유와 그 과정에 대해 설명해야 한다.
④ ㉡은 정보가 많아지는 사회에서 정보 소유의 편중이 나타날 수 있는 근거를 제시해야 한다.

008

다음 글의 주장으로 가장 적절한 것은?

말로 표상(表象)해 낼 수 있는 도(道)는 항구 불변한 본연의 도가 아니고, 이름지어 부를 수 있는 이름은 참다운 실재의 이름이 아니다. 무(無)는 천지의 시초이고, 유(有)는 만물의 근원이다. 그러므로 항상 무(無)에서 오묘한 도의 본체를 관조해야 하고, 또한 유(有)에서 광대무변한 도의 운용을 살펴야 한다. 무(無)와 유(有)는 한 근원에서 나온 것이고 오직 이름만이 다르다. 이들 둘은 다같이 유현(幽玄)하다. 이들은 유현하고 또 유현하며 모든 도리(道理)나 일체의 변화의 근본이 되는 것이다.

① 진정한 도(道)는 명시적으로 표현될 수 있어야 한다.
② 도(道)가 극에 달하게 되면 영원 불변의 만물이 된다.
③ 무(無)와 유(有)는 그 뿌리가 같으며 변화의 원동력이다.
④ 무(無)에서 유(有)가 나오므로 무(無)가 유(有)의 근원이다.

009

다음 시에 대한 이해로 적절하지 않은 것은?

> 영화가 시작하기 전에 우리는
> 일제히 일어나 애국가를 경청한다
> 삼천리 화려 강산의
> 을숙도에서 일정한 군을 이루며
> 갈대 숲을 이룩하는 흰 새떼들이
> 자기들끼리 끼룩거리면서
> 자기들끼리 낄낄대면서
> 일렬 이열 삼렬 횡대로 자기들의 세상을
> 이 세상에서 떼어 메고
> 이 세상 밖 어디론가 날아간다
> 우리도 우리들끼리
> 낄낄대면서
> 낄죽대면서
> 우리의 대열을 이루며
> 한세상 떼어 메고
> 이 세상 밖 어디론가 날아갔으면
> 하는데 대한 사람 대한으로
> 길이 보전하세로
> 각각 자기 자리에 앉는다
> 주저앉는다
>
> - 황지우, 「새들도 세상을 뜨는구나」 -

① 영화관에서 애국가가 나올 때의 배경 화면을 따라 시상을 전개하고 있다.
② 자연물을 화자의 처지와 상반된 존재로 설정하여 자유에 대한 동경을 드러내고 있다.
③ 음성 상징어를 활용하여 엄숙함을 강요하는 상황에 대한 풍자적 태도를 표현하고 있다.
④ 상승 이미지와 하강 이미지를 활용하여 바람직한 역사의 흐름에 대한 기대를 드러내고 있다.

010

㉠과 ㉡에 대한 진술 방식으로 가장 적절한 것은?

해체 타이포그래피는 독특한 표현 방식으로 글자를 이미지화함으로써 차별화를 시도하는데, 그 대표적인 방법은 ㉠여백과 ㉡변형을 이용하는 것이다. 글자는 그 글자를 둘러싼 여백과 함께 결합되어 표현되고 해석된다. 인쇄된 부분은 인쇄되지 않은 여백의 형태를 낳게 되며, 그 두 형태가 맞물려 비로소 완전한 형태를 결정짓는다. 가령 좁게 나열된 글자들은 빽빽한 간격을 갖게 되며, 이는 가독성보다는 글자의 형태성을 강조하는 것이 된다. 변형은 문장을 시각적으로 해체하는 방법을 말하는데, 글자를 점·선·면 등의 요소로 시각화하고, 서로 다른 글자체를 혼용하거나 글자를 중복시키기도 하며, 크기나 배열을 의도적으로 조절하는 방법을 사용한다. 또는 삽입되는 그림이나 사진의 형태, 분위기와 조화되도록 특징적인 선이나 형태를 추출하여 비슷한 느낌을 줄 수 있도록 배열하거나 반복하는 방법도 있다.

① ㉠에 대한 개념을 예를 들어 밝히고 있다.
② ㉠의 실현 방법을 ㉡과 결부하여 제시하고 있다.
③ ㉡에 대한 개념을 밝히고 있다.
④ ㉠과 ㉡의 공통적인 효과를 살피고 있다.

011

㉠~㉣을 고쳐 쓰기 위한 방안으로 적절하지 않은 것은?

자연계는 언뜻 보면 늙고 병약한 개체들은 어쩔 수 없이 늘 포식자의 밥이 되고 마는 비정한 세계처럼 보인다. 하지만 인간에 버금가는 지능을 지닌 고래들의 사회는 ㉠틀리다. 거동이 불편한 동료를 결코 나 몰라라 하지 않는다. 다친 동료를 여러 고래들이 둘러싸고 거의 들어 나르듯 하는 모습이 고래 학자들의 눈에 여러 번 ㉡관찰되어졌다. 그물에 걸린 동료를 구출하기 위해 그물을 물어뜯는가 하면 다친 동료와 고래잡이배 사이에 과감히 뛰어들어 사냥을 방해하기도 한다.
고래는 비록 물속에 살지만 엄연히 허파로 숨을 쉬는 젖먹이 동물이다. ㉢그래서 부상을 당해 움직이지 못하면 무엇보다도 물 위로 올라와 숨을 쉴 수 없게 되므로 쉽사리 목숨을 잃는다. 그런 친구를 혼자 등에 업고 그가 충분히 기력을 되찾을 때까지 떠받치고 있는 고래의 모습을 보면 저절로 머리가 숙여진다. ㉣고래들은 먼 거리까지 사냥을 나가 먹이를 구한다. 고래들은 또 많은 경우 직접적으로 육체적인 도움을 주지 않더라도 무언가로 괴로워하는 친구 곁에 그냥 오랫동안 있기도 한다.

① ㉠은 어휘가 잘못 사용되었으므로 '다르다'로 고친다.
② ㉡은 어법에 맞지 않으므로 '관찰되었다'로 고친다.
③ ㉢은 문장의 연결 관계를 고려하여 '또한'으로 바꾼다.
④ ㉣은 글의 자연스러운 흐름을 해치므로 삭제한다.

012
다음 글에 대한 이해로 적절하지 않은 것은?

> S회관 화랑은 삼 층이었다. 숨차게 계단을 오르자마자 화랑 입구였고 나는 마치 화랑을 들어서기도 전에 입구를 통해 한 그루의 커다란 나목(裸木)을 보았다.
>
> 나는 좌우에 걸친 그림들을 제쳐 놓고 빨려들 듯이 나무 앞으로 다가갔다.
>
> 나무 옆을 두 여인이, 아기를 업은 한 여인은 서성대고 짐을 인 여인은 총총히 지나가고 있었다.
>
> 내가 지난날, 어두운 단칸방에서 본 한발 속의 고목(枯木), 그러나 지금의 나에겐 웬일인지 그게 고목이 아니라 나목(裸木)이었다. 그것은 비슷하면서도 아주 달랐다.
>
> 김장철 소소리 바람에 떠는 나목, 이제 막 마지막 낙엽을 끝낸 김장철 나목이기에 봄은 아직 멀건만 그의 수심엔 봄에의 향기가 애닲도록 절실하다.
>
> 그러나 보채지 않고 늠름하게, 여러 가지[枝]들이 빈틈없이 완전한 조화를 이룬 채 서 있는 나무, 그 옆을 지나는 춥디추운 김장철의 여인들.
>
> 여인들의 눈앞엔 겨울이 있고, 나목에겐 아직 멀지만 봄에의 믿음이 있다.
>
> 봄에의 믿음 ─ 나목을 저리도 의연(毅然)하게 함이 바로 봄에의 믿음이리라.
>
> 나는 홀연히 옥희도 씨가 바로 저 나목이었음을 안다. 그가 불우했던 시절, 온 민족이 암담했던 시절, 그 시절을 그는 바로 저 김장철의 나목처럼 살았음을 나는 알고 있다.
>
> 나는 또한 내가 그 나목 곁을 잠깐 스쳐간 여인이었을 뿐임을, 부질없이 피곤한 심신을 달랠 녹음을 기대하며 그 옆을 서성댄 철없는 여인이었을 뿐임을 깨닫는다.
>
> ─ 박완서, 「나목」에서 ─

① '나'는 '나목'과 자신을 동일시하여 잃어버렸던 삶의 의지를 되찾고 있다.
② '나'는 혼란스러운 역사를 버텨 온 우리 민족의 삶과 '나목'을 연관 짓고 있다.
③ '나'는 '옥희도 씨'가 추구해 온 삶의 가치가 '나목'에 담겨 있다고 생각하고 있다.
④ '나'는 '옥희도 씨'와 인연을 맺었던 지난날 자신의 정신적 미성숙함을 깨닫고 있다.

013
밑줄 친 부분의 한자 표기가 옳은 것은?

① 일이 이렇게 된 것에는 반드시 어떤 <u>곡절(曲絶)</u>이 있었을 것이다.
② 과거 전쟁 범죄자들이 모두 <u>사면(赦免)</u>되었을 뿐만 아니라 공직에서 추방되었던 사람들도 모두 공직으로 복직되었다.
③ 이 페이지에는 <u>교정(橋訂)</u>을 보아야 할 것이 많다.
④ 의회가 국민의 뜻을 수렴하여 법을 <u>입안(入案)</u>하는 것은 당연한 본분이다.

014
다음 글의 순서로 가장 적절한 것은?

> ㄱ. 중세 국어에서는 주체 높임법뿐만 아니라 객체 높임법이나 상대 높임법이 특정한 선어말 어미에 의해 매우 생산적으로 표현됨으로써 현대 국어에 비해 발달된 모습을 보여 준다.
> ㄴ. 중세 국어의 높임법에는 청자, 주체, 객체 등 대화 관련자에 대한 높임의 여부를 중시하는 중세인들의 상상력이 반영되어 있는 것으로 보는 것이 적절할 것이다.
> ㄷ. 이러한 현상을 계급적인 질서가 반영된 것으로 보는 견해도 있으나 이는 타당성이 부족하다.
> ㄹ. 예를 들어 우리나라보다 더 철저한 계급을 가지고 있는 인도의 경우 그들의 언어에 높임법이 엄격한 문법 범주로 실현되어 있지 않다.

① ㄱ-ㄷ-ㄹ-ㄴ
② ㄱ-ㄹ-ㄷ-ㄴ
③ ㄴ-ㄹ-ㄱ-ㄷ
④ ㄴ-ㄹ-ㄷ-ㄱ

015
다음 글에서 추론한 내용으로 적절하지 않은 것은?

> 오페라는 노래 중심의 극으로, 모든 대사를 작곡된 노래로 표현하는 종합 무대 예술이라 할 수 있다. 오페라 중에서도 신화나 영웅의 전설에서 제재를 구한 서정적 비극을 '오페라 세리아'라고 하고, 이와 달리 현실적 제재에 희극적 내용을 가진 것을 '오페라 부파'라고 한다. 오페라 부파는 원래 오페라 세리아의 막간극이었는데, 이 막간극이 18세기에 큰 인기를 얻어 발전하면서 오페라 세리아와 함께 오페라를 대표하는 양식 중 하나가 되었다.
>
> 오페라 부파가 18세기부터 큰 인기를 얻게 된 것은 18세기 유럽의 상황과 관련이 있다. 당시 유럽 사회의 모든 분야는 계몽주의 사상의 영향을 받았다. 계몽주의자들은 절대 왕정 군주 체제와 귀족 중심의 사회를 비판하였으며, 교육과 음악을 평민층까지 확대시켰다. 이로 인해 평민들도 오페라를 접할 수 있게 되었는데, 오페라 부파는 평민들과 밀착된 소재, 즉 현실적 삶을 소재로 웃음을 주거나 당대의 현실이나 지배층을 풍자·조롱하는 내용이었기 때문에 시간이 지나면서 평민들에게 많은 인기를 얻게 되었다.

① 18세기 이전에는 평민들이 오페라를 접하기 어려웠을 것이다.
② 오페라 세리아의 인기는 18세기를 기점으로 낮아졌을 것이다.
③ 18세기 이전에는 오페라 부파라는 독립된 양식이 없었을 것이다.
④ 오페라의 배우들은 연기는 물론 노래 실력도 출중해야 할 것이다.

016

다음 글에 대한 이해로 가장 적절한 것은?

> 나는 지금, 내 책상 앞에 걸려 있는 그림을 보고 있다. 고흐가 그린 「들에서 돌아오는 농가족(農家族)」이다. 푸른 하늘에는 흰 구름이 얇게 무늬지고, 넓은 들에는 추수(秋收)할 곡식이 그득한데, 젊은 아내는 바구니를 든 채 나귀를 타고, 남편인 농부는 포크를 메고 그 뒤를 따라 집으로 돌아오는 것이다. 생활하는 사람의 세계를 그린 그림 가운데 이보다 더 평화로운 정경(情景)을 그린 것은 그리 흔하지 않을 것이다. 넓은 들 한가운데 마주 서서, 은은한 저녁 종소리를 들으며 감사의 기도를 드리는 농부 내외의 경건한 모습을 우리는 밀레의 「만종(晩鐘)」에서 보거니와, 내가 지금 보고 있는 그림은 그 다음 장면처럼 느껴지기도 한다. 그리고 밀레와 고흐의 가슴 속에 흐르고 있는 평화지향(平和志向)의 사상은 마치 한 샘에서 솟아나는 물처럼 구별할 수 없다.
>
> 그 무서운 가난과 고뇌(苦惱) 속에서 어쩌면 이렇게도 모든 사람의 가슴을 가라앉힐 수 있는 평화경(平和境)이 창조될 수 있었을까? 신비로운 일이다. 베토벤의 「전원교향곡(田園交響曲)」이나 「봄의 소나타」를 들을 때도 나는 이러한 신비를 느낀다. 둘 다 베토벤이 귀머거리가 된 이후의 작품인 것이다. 슬픔은, 아니 슬픔이야말로 참으로 인간으로 하여금 그 영혼을 정화(淨化)하고 높고 맑은 세계를 창조하는 힘이 아닐까? 예수 자신이 한없는 비애(悲哀)의 사람이 아니었더라면, 인류의 가슴을 덮은 검은 하늘을 어떻게 개게 할 수 있을 것인가? 공자(孔子)도 석가(釋迦)도 다 그런 분들이다.

① 통념을 뒤집어 슬픔에 내재한 가치를 새롭게 인식하고 있다.
② 시련과 고난을 극복해 온 구체적인 삶의 과정을 회상하고 있다.
③ 세상과 단절된 삶에서 경험하는 내면의 평화를 형상화하고 있다.
④ 다양한 인물의 삶을 탐구하며 예술적 정체성을 찾으려고 하고 있다.

017

다음 글에 대한 이해로 적절한 것은?

> '반지의 제왕'에 등장하는 인물들은 켈트 신화에 바탕을 두고 있는데, 이는 '해리포터'도 마찬가지다. 그러나 '반지의 제왕'과 '해리포터'는 여러 가지 면에서 차이를 보인다. '반지의 제왕'이 경이로운 세계를 그리고 있다면, '해리포터'는 괴기스러운 세계를 그리고 있다. 또한 '해리포터'에는 마술 지팡이, 하늘을 나는 빗자루, 투명 망토 등 마술의 세계에 쓰이는 온갖 소도구가 등장하여 '반지의 제왕'보다 훨씬 더 동화에 가까운 분위기를 자아낸다. 또 '반지의 제왕'이 전쟁을 배경으로 한 아서 왕의 원탁의 기사를 연상하게 하는 서사시의 세계를 그리고 있다면, '해리포터'는 중세 수도원에서 일어나는 음모와 모험을 그려 내는 민담의 형태를 띠고 있다. 판타지의 원형으로서 켈트 신화가 쓰이는 까닭은 간단하다. 그리스의 합리주의적 사고는 마법을 그들의 신화 세계에서 일찍이 쫓아냈기 때문이다. 인간 중심의 사상을 가진 그리스인들에게 기이한 마법적 요소나, 머리 셋 달린 괴물, 눈이 하나인 거인과 같은 존재는 혐오의 대상이었다.

① '반지의 제왕'은 아서 왕의 원탁의 기사를 연상케 하는 민담의 형태를 띠고 있다.
② '해리포터'에 담긴 세계관을 이해하기 위해서는 그리스 신화에 대한 이해가 필요하다.
③ '해리포터'에 나타나는 동화적 요소는 작품 내에 존재하는 세계의 경이로움을 부각한다.
④ '반지의 제왕'과 '해리포터'의 공통점은 비합리주의적 사고가 작품의 바탕에 깔려 있다는 점이다.

018

다음 대화에 대한 이해로 적절하지 않은 것은?

> 갑: 역사적으로 '임금다움'을 갖추지 못했던 '임금'을 '임금'이라고 불러서는 안 될 것 같아.
> 을: 비록 어떤 '임금'이 '임금다움'을 갖추지 못했다고 하더라도 그들을 '임금'이라고 불러야지.
> 갑: 역사적으로 악하거나 어리석은 '임금'들이 있었어. 그런데 이름이란 어떤 함의를 갖추고 있고, 그 함의란 그 이름으로 불리는 집합의 본질이야. 그러므로 어떤 대상이 그 이름으로 불리기 위해서는 그 이상적 본질과 일치해야지. 쉽게 말해서 어떤 대상을 '임금'이라고 부르기 위해서는 그 대상이 '임금다움'이라는 본질을 갖춰야 한다는 거야. '임금다움'을 갖추지 않은 대상을 '임금'이라고 불러도 된다면, '거지', '도둑', '백정'을 모두 '임금'이라고 불러도 된다는 말이잖아?
> 을: '고양이'라는 이름을 생각해 봐. '고양이'라고 불리는 집합의 본질은 '고양이임'이지, '고양이다움'이 아니야. 어떤 고양이가 개처럼 애교가 있고 사람을 잘 따른다면 '고양이다움'은 없다고 할 수 있지? 그러나 그 대상이 '고양이임'은 변하지 않으므로 '고양이'라고 부르는 거야. 마찬가지로 '임금다움'을 갖추지 못했더라도 '임금'이 맞다면 '임금'이라고 불러야지. '임금다움'을 '임금'이라는 이름의 본질이라고 보는 것은 인간의 관점에서 부여한 평가적 가치일 뿐이야.

① 갑은 '임금'이라고 불리는 집합에 '거지', '도둑', '백정'은 포함되지 않는다고 보는군.
② 을은 개처럼 애교가 있고 사람을 잘 따라 '고양이다움'이 없는 '고양이'도 '고양이'라고 불러야 한다고 보는군.
③ 갑은 '임금'이라는 이름의 본질은 '임금다움'이라고 보고, 을은 '임금'이라는 이름의 본질은 '임금임'이라고 보는군.
④ 갑은 '임금다움'을 '임금'의 이상적 본질이라고 보고, 을은 '임금임'을 '임금'에 인간이 부여한 평가적 가치라고 보는군.

019

밑줄 친 한자성어가 바르게 쓰이지 않은 것은?

① 1년 전이랑 비교했을 때 지금은 완전 다른 곳이 된 것을 보면 격물치지(格物致知)를 느낀다.
② 한반도는 지정학적으로 강대국 사이에 있어 간어제초(間於齊楚)의 시기를 보내왔다.
③ 전쟁으로 인한 남부여대(男負女戴)의 피난민 행렬이 끝날 줄을 몰랐다.
④ 앞선 선수들이 경합 과정에서 넘어지는 바람에 어부지리(漁父之利)로 금메달을 획득했다.

020

다음 글을 참고할 때, [A]~[C]에 해당하는 것을 <보기>의 ㉠~㉣에서 골라 바르게 짝지은 것은?

> 표현은 낯설지만 우리가 이미 흔하게 사용하고 있는 '유비'라는 것이 있다. '유비'는 특정한 대상의 특성을 다른 사물이나 대상의 특성과 비교해서 그 유사성을 말하는 것이다. '아까 연어와 비슷하게 생긴 생선을 먹었다. 연어는 아주 맛있는 생선이다. 그래서 아까 먹은 생선이 맛있었나 보다.' 이것은 단지 유사한 특성을 비교하는 것에 불과하다. 연어가 맛있는 생선이듯이, 연어처럼 생긴 생선도 맛있는 생선이라는 비유이다. 즉 이 예는 유비를 이용해 어떤 현상을 설명하고 있다.
> '유추'는 '유비 추론' 또는 '유비 추리'의 준말로, 이러한 유비를 이용한 추론이다. 유추는 두 유형의 대상을 비교하는 데 근거를 두고 있다. '유추'는 일상생활뿐만 아니라 과학·기술 영역에서도 중요한 역할을 한다. 예를 들어 신약 개발을 위해 진행되는 동물 실험은 [A]실험 동물이 인간과 [B]유사성을 가지고 있기 때문에 신약이나 독성 물질에 대한 실험 동물의 [C]반응 결과를 인간에게 안전하게 적용할 수 있다는 추론을 바탕으로 한다.

┤보기├
지난주에 TV 다큐멘터리에서 본 ㉠어떤 뱀은 ㉡대가리가 세모꼴로 생겼는데 독이 있다고 했다. 나는 등산을 하다가 그 뱀처럼 대가리가 세모꼴로 생긴 ㉢다른 뱀을 보았다. 그래서 나는 이 뱀도 ㉣독이 있을 것이라고 추론했다.

	[A]	[B]	[C]
①	㉠	㉡	㉣
②	㉠	㉣	㉡
③	㉢	㉡	㉣
④	㉢	㉣	㉡

권규호 서울시·지방직 7급 모의고사

정답과 해설

모의고사 01회

01회

001 ②	002 ④	003 ③	004 ①	005 ③
006 ③	007 ③	008 ③	009 ①	010 ③
011 ②	012 ①	013 ①	014 ④	015 ③
016 ④	017 ③	018 ④	019 ③	020 ③

001
정답 | ②

해설 | 불어(○): '붇다'는 '물에 젖어서 부피가 커지다'를 뜻하므로 적절하게 쓰였다. 이때, '붇다'는 'ㄷ' 불규칙이 적용되는 용언으로 '불어, 불으니, 붇는' 등으로 활용된다.

오답피하기 |
① 땅기는(×) → 당기는(○): '입맛이 돋우어지다'를 뜻하는 '당기다'가 적절하다. '땅기다'는 '몹시 단단하고 팽팽하게 되다'를 뜻한다.
③ 썩이고(×) → 썩히고(○): '물건이나 사람 또는 사람의 재능 따위가 쓰여야 할 곳에 제대로 쓰이지 못하고 내버려진 상태로 있게 하다'를 뜻하는 '썩히다'가 적절하다. '썩이다'는 '걱정이나 근심 따위로 마음이 몹시 괴로운 상태가 되게 만들다'를 뜻한다.
④ 다려(×) → 달여(○): '약재 따위에 물을 부어 우러나도록 끓이다'를 뜻하는 '달이다'가 적절하다. '다리다'는 '옷이나 천 따위의 주름이나 구김을 펴고 줄을 세우기 위하여 다리미나 인두로 문지르다'를 뜻한다.

002
정답 | ④

해설 | ㄹ: '이 칼은 오래 써서 칼날이 죽었다.'의 '죽다'는 '물체의 어느 부분이 날카롭지 못하고 무디어지게 되다.'를 뜻하므로 적절하지 않다. '움직이던 물체가 멈추어 제 기능을 하지 못하다.'의 의미로는 '시계가 죽는 바람에 늦잠을 잤다./라디오를 떨어뜨렸더니 죽어 버렸다.'와 같이 쓸 수 있다.

오답피하기 |
① ㄱ: '어머니가 아끼시던 화초가 죽었다.'의 '죽다'는 '생명이 없어지거나 끊어지다.'를 뜻하므로 적절하게 쓰였다.
② ㄴ: '선생님의 호통에 모두들 기가 죽었다.'의 '죽다'는 '성질이나 기운 따위가 꺾이다.'를 뜻하므로 적절하게 쓰였다.
③ ㄷ: '비가 와서 애써 피운 장작불이 죽었다.'의 '죽다'는 '불 따위가 타거나 비치지 아니한 상태에 있다.'를 뜻하므로 적절하게 쓰였다.

003
정답 | ③

해설 | 不恥下問(아닐 불/부끄러울 치/아래 하/물을 문)은 손아랫사람이나 지위나 학식이 자기만 못한 사람에게 모르는 것을 묻는 일을 부끄러워하지 아니함을 뜻한다. 이 문장에서는 몹시 마음을 쓰며 애를 태움을 뜻하는 勞心焦思(일할 노/마음 심/탈 초/생각 사)가 옳다.

오답피하기 |
① 吳越同舟(오나라 오/넘을 월/한가지 동/배 주)는 서로 적의를 품은 사람들이 한자리에 있게 된 경우나 서로 협력하여야 하는 상황을 뜻한다.
② 千載一遇(일천 천/실을 재/한 일/만날 우)는 천 년 동안 단 한 번 만난다는 뜻으로, 좀처럼 만나기 어려운 좋은 기회를 이르는 말이다.
④ 羊頭狗肉(양 양/머리 두/개 구/고기 육)은 양의 머리를 걸어 놓고 개고기를 판다는 뜻으로, 겉보기만 그럴듯하게 보이고 속은 변변하지 아니함을 이르는 말이다.

004
정답 | ①

해설 | 제시문에 따르면 편서풍 속도가 빨라져 다른 새들에게는 장애로 작용하지만, 앨버트로스는 오히려 이 때문에 많은 시간을 편하게 지낼 수 있어서 번식도 잘 이루어지게 되었다. 따라서 급격한 기후 변화가 앨버트로스에게는 도움이 되었다는 설명은 적절하다.

오답피하기 |
② 제시문에 먹이 사슬의 변화가 앨버트로스에게 유리하게 작용하는지는 나타나 있지 않다.
③ 제시문에서 앨버트로스의 몸무게가 지난 40년 동안 1kg 이상 늘었고 이들의 번식 성공률도 높아졌다고 하였다. 따라서 앨버트로스의 늘어난 몸무게는 환경 적응에 장애 요인이라는 설명은 적절하지 않다.
④ 제시문에서 편서풍 속도가 빨라져 앨버트로스는 이를 두려워하지 않고 강풍에 몸을 실어 훨씬 빠른 시간에 수십 km를 비행해 먹이를 구해 온다고 하였다. 따라서 편서풍의 속도가 빨라진 것은 앨버트로스에게도 불리한 점이라는 설명은 적절하지 않다.

005
정답 | ③

해설 | 화자는 '춘산'에 'ㅂ룸(바람)'이 불어 '눈'을 녹이는 자연처럼 자신도 '귀 밋틔 히묵은 셔리(귀 밑에 해묵은 서리)'를 녹이고 싶어 한다. 항상성이란 변하지 않는다는 것을 의미한다. 그러나 '춘산'은 '눈'이 녹아 변화하므로, 항상성을 보여준다고 보기 어렵다. 오히려 화자는 변화하는 '춘산'처럼 늙은 자신의 모습을 변화시키고 싶어 한다고 볼 수 있다.

오답피하기 |
① '춘산'에 'ㅂ룸'이 불어 '눈'을 녹이는 자연의 모습과 화자의 녹지 않는 '귀 밋틔 히묵은 셔리'를 대조하고 있다. 이때 '귀 밋틔 히묵은 셔리'는 백발(白髮)을 의미하는 것이며, 이러한 대조적 표현은 백발을 다시 검게 만들어 젊음을 되찾고 싶은 화자의 지향을 드러낸 것으로 볼 수 있다.
② '귀 밋틔 히묵은 셔리'에서 겨울의 계절적 이미지를 활용하여 화자의 처지를 표현하고 있다.
④ 화자는 자신의 백발을 보며 늙음에 대해 한탄을 드러내고 있다. 그러나 화자는 백발을 '귀 밋틔 히묵은 셔리'에 빗대어 표현하고, '춘산'의 'ㅂ룸'을 빌려다가 자신의 '마리 우희 불니고져(머리 위에 불게 하고

싶구나)'라고 참신하게 표현하고 있다. 이러한 화자의 인식에서 늙음에 대한 달관과 여유를 느낄 수 있다.

006
정답 | ③
해설 | 제시문에 따르면 '-고', '-뇨', '-료', '-오' 등의 의문형 어미가 나타나면 설명 의문문, '-가', '-녀', '-려' 등의 의문형 어미가 나타나면 판정 의문문이다. 단, 주어가 2인칭일 때에는 의문문의 종류와 상관없이 '-ㄴ다'를 쓴다. 따라서 ①, ④는 '-고'로 끝나는 설명 의문문이고, ②는 '-ㄴ다'로 끝났지만 '엇뎨'라는 의문사를 통해 설명 의문문임을 알 수 있다. 그러나 ③은 '-가'로 끝나는 판정 의문문이다.

007
정답 | ③
해설 | 작품의 시대적 의의를 살폈을 때 현대 문명에 대한 불신이 반영되어 자의식의 분열을 야기했다고도 이해할 수 있으나, 이는 간접적인 해석일 뿐이다. 제시된 작품의 표면에서 현대 문명에 대한 불신은 확인할 수 없으므로, 이를 직접적으로 드러내고 있다고 보기 어렵다.
오답피하기 |
① 4연에서 '거울' 때문에 '나'는 '거울속의나'를 만져 보지 못하는 동시에 '거울'이 아니었다면 '거울속의나'를 만나 보지도 못했다고 서술하고 있다. 즉, '거울'은 단절과 만남의 이중적 의미를 지니고 있는 것이다.
② 현실의 자아인 '나'는 '거울'을 통해 또 다른 자아인 '거울속의나'와의 관계를 확인하고 있다. 이때 '나'와 '거울속의나'는 분열된 자의식을 형상화한 것으로 볼 수 있다.
④ 마지막 연의 '거울속의나는참나와는반대(反對)요마는 / 또꽤닮았소'에서 분열된 자아와의 역설적 관계를 나타내고 있다.

008
정답 | ③
해설 | '나'는 환각을 보고 공포에 질린 '어머니'를 보고 '그 몹쓸 일을 두 번 겪게 하시다니……'라고 서술하며 안타까워하고 있다. 이를 볼 때 '어머니'가 겪고 있는 환각은 과거에 '어머니'가 이미 겪은 바 있는 사건임을 알 수 있다. 해당 장면은 '어머니'가 다리가 부러져 수술을 받았으나, 환각 속에서 6·25 전쟁 때 아들을 죽인 군관의 모습을 보고 있는 것이다.
오답피하기 |
①, ② '어머니'는 '나'를 '군관 동무, 군관 선생님'으로 착각하며 호통을 치고 있다. 또한 '어머니'는 자신의 '다리'를 어디다 숨기려고 몸부림을 치고 있다.
④ '어머니'가 환각 속에서 안도감을 느끼는 내용은 나타나 있지 않다.

009
정답 | ①
해설 | 3문단에 따르면 헌법학에서는 '지역구 주민의 뜻이냐 국회의원의 독자 판단이냐' 중에서 후자를 선택한다. 이는 국민이 직접 정치적인 결정을 내리지 않고 그 대표를 통해서 간접적으로만 정치적인 결정에 참여하는 대의 제도이다. 따라서 헌법학이 직접 민주주의 이념을 중시한다는 설명은 적절하지 않다.
오답피하기 |
②, ③ 2문단에서 지역구 주민과 국회의원의 의견이 다를 경우 국회의원의 생각에 따라야 한다고 설명하고 있다. 이는 "대한민국의 주권은 국민에게 있고, 모든 권력은 국민으로부터 나온다."라는 헌법 제1조 제2항과 "입법권은 국회에 속하고"라고 규정한 제40조가 서로 상충될 수 있음을 의미한다. 또한 국회의원은 국민의 투표에 의해 선출되는데, 국회의원이 투표권자인 국민의 의도에 반하는 행동을 할 수 있음을 의미하기도 한다.
④ 2문단에 따르면 지역구 주민과 국회의원의 의견이 다를 수 있다. 이때 국회의원이 지역구 주민의 이익이 아닌 국가 전체의 이익을 위해 입법을 하는 경우도 있을 것이라고 추론할 수 있다.

010
정답 | ③
해설 | ㉠ 地境(땅 지/지경 경)은 '경우'나 '형편', '정도' 또는 나라나 지역 따위의 구간을 가르는 경계를 뜻한다.
㉡ 闡明(밝힐 천/밝을 명)은 진리나 사실, 입장 따위를 드러내어 밝힘을 뜻한다.
오답피하기 |
㉠ 至境(이를 지/지경 경)은 잘못된 표기이다.
㉡ 天命(하늘 천/목숨 명)은 타고난 수명, 타고난 운명을 뜻한다.

011
정답 | ②
해설 | ㉡: 'Ⅲ-2'와의 관계를 고려하였을 때, '리콜 권고 및 명령 위반 시 제재 강화'는 적절하지 않다. ㉡에는 '기업의 자발적 리콜 참여 의사 부족'이 들어가야 한다.
오답피하기 |
① ㉠: 'Ⅰ-1, 2, 3'의 내용을 고려하였을 때, '국내 리콜 제도 및 리콜 현황'은 적절하다.
③ ㉢: 'Ⅱ-3'과의 관계를 고려하였을 때, '리콜 관련 법령 및 정보 시스템 보완'은 적절하다.
④ ㉣: 국내 리콜 제도 운영의 문제점과 개선 방안을 소비자, 기업, 정부의 측면에서 제시하고 있으므로, 결론 및 제언으로 '리콜 제도 활성화를 위한 소비자·기업·정부의 노력 촉구'는 적절하다.

012
정답 | ①
해설 | 서사란 시간의 흐름에 따라 특정 개념이나 사건에 대해 서술하는 방식을 의미한다. 제시문은 시간의 흐름에 따른 판화의 발전 과정을 서술하고 있으므로, 주된 전개 방식은 서사라고 할 수 있다.
오답피하기 |
② 분류란 여러 가지 대상을 일정한 기준에 의해 하위 개념에서 상위 개념으로 묶어 서술하는 방식을 의미한다. 제시문은 판화라는 단일한 영역에 대해 설명하고 있으므로, 분류는 확인할 수 없다.
③ 대조는 어떤 대상을 차이점을 중심으로 서술하는 방식을 의미한다. 제시문은 판화와 다른 대상의 차이점을 비교하고 있다고 보기 어렵다.
④ 인용은 남의 말이나 글을 자신의 말이나 글 속에 끌어오는 서술 방식이다. 제시문에서 인용은 나타나 있지 않다.

013
정답 | ①
해설 | 제시문 마지막 부분에서 고춧가루가 소금 과잉 섭취 식단에 대한 반작용으로 짠맛을 상쇄하면서 널리 사용되었을 가능성이 크다고 설명하고 있다. 따라서 ㉠에는 고추의 매운 성분인 캡사이신(capsaicin)이 소금

의 과잉 섭취를 막아 주었다는 내용이 들어가야 하므로, ⊙에는 '식염 절약 작용을 하기'라는 말이 들어가는 것이 가장 적절하다.

오답피하기 |
② 제시문 마지막 부분을 볼 때, ⊙에는 고추의 매운 성분인 캡사이신이 소금의 과잉 섭취를 막아 주었다는 내용이 들어가야 한다. 따라서 소금의 수요를 증대시켰다는 것은 맥락과 상반되는 내용이다.
③ 제시문에서 젓갈 제조와 소금 수요의 관계를 설명하고 있다. 그러나 제시문 마지막 부분을 볼 때, ⊙에는 고추의 매운 성분인 캡사이신이 소금의 과잉 섭취를 막아 주었다는 내용이 들어가야 한다. 따라서 해물의 비린내를 잡아 주었다는 것은 맥락과 어울리지 않는 내용이다.
④ 제시문 마지막 부분에서 고춧가루는 짠맛을 상쇄하였다고 설명하고 있다. 따라서 고추의 매운 성분인 캡사이신이 짠맛을 더 느끼게 해 주었다는 것은 맥락과 상반되는 내용이다.

014
정답 | ④
해설 | 제시문에 따르면 공산주의 체제에서는 능력에 따라 일하고 필요에 따라 소비, 즉 분배를 한다. 따라서 공산주의 체제 내에서는 노동에 상응하는 분배를 균등한 것으로 본다고 한 설명은 적절하지 않다.

오답피하기 |
① 제시문에서 물질적으로 대부분의 사람이 궁핍을 겪는 환경에서 인류 공동체에게 가장 중요한 일은 물자 배분과 관련된 것이며, 이는 곧 정치였다고 설명하고 있다.
② 제시문에서 사회 구성원을 귀한 사람, 천한 사람으로 나누어 분배하는 것을 귀족 정치라고 부르고, 다른 사회를 지배, 착취하여 자기 사회 소속원에게 풍요롭게 분배하는 것을 제국주의라고 부른다고 설명하고 있다. 따라서 세력들 간의 힘의 균형이 정치 체제 변화에 영향을 줄 수 있을 것이라고 이해할 수 있다.
③ 제시문에서 자본주의 체제는 공동체 구성원 모두에게 같은 기회를 주어 경쟁하게 만드는 것이 좋다는 생각을 전제로 우승열패와 계약 자유 원칙을 근간으로 하여 형성된다고 설명하고 있다.

015
정답 | ③
해설 | 제시문 마지막 부분에서 익숙한 범주들을 의식 없이 적용할 때 이해는 만족스럽지 않으며, 그것은 진부하고 무익해 보이기도 한다고 설명하고 있다. 그리고 우리의 이해는 새로이 경계선을 긋거나 기존의 선을 지우거나 재배치하는 것 등을 통해서 향상된다고 설명하고 있다. 따라서 제시문의 주장은 기존의 범주에 의문을 제기하고 그것의 대안을 개발할 때에 발전한다는 것으로 볼 수 있다.

오답피하기 |
①, ② 제시문 앞부분에서 우리의 이해가 향상된다는 것은 언제나 새로운 것을 배운다는 것을 의미하지는 않는다고 설명하고 있다.
④ 제시문 마지막 부분에서 익숙한 범주들을 의식 없이 적용할 때 이해는 만족스럽지 않으며, 그것은 진부하고 무익해 보이기도 한다고 설명하고 있다. 그리고 우리의 이해는 새로이 경계선을 긋거나 기존의 선을 지우거나 재배치하는 것 등을 통해서 향상된다고 설명하고 있다.

016
정답 | ④
해설 | 2, 3문단에 따르면 쿠로우드의 발전 실험은 달손 파르가 제안한 것으로, 0.03기압으로 맞춘 두 플라스크 중 한 플라스크에는 28℃의 미지근한 물을 넣고 다른 플라스크에는 얼음을 넣어 온도차를 이용하였다. 그리고 미지근한 물의 온도가 18℃로 내려가면서 발전기가 정지했다. 이를 통해 쿠로우드의 실험에서 발전기가 작동하도록 한 것은 온도차이며, 두 플라스크의 기압 차는 변하지 않았음을 알 수 있다. 따라서 두 플라스크의 기압 차가 0.03기압으로 유지되더라도 두 플라스크의 온도차가 줄어들면 발전기는 정지했을 것이라고 추론할 수 있다.

오답피하기 |
① 1문단에 따르면 물은 100℃에서 끓지만, 대기압을 1기압보다 낮출 수 있다면 물을 30℃에서도 끓일 수 있다. 따라서 어떤 곳에서 물이 90℃에서 끓었다면 그곳의 대기압은 1기압보다 낮을 것이라고 추론할 수 있다.
② 3문단에 따르면 쿠로우드가 온도차를 이용한 발전 실험을 했는데, 한 플라스크에 넣었던 28℃의 미지근한 물이 끓기 시작하면서 수증기가 발생했다. 그리고 미지근한 물의 온도가 18℃로 내려가면서 발전기가 정지했다. 이와 같은 쿠로우드의 발전 실험은 온도차를 이용한 것이므로, 미지근한 물의 온도가 낮아질수록 얼음과의 온도차가 줄어들고 발생되는 수증기 양과 발전량은 줄어들었을 것임을 추론할 수 있다.
③ 2문단에 따르면 달손 파르는 열대 바다의 표층부와 심층부에 섭씨 30℃ 정도의 온도차를 이용해 발전기를 돌려 전기를 만드는 방법을 제안하였고, 이러한 방법은 무한히 반복할 수 있다고 생각했다. 따라서 달손 파르의 생각이 옳다면 열대 바다에서는 영구적으로 작동할 수 있는 발전기를 만들 수 있을 것이라고 추론할 수 있다.

017
정답 | ③
해설 | 박연이 피리 잘 부는 광대에게 피리 교정을 청하였다가 거절당했음에도 불구하고 가르침을 받고자 노력한 구체적인 일화를 소개하고 있다. 이러한 일화를 통해 배움에 대한 성실한 태도의 중요성을 확인할 수 있다.

오답피하기 |
① 삽화란 짧은 이야기를 의미한다. 제시된 작품은 박연이 피리 잘 부는 광대에게 피리를 배운 이야기를 제시하고 있으므로, 다양한 삽화를 열거했다고 보기 어렵다.
② 박연이 피리 잘 부는 광대를 보고 피리를 불어 교정을 청하니 광대가 웃으며 고치기 어렵다고 말한다. 그럼에도 박연은 가르침을 받고자 노력하였다. 이를 볼 때 박연과 광대의 성격을 대비하고 있다고도 볼 수 있으나, 자신의 분수에 만족하는 태도를 강조하고 있다고 보기 어렵다.
④ 제시된 작품은 시간의 순서에 따라 벌어진 사건을 서술하고 있으므로, 현재와 과거를 교차하였다고 보기 어렵다.

018
정답 | ④
해설 | 등용문[등농문](×) → [등용문](○): 합성어 및 파생어에서, 앞 단어나 접두사의 끝이 자음이고 뒤 단어나 접미사의 첫음절이 '이, 야, 여, 요, 유'인 경우에는, 'ㄴ' 음을 첨가하여 [니, 냐, 녀, 뇨, 뉴]로 발음한다. 다만, 'ㄴ' 첨가는 항상 적용되지는 않으므로 '등용문, 송별연'과 같이 'ㄴ'이 첨가되는 것을 표준 발음으로 인정하지 않는 경우에 주의해야 한다.

오답피하기 |
① 색연필[생년필](○): 합성어 및 파생어에서, 앞 단어나 접두사의 끝이 자음이고 뒤 단어나 접미사의 첫음절이 '이, 야, 여, 요, 유'인 경우에

는, 'ㄴ' 음을 첨가하여 [니, 냐, 녀, 뇨, 뉴]로 발음한다.
② 서울역[서울력](○): 'ㄹ' 받침 뒤에 첨가되는 'ㄴ' 음은 [ㄹ]로 발음한다.
③ 1 연대[일련대](○): 합성어 및 파생어에서, 앞 단어나 접두사의 끝이 자음이고 뒤 단어나 접미사의 첫음절이 '이, 야, 여, 요, 유'인 경우에는, 'ㄴ' 음을 첨가하여 [니, 냐, 녀, 뇨, 뉴]로 발음한다. 두 단어를 이어서 한 마디로 발음하는 경우에도 이에 준한다.

019
정답 | ③
해설 | 을은 두 번째 발언에서 명확한 어휘가 없을 때보다 있을 때, 특정 단어에 의해서 지칭되는 개념에 대한 사고가 쉬운 것은 틀림없다고 말하고 있다. 즉, 을은 단어가 있어야 그 단어에 의해 지칭되는 개념에 대한 사고가 명확하다는 갑의 생각에 동의하고 있는 것이다.
오답피하기 |
① 갑은 두 번째 발언에서 언어가 사고보다 우위에 있으며 언어가 사고를 지배한다고 말하고 있다.
② 을은 두 번째 발언에서 '민트색'이라는 단어도 사고가 있었기 때문에 필요에 따라 만들어진 것일 뿐이라고 말하고 있다. 따라서 을은 사고가 존재한 다음에 그 사고를 표현하는 단어가 만들어지는 것이라고 봄을 알 수 있다.
④ 갑은 두 번째 발언에서 '민트색'이라는 단어 없이는 그 개념에 대해 말하기 어려우므로, 지각(知覺)만으로는 어떤 개념에 대해 명료하게 사고하지 못한다고 말하고 있다. 을은 두 번째 발언에서 '민트색'이라는 단어가 없더라도 그 색을 다른 색과 구별할 수 있으며, 어떤 단어 없이도 그 대상 자체를 보고 사고할 수 있다고 말하고 있다.

020
정답 | ③
해설 | ⓒ '군인들은 아무도 전쟁을 원하지 않는다.'는 전체 부정이므로, '어느 ~도 ~가 아니다.'로 고쳐야 한다. 따라서 '어느 군인도 전쟁을 원하는 군인이 아니다.'로 고쳐야 한다. '모든 군인은 전쟁을 원하는 군인이 아니다.'는 '모든 ~는 ~가 아니다.'라는 형식인데, 2문단에 따르면 이러한 형식은 중의적이기 때문에 전체 부정 명제의 표준 형식이 될 수 없다.
오답피하기 |
① ㉠ '원숭이도 나무에서 떨어진다.'는 부분 긍정이므로, '어떤 ~는 ~이다.'의 형식으로 고쳐 주어야 한다. 따라서 '어떤 원숭이는 나무에서 떨어지는 원숭이이다.'로 고치는 것은 적절하다.
② ㉡ '피서지라면 어디든 사람들로 붐볐다.'는 전체 긍정이므로, '모든 ~는 ~이다.'의 형식으로 고쳐 주어야 한다. 따라서 '모든 피서지는 사람들로 붐비는 곳이다.'로 고치는 것은 적절하다.
④ ㉣ '일부 시민들은 정부 정책에 찬성하지 않았다.'는 부분 부정이므로, '어떤 ~는 ~가 아니다.'의 형식으로 고쳐 주어야 한다. 따라서 '어떤 시민은 정부 정책에 찬성한 사람이 아니다.'로 고치는 것은 적절하다.

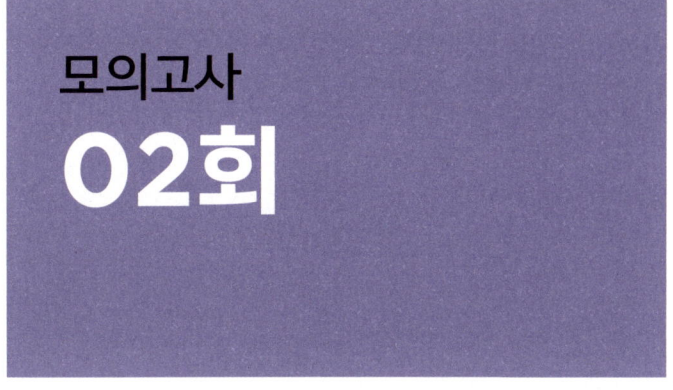

모의고사 02회

02회

001 ②	002 ③	003 ②	004 ②	005 ④
006 ③	007 ④	008 ①	009 ②	010 ③
011 ④	012 ①	013 ③	014 ①	015 ③
016 ④	017 ③	018 ④	019 ①	020 ①

001
정답 | ②
해설 | 서슴치(×) → 서슴지(○): '서슴다'는 본래 '하'가 없는 말이므로 어간 '서슴-'에 어미 '-지'가 붙어 '서슴지'가 된다.
오답피하기 |
① 하마터면(○): '하마터면', '아무튼'과 같은 부사는 소리대로 적는다.
③ 다정타(○): 어간의 끝음절 '하'의 'ㅏ'가 줄고 'ㅎ'이 다음 음절의 첫소리와 어울려 거센소리로 될 때에는 거센소리로 적는다.
④ 생각건대(○): 어간의 끝음절 '하'가 아주 줄 때에는 준 대로 적는다. '하' 앞의 받침의 소리가 [ㄱ, ㄷ, ㅂ]이면 '하'가 통째로 줄고 그 외의 경우에는 'ㅎ'이 남는다.

002
정답 | ③
해설 | ㉠ '(나는) 케이크를 잘라서 동생이 먹을 것을 남겨 뒀다.'와 같이 주격 조사 '이'를 활용하여 바꾸어 볼 수 있으므로 주어이다.
㉡ '이번 대회는 우리 학교가 우승을 차지했다.'와 같이 주격 조사 '가'를 활용하여 바꾸어 볼 수 있으므로 주어이다. 이때, '에서'는 단체를 나타내는 명사 뒤에 붙어 앞말이 주어임을 나타내는 격 조사로 쓰였다.
㉢ '누나가 아파서 우리만 여행을 가기는 어렵다.'는 주격 조사 '가'가 쓰인 것이므로 주어이다.
오답피하기 |
㉣ '선생님께 걱정을 끼쳐 드려 죄송한 마음이 들었다.'의 '께'는 어떤 행동이 미치는 대상을 나타내는 격 조사 '에게'의 높임말로, '선생님께'는 부사어에 해당한다.

003
정답 | ②
해설 | 할밖에[할바께](×) → [할빠께](○): 관형사형 '-(으)ㄹ' 뒤에 연결되는 'ㄱ, ㄷ, ㅂ, ㅅ, ㅈ'은 된소리로 발음한다. '-(으)ㄹ'로 시작되는 어미의 경우에도 이에 준한다.

정답과 해설 **069**

오답피하기 |
① 닮고[담:꼬](○): 어간 받침 'ㄴ(ㄵ), ㅁ(ㄻ)' 뒤에 결합되는 어미의 첫소리 'ㄱ, ㄷ, ㅅ, ㅈ'은 된소리로 발음한다.
③ 훑소[훌쏘](○): 어간 받침 'ㄼ, ㄾ' 뒤에 결합되는 어미의 첫소리 'ㄱ, ㄷ, ㅅ, ㅈ'은 된소리로 발음한다.
④ 넓죽하다[넙쭈카다](○): 받침 'ㄱ(ㄲ, ㅋ, ㄳ, ㄺ), ㄷ(ㅅ, ㅆ, ㅈ, ㅊ, ㅌ), ㅂ(ㅍ, ㄼ, ㄿ, ㅄ)' 뒤에 연결되는 'ㄱ, ㄷ, ㅂ, ㅅ, ㅈ'은 된소리로 발음한다.

004
정답 | ②
해설 | 진행자가 교수의 설명을 듣고 자신의 이해를 수정하고 있는 부분은 나타나 있지 않다.

오답피하기 |
① 진행자는 '그러니까 사옹원에 수라의 재료가 들어오고, 반감의 지휘 아래 수라가 만들어진 것이군요.'라고 교수의 설명을 정리하며 대담을 이끌어가고 있다.
③ 진행자는 '사옹원과 반감이요? 처음 듣는 용어라 잘 이해가 되지 않네요. 좀 더 자세히 설명해 주시겠습니까?'라며 교수의 설명을 듣고 추가적인 설명을 요청하고 있다.
④ 진행자는 '그런데 수라의 종류와 구성이 다양했다고 알고 있는데, 맞습니까?'라며 교수에게 자신의 배경지식이 맞는지 질문하고 있다.

005
정답 | ④
해설 | 콘셉트(○): '콘셉트'는 'concept'의 올바른 외래어 표기이다. 이를 '컨셉(×), 컨셉트(×)'로 쓰지 않도록 주의해야 한다.
슈퍼마켓(○): '슈퍼마켓'은 'supermarket'의 올바른 외래어 표기이다. 이를 '슈퍼마켙(×)'으로 쓰지 않도록 주의해야 한다.

오답피하기 |
① 케잌(×) → 케이크(○): 'cake'의 올바른 외래어 표기는 '케이크'이다.
서비스(○): '서비스'는 'service'의 올바른 외래어 표기이다. 이를 '써비스(×)'로 쓰지 않도록 주의해야 한다.
② 초콜릿(○): '초콜릿'은 'chocolate'의 올바른 외래어 표기이다. 이를 '초콜렛(×)'으로 쓰지 않도록 주의해야 한다.
플랭카드(×) → 플래카드(○): 'placard'의 올바른 외래어 표기는 '플래카드'이다.
③ 로봇(○): '로봇'은 'robot'의 올바른 외래어 표기이다. 이를 '로보트(×)'로 쓰지 않도록 주의해야 한다.
바리케이트(×) → 바리케이드(○): 'barricade'의 올바른 외래어 표기는 '바리케이드'이다.

006
정답 | ③
해설 | 화자는 '꿈(꿈)'에서 '님'을 만났으므로 꿈의 방식을 활용하고 있다고 볼 수 있다. 그러나 꿈에서 이별의 상황에 대한 자책을 드러내고 있는 내용은 확인할 수 없다.

오답피하기 |
① '옥(玉) ᄀ튼 얼구리 반(半)이나마 늘거셰라(옥 같은 얼굴이 반 넘게 늙으셨구나)'라는 구절에서 임의 안위에 대한 걱정과 그리움의 감정을 표현하고 있음을 확인할 수 있다.
② 한 화자(을녀)가 임과 이별한 자신의 처지를 토로하며 '낙월(落月, 지는 달)'이 되어 '님 겨신 창(窓) 안희 번드시 비최리라(님 계신 창 안에 환하게 비치리라)'라고 말한다. 그리고 가장 마지막 행에서 또 다른 화자(갑녀)가 상대를 '각시님'이라고 지칭하며 '각시님 돌이야 코니와 구준비나 되쇼셔(각시님, 달보다는 궂은비나 되소서)'라고 말한다. 따라서 두 명의 여성 화자가 대화를 나누는 방식을 활용하고 있으며, 이를 통해 이별한 화자(을녀)의 처지에 대한 공감을 유도하고 있다.
④ 두 화자가 말한 '낙월(落月, 지는 달)'과 '구준비(궂은비)'는 모두 '님'에게 가 닿아 이별의 상황을 초극하고자 하는 소망을 함축하고 있는 자연물이다.

007
정답 | ④
해설 | ②: 'Ⅰ-나'와의 관계를 고려하여 ㉣에는 '생산자와 소비자의 직거래로 농산물에 대한 신뢰 확보'를 제시해야 한다.

오답피하기 |
① ㉠: '수입 농산물 증가에 따른 문제점'을 제시해야 하므로, ㉠을 '지역 소규모 농가의 소득 감소'로 수정한다는 설명은 적절하다.
② ㉡: 'Ⅱ'의 하위 항목들을 고려하여 ㉡을 '지역 농산물 소비 촉진 방안'으로 수정한다는 설명은 적절하다.
③ ㉢: '지역 농산물 소비 촉진 방안'을 제시해야 하므로, ㉢을 삭제한다는 설명은 적절하다.

008
정답 | ①
해설 | 반어란 뜻하고자 하는 것과는 반대로 말하여 표현 효과를 높이는 수사법을 의미한다. 그러나 제시된 작품에서 반어는 나타나 있지 않다. '엄동 혹한일수록 / 선연히 피는 성에꽃', '차가운 아름다움' 등은 역설로 볼 수 있다. 역설은 표면적으로 모순되는 것 같은 말을 활용하여 진실을 드러내는 수사법을 의미한다.

오답피하기 |
② 화자는 '차창'에 피어 있는 '성에꽃'을 관심 있게 바라보며, '어제 이 버스를 탔던 / 처녀 총각 아이 어른 / 미용사 외판원 파출부 실업자의 / 입김과 숨결이' '성에꽃'을 피워 낸 것이라고 생각하고 있다. 따라서 '차창'은 화자가 대상과 간접적으로 만나는 매개체로서의 역할을 한다고 볼 수 있다.
③ 화자는 '차창'에 피어 있는 '성에꽃'을 통해 '어제 이 버스를 탔던' '미용사 외판원 파출부 실업자' 등에 대한 관심을 드러내고 있다. 이때 '미용사 외판원 파출부 실업자' 등은 고단한 삶을 살아가는 평범한 서민들로 볼 수 있다.
④ 화자는 '오랫동안 함께 길을 걸었으나 / 지금은 면회마저 금지된 친구'를 떠올리며 단절감을 느끼고 있다. 이때 화자는 서민에 대한 관심을 가지고 있는 인물이며 '친구' 역시 화자와 같은 길을 걸었다고 하였으므로, '친구'는 민중을 위한 활동을 하다가 수감된 인물이라고 추측할 수 있다. 따라서 그러한 '친구'의 면회마저 금지되었다는 것은 부조리한 사회 현실을 암시한다고 볼 수 있다.

009
정답 | ②
해설 | '아버지'는 "할아버지가 나름대로의 예술을 완성했니?"라고 말하며, 입가에 냉소를 띠었다. 이는 '민 노인'이 예술적 완성을 이루지 못했

다고 말하는 것이다. 따라서 '아버지'는 '민 노인'이 가족들을 희생시켜 자신의 예술적 완성을 이루었다고 생각했다는 설명은 적절하지 않다.

오답피하기 |
① '성규'는 할아버지가 광대 기질에 철저하여 가족을 버린 건 비난받아야 할 일이나, 예술의 이름으로는 용서받을 수 있다고 말한다. 따라서 '성규'는 가장(家長)과 예술가로서의 삶을 구분하여 '민 노인'을 평가하고 있음을 알 수 있다.
③ '성규'는 자신이 할아버지를 모임에 초청한 사실을 후회하지 않을뿐더러, 옳았다고 생각한다고 말한다. 그리고 '성규'는 '민 노인'과 눈을 마주치며 음모꾼끼리의 신호 같은 웃음을 보낸다. 이를 볼 때 '성규'는 '민 노인'을 자신의 모임에 초청한 것을 떳떳하게 여기며 '민 노인'과 세대를 건너뛴 연대감을 느끼고 있음을 알 수 있다.
④ '성규'는 아버지가 할아버지를 심리적으로 격리시키려 하고, 또 한편으로는 이해하려는 모순을 이해하지만, 할아버지에게서 북을 빼앗는 것은 생의 의지를 짓밟는 것이라고 말하고 있다.

010

정답 | ③

해설 | 발화자는 프리터족은 자유 시간을 더 많이 확보하기 위해 정규직 고용을 자발적으로 포기한 사람들로서, 자본주의의 노동 규율과 규칙에서 벗어나 있어 그들을 사회적 낙오자 혹은 반실업자로 보기에는 무리가 있다고 말하고 있다. 즉, 프리터족을 주류 경제학인 자본주의의 시선에서 바라봐서는 안 된다는 것은 발화자의 궁극적 주장이라고 할 수 있다.

오답피하기 |
① 발화자는 프리터족을 반실업자로 보기에는 무리가 있다고 말하고 있다. 따라서 반대로 프리터족을 반고용 형태의 취업자로 보는 것도 발화자의 궁극적 주장으로 보기 어렵다.
② 발화자는 프리터족 중 생계형 프리터족이 압도적일 수 있다고 말하고 있다. 그러나 일부 프리터족이 생계형 프리터족이 아니더라도 그들이 생계 문제에서 자유로운지는 알 수 없으며, 이를 발화자의 궁극적 주장이라고 보기 어렵다.
④ 발화자는 프리터족 중에는 자유 시간을 더 많이 확보하기 위해 정규직 고용을 자발적으로 포기한 사람들도 많다고 말하고 있다. 그러나 프리터족은 정규직 고용을 포기하고 아르바이트 형태의 노동을 추구한다. 따라서 프리터족이 모두 자유 시간을 확보하기 위해 노동 그 자체를 포기한다는 것은 발화자의 궁극적 주장이라고 보기 어렵다.

011

정답 | ④

해설 | 대조란 대상을 비교하여 차이점을 설명하는 방식이다. 제시문은 ㉠ '초창기 가솔린 자동차'와 증기 자동차, 전기 자동차 간의 차이점을 설명하고 있다. 따라서 ㉠을 설명한 방식은 대조이다.

오답피하기 |
① 정의란 유개념(類槪念)과 종차(種差)를 들어 개념이나 대상의 뜻을 밝혀 규정하는 설명 방식을 의미한다. 그러나 ㉠ '초창기 가솔린 자동차'를 정의의 방식으로 설명하고 있다고 보기 어렵다.
② 연역이란 일반적인 사실이나 원리를 전제로 하여 개별적인 사실이나 보다 특수한 다른 원리를 이끌어 내는 설명 방식을 의미한다. 그러나 ㉠ '초창기 가솔린 자동차'를 연역의 방식으로 설명하고 있다고 보기 어렵다.
③ 사례란 실제로 존재하는 대상이나, 실제로 일어난 사건을 예로 드는 설명 방식을 의미한다. 그러나 ㉠ '초창기 가솔린 자동차'의 사례를 들어 설명하고 있다고 보기 어렵다.

012

정답 | ①

해설 | ㉠에는 앞에서 분류식 하수도의 특징에 대해 설명한 것과 대비하여 합류식 하수도에 대한 설명이 이어짐을 안내하는 접속어가 들어가야 한다. 따라서 ㉠에는 '반면에', '하지만', '그런데' 등이 들어갈 수 있다. 그리고 ㉡에는 합류식 하수도의 특징과 관련되면서 합류식 하수도의 문제점으로 화제가 전환됨을 알리는 접속어가 들어가야 한다. 따라서 ㉡에는 '하지만'이 들어가야 한다. 마지막으로 ㉢에는 합류식 하수도의 문제점으로 인해 신도시에서는 합류식 하수도를 분류식 하수도로 전환한다는 결론을 안내하는 접속어가 들어가야 한다. 따라서 ㉢에는 '따라서', '그래서'가 들어가야 한다. 이를 종합할 때, ㉠~㉢에 들어갈 접속어끼리 짝지어진 것은 ①이다.

013

정답 | ③

해설 | 제시문에 따르면 결정 비용은 찬성자의 비율이 커질수록 증가하고, 외부 비용은 반대하는 사람이 많을수록 증가한다. 반대로 결정 비용은 반대자의 비율이 커질수록 감소하고, 외부 비용은 찬성하는 사람이 많을수록 감소할 것이다. 따라서 집단 선택에 요구되는 찬성자 수가 많을수록 결정 비용은 증가하고 외부 비용은 감소할 것이다.

오답피하기 |
① 집단 선택에 요구되는 찬성자 수가 많으면 결정 비용은 증가한다.
② 집단 선택에 요구되는 반대자 수가 많으면 외부 비용은 증가한다.
④ 집단 선택에 요구되는 반대자 수가 많을수록 결정 비용은 감소하고, 외부 비용은 증가한다.

014

정답 | ①

해설 | 글쓴이는 매화에 대한 '세인'의 생각을 인용하고, 있는 그대로의 매화를 사랑하는 자신의 태도를 표현하고 있을 뿐이다. 글쓴이가 매화가 지닌 가치를 추구하려는 다짐은 나타나 있지 않다.

오답피하기 |
② 글쓴이는 '세인'이 말하는 매화에 대한 다양한 생각을 인용하고, 자신이 매화를 사랑하는 마음은 '이러한 많은 주관이 멸시된 곳'에 있다고 말하고 있다. 이는 '세인'이 조건을 달아 매화를 좋아하는 것과 달리 자신은 있는 그대로의 매화를 사랑함을 표현한 것이다.
③ '구름같이 핀 매화'에서 비유적 표현을 통해 매화의 모습을 형상화하고, '암향을 다칠세라 호흡도 가다듬어'에서 조심스럽게 매화를 대하는 글쓴이의 태도를 드러내고 있다.
④ '그를 대하매 아무런 조건 없이 내 마음이 황홀하여지는 데야 어찌하리까.'에서 설의적 표현으로 매화로부터 받은 감동을 표현하고, 있는 그대로의 매화를 사랑하는 글쓴이의 태도를 드러내고 있다.

015

정답 | ③

해설 | 부자(附子) 뿌리의 독성을 줄이기 위한 방법은 여러 가지로 연구되어 왔음에도 불구하고 그 맹독성은 심전도 장애를 일으켰다. 따라서 0.3g에서 0.5g의 미량의 뿌리를 갈아서 복용했고, 이러한 부자 뿌리의 생약은 심장 기능의 강화에 도움을 주었다. 즉, 부자 뿌리가 심장 기능 강화에

도움을 준 것은 맞지만, 독성을 제거하지 못했기 때문에 미량의 생약으로 이용한 것이다. 따라서 독성을 제거한 부자 뿌리는 심장 기능 강화에 도움이 되었다는 추론은 적절하지 않다.

오답피하기 |
① 1문단에 따르면 우리나라에서는 사약을 내릴 때에 아코니툼 속 식물을 많이 이용했다.
② 1문단에 따르면 인류는 구석기 시대부터 화살촉에 스트로판투스 속의 마삭나무 독을 발라서 수렵에 이용했다.
④ 3문단에 따르면 알칼로이드의 한 종류인 아코니틴은 심장 마비를 일으키는 성질을 갖고 있다.

016

정답 | ④

해설 | ㉠ 投降(던질 투/항복할 항)은 적에게 항복함을 뜻한다.
㉡ 攪亂(흔들 교/어지러울 란)은 마음이나 상황 따위를 뒤흔들어서 어지럽고 혼란하게 함을 뜻한다.

오답피하기 |
㉠ 鬪降(싸움 투/항복할 항)은 잘못된 표기이다.
㉡ 攪難(흔들 교/어려울 난)은 잘못된 표기이다.

017

정답 | ③

해설 | 2문단에 따르면 특허권은 신청한 날, 즉 특허 출원일을 기준으로 판단하게 된다. 특허 요건으로서의 새로움의 판단은 특허 출원일 이전의 모든 역사적 결과물과 비교하여 내리는 것이다. 따라서 특허권이 통과되기 이전이 아니라 특허 출원일 이전의 결과물 중 유사한 것이 존재한다면 특허권을 인정받을 수 없는 것이다.

오답피하기 |
① 1문단에 따르면 특허권을 받기 위해서는 특허법에 명시된 여러 가지 특허 요건을 충족해야 하는데, 그중 대표적인 것이 새로움이다. 이를 통해 특허법에 명시된 특허 기준에는 새로움 이외의 요소도 포함된다는 것을 알 수 있다.
② 1문단에 따르면 특허를 출원하는 것만으로도 해당 기술이나 아이디어에 대한 선점 효과가 있기 때문에 심사 통과 여부와 관계없이 특허를 출원만 하는 경우도 있다. 이를 통해 특허권을 인정받지 못하더라도 이익을 위해 특허를 출원하는 경우도 있다는 것을 알 수 있다.
④ 2문단에 따르면 새로움의 판단 기준은 국내뿐 아니라, 어느 나라에서든 이미 알려진 것이라면, 새롭지 않다고 판단하여 특허를 받을 수 없다. 이를 통해 특허권을 인정받기 위해서는 국내외에서 한 번도 알려지지 않은 기술이나 아이디어여야 한다는 것을 알 수 있다.

018

정답 | ④

해설 | 갑은 두 번째 발화에서 예술의 목적은 순수한 미적 가치의 창조에 있어야 하지만, 「게르니카」의 목적은 전쟁의 비극을 알리는 선전(宣傳)이라고 말하고 있다. 따라서 갑은 「게르니카」가 미적 가치 창조의 목적을 이루었다고 보고 있지 않다. 반면, 을은 「게르니카」가 현실을 반영한 참여적 성격을 지녔다고 말하고 있다.

오답피하기 |
① 갑은 두 번째 발화에서 선전(宣傳)에 목적이 있는 것은 전쟁을 알리는 보도 자료나 신문 사진과 다를 게 없으므로, 예술 작품이라고 인정할 수 없다고 말하고 있다.
② 을은 두 번째 발화에서 만약 현실을 반영한 예술 작품을 예술로 인정하지 않는다면, 현실 재현의 역할을 담당하는 소설이나 영화는 모두 예술 작품으로 인정받지 못할 것이라고 말하고 있다.
③ 갑은 두 번째 발화에서 예술 작품은 현실과 분리되어 오로지 예술로서 존재할 때 인정받을 수 있다고 말하고 있다. 그리고 을은 두 번째 발화에서 예술가나 예술을 감상하는 사람 모두 현실을 살아가는 존재이므로, 예술 작품 역시 현실과 분리하여 이해할 수 없다고 말하고 있다.

019

정답 | ①

해설 | 愚公移山(어리석을 우/공평할 공/옮길 이/메 산)은 우공이 산을 옮긴다는 뜻으로, 어떤 일이든 끊임없이 노력하면 반드시 이루어짐을 이르는 말이다.

오답피하기 |
② 心心相印(마음 심/마음 심/서로 상/도장 인)은 말없이 마음과 마음으로 뜻을 전함을 뜻한다.
③ 道聽塗說(길 도/들을 청/길 도/말씀 설)은 길에서 듣고 길에서 말한다는 뜻으로, 길거리에 퍼져 돌아다니는 뜬소문을 이르는 말이다.
④ 女必從夫(여자 여/반드시 필/따를 종/지아비 부)는 아내는 반드시 남편을 따라야 함을 뜻한다.

020

정답 | ①

해설 | ㉠ '어떤 철학자는 긍정주의자이다.'는 특칭 긍정, ㉡ '모든 철학자는 긍정주의자가 아니다.'는 전칭 부정, ㉢ '어떤 철학자는 긍정주의자가 아니다.'는 특칭 부정이다. 2문단 마지막 부분에 따르면 전칭 부정 명제와 특칭 긍정 명제는 '모순 관계'이다. 따라서 특칭 긍정인 ㉠과 전칭 부정인 ㉡은 '모순 관계'가 성립한다.

오답피하기 |
② ㉠(특칭 긍정)과 ㉡(전칭 부정)은 '모순 관계'이다.
③ ㉠(특칭 긍정)과 ㉢(특칭 부정)은 '반대 관계'이다.
④ ㉡(전칭 부정)과 ㉢(특칭 부정)은 '모순 관계'도 '반대 관계'도 아니다.

모의고사 03회

03회

001 ④	002 ④	003 ②	004 ③	005 ③
006 ③	007 ①	008 ③	009 ④	010 ④
011 ①	012 ①	013 ②	014 ②	015 ②
016 ①	017 ②	018 ③	019 ④	020 ②

001
정답 | ④
해설 | 희망[희망](×) → [히망](○): 자음을 첫소리로 가지고 있는 음절의 'ㅢ'는 [ㅣ]로 발음해야 한다.
오답피하기 |
① 차례[차례](○): 'ㅖ'는 이중 모음으로 발음한다. 다만, '예, 례' 이외의 'ㅖ'는 [ㅔ]로도 발음한다.
② 강의의[강ː의의](○)/[강ː의의](○)/[강ː의에](○)/[강ː이에](○): 'ㅢ'는 이중 모음으로 발음한다. 다만, 단어의 첫음절 이외의 '의'는 [ㅣ]로, 조사 '의'는 [ㅔ]로 발음함도 허용한다.
③ 혜택[혜ː택](○)/[헤ː택](○): 'ㅖ'는 이중 모음으로 발음한다. 다만, '예, 례' 이외의 'ㅖ'는 [ㅔ]로도 발음한다.

002
정답 | ④
해설 | ⓜ'당신'은 '형님'을 지칭하는 것이므로, 앞에 나온 주어를 다시 가리키는 재귀대명사이다. 그러나 ⓐ'저'는 화자 자신을 가리키는 것이므로, 앞에 나온 주어를 다시 가리키는 재귀대명사가 아닌 1인칭 대명사이다.
오답피하기 |
① ㉠'그쪽', ㉥'그대'는 청자를 가리키는 2인칭 대명사이다.
② ㉡'우리'는 어떤 대상이 자기와 친밀한 관계임을 나타낼 때 쓰는 말이므로, ⓐ'저'와 마찬가지로 화자 자신을 가리키는 1인칭 대명사이다.
③ ㉢'자신'은 '형님'을 지칭하는 것이므로, ㉣'형님'과 동일한 대상을 가리키는 말이다.

003
정답 | ②
해설 | 乾坤一擲(하늘 건/땅 곤/한 일/던질 척)은 주사위를 던져 승패를 건다는 뜻으로, 운명을 걸고 단판걸이로 승부를 겨룸을 이르는 말이다. 이 문장에서는 아주 까막눈을 뜻하는 目不識丁(눈 목/아닐 불/알 식/고무래 정)이 옳다.
오답피하기 |
① 刮目相對(긁을 괄/눈 목/서로 상/대할 대)는 눈을 비비고 상대편을 본다는 뜻으로, 남의 학식이나 재주가 놀랄 만큼 부쩍 늚을 이르는 말이다.
③ 走馬看山(달릴 주/말 마/볼 간/메 산)은 말을 타고 달리며 산천을 구경한다는 뜻으로, 자세히 살피지 아니하고 대충대충 보고 지나감을 이르는 말이다.
④ 百尺竿頭(일백 백/자 척/낚싯대 간/머리 두)는 백 자나 되는 높은 장대 위에 올라섰다는 뜻으로, 몹시 어렵고 위태로운 지경을 이르는 말이다.

004
정답 | ③
해설 | 제시문에서 메주를 숙성시키면 콩의 수용성 성분이 우러나는데, 그것을 달이면 간장이 된다고 하였다. 그러나 소금으로 간을 하여 숙성시키면 된장이 된다고 하였으므로, 숙성된 메주에서 우러난 콩의 수용성 성분에 다시 소금 간을 하고 달이면 간장이 된다는 설명은 적절하지 않다.
오답피하기 |
① 제시문에서 콩을 3~4시간 정도 삶아 찧는데, 이때 콩을 너무 오래 삶으면 군내가 날 수 있으니 주의해야 한다고 하였다. 따라서 콩을 너무 오래 삶으면 군내가 날 수 있으니 4시간을 넘지 않게 삶아야 한다는 설명은 적절하다.
② 제시문에서 찧은 콩을 네모반듯하게 빚어 모양을 잡고, 볏짚으로 묶어 2~3개월 동안 말리며 띄우는데, 통풍이 잘되는 곳에 메주를 매달아 두어야 발효가 잘된다고 하였다. 따라서 메주를 빚은 뒤에는 볏짚으로 묶고 통풍이 잘되는 곳에서 말려야 메주가 잘 띄워진다는 설명은 적절하다.
④ 제시문에서 간장을 담그고 남은 메주 건더기를 건져내어 으깬 뒤 달인 간장을 부어 농도를 조절하고 소금으로 간을 하여 숙성시키면 된장이 된다고 하였다. 따라서 된장은 간장을 담그고 남은 숙성된 메주 건더기로 만드는 것으로 간장으로 농도 조절을 한다는 설명은 적절하다.

005
정답 | ③
해설 | '추강'이라는 탈속적 공간에서 물욕을 초월한 화자의 태도를 드러내 보이고 있다. 그러나 '추강'과 대비되는 공간은 나타나 있지 않으므로, 공간을 대비하고 있다고 보기 어렵다.
오답피하기 |
① '달빛(달빛)'이 '무심(욕심 없음)'하다고 표현하여 물욕을 버리고 자연에 몰입하고자 하는 화자의 지향을 투영하고 있다.
② '고기'가 물지 않아도 연연해 하지 않고, '뷘 빈(빈 배)'에 '달빗(달빛)'만 싣고 돌아온다고 한 것에서 물욕을 초월한 화자의 유유자적한 정신을 엿볼 수 있다.
④ '밤'의 '추강'을 묘사하여 자연의 정취를 전달하고 있다.

006
정답 | ③
해설 | 리더십(○): '리더십'은 'leadership'의 올바른 외래어 표기이다. 이를 '리더쉽(×)'으로 쓰지 않도록 주의해야 한다.
오답피하기 |
① 카페트(×) → 카펫(○): 'carpet'의 올바른 외래어 표기는 '카펫'이다.

② 컨텐츠(×) → 콘텐츠(○): 'contents'의 올바른 외래어 표기는 '콘텐츠'이다.
④ 심포지움(×) → 심포지엄(○): 'symposium'의 올바른 외래어 표기는 '심포지엄'이다.

007
정답 | ①
해설 | '나'는 '건우 할아버지'와 '윤춘삼 씨'가 들려준 조마이섬 이야기는 언젠가 '건우'가 써 냈던 '섬 얘기'에 몇 가지 일화가 붙은 것이라고 서술하고 있다. 이를 볼 때 '나'가 '윤춘삼 씨'에게 들은 섬 이야기가 '건우'에게 들은 내용보다 더 많은 정보를 담고 있는 것으로 볼 수 있다. 이를 '건우'에게 들은 '섬 얘기'는 '윤춘삼 씨'에게 들은 내용보다 많은 정보를 담고 있었다고 한 것은 정보의 양 측면에서 반대로 설명한 것이다.
오답피하기 |
② '윤춘삼 씨'는 "이완용이란 놈이 '을사보호조약'이란 걸 맨들어 낸 뒤라 카더만!"이라고 말하며 증오의 빛이 이글거리는 눈을 했다. 따라서 '윤춘삼 씨'는 조마이섬의 이야기를 하면서 부당한 세력을 향한 증오를 드러냈다고 볼 수 있다.
③ '나'는 을사년의 '을사보호조약', 정미년의 '한일 신협약' 등의 잘못된 역사적 사건을 떠올리며, 이를 조마이섬의 과거와 관련지어 이해하고 있다.
④ '건우 할아버지'와 '윤춘삼 씨'가 들려준 조마이섬 이야기에 따르면 을사보호조약으로 그들의 어린 시절 조마이섬이 왜놈의 동척 명의로 바뀌었으며, 조마이섬 사람들은 자기 땅이 없고, 땅을 죄다 뺏겼다. 따라서 조마이섬 사람들은 오랜 세월 동안 권력자들에게 삶의 터전을 빼앗겨 왔다고 볼 수 있다.

008
정답 | ③
해설 | 제시된 작품은 '너'로 상징되는 대상의 본질을 인식하려는 소망을 표현하고 있다. 그러나 '너'와 화자가 맺은 과거의 관계는 나타나 있지 않으며, 대상의 본질을 인식하고자 하는 바람을 대상과의 과거 관계를 회복하고자 하는 소망으로 이해하기 어렵다.
오답피하기 |
① 1연의 '나의 손이 닿으면 너는 / 미지(未知)의 까마득한 어둠이 된다.'는 대상의 본질을 밝히려는 시도를 하였으나, 이것이 실패하고 말았음을 드러낸 것이다.
② 1연의 '까마득한 어둠'과 2연의 '무명(無名)의 어둠'은 대상의 본질이 드러나지 않은 상태를 의미한다. 그리고 2연의 '추억(追憶)의 한 접시 불을 밝히고'는 대상의 본질을 파악하기 위한 화자의 노력을 의미한다. 즉, 밝음의 이미지는 대상의 본질에 가까워진 인식의 상태를, 어둠의 이미지는 대상의 본질을 파악하지 못한 인식의 상태를 의미한다고 볼 수 있다.
④ 4연의 '……얼굴을 가리운 나의 신부(新婦)여.'에서 청자를 호명하며 시상을 마무리하여 시적 여운을 남기고 있다.

009
정답 | ④
해설 | ㉠ '그'는 우리가 살고 있는 시대는 긍정성의 과잉으로 인한 '피로 사회'라고 하였다. 즉 현대 사회는 능력, 성과, 자기 주도 등과 관련된 긍정성을 과잉 추구하며 나타나는 피로 사회라는 뜻이다.

오답피하기 |
① 제시문에 따르면 우리가 살고 있는 시대는 긍정성의 과잉으로 인한 '피로 사회'이다. 그리고 근대 서양 사회는 부정성의 패러다임, 금지, 강제 등이 지배해 왔다. 따라서 근대가 아닌 현대를 피로 사회라고 규정할 수 있다.
② 제시문에 따르면 우리가 살고 있는 시대는 '피로 사회'이며, 과거의 근대 사회는 규율 사회이고 그 속에서 살아가는 인간은 복종적 주체이다. 따라서 근대 사회에는 타자에게 복종을 해야 했을 수 있으나, 근대 사회가 피로를 느꼈던 사회라는 근거는 나타나 있지 않다.
③ 제시문에 따르면 우리가 살고 있는 시대는 긍정성의 과잉으로 인한 '피로 사회'이다. 그러나 현대 사회에서 실패에 고통받는다는 것은 알 수 없다.

010
정답 | ④
해설 | ㉠ 決意(결단할 결/뜻 의)는 뜻을 정하여 굳게 마음을 먹음을 뜻한다.
㉡ 厖大(삽살개 방/큰 대)는 규모나 양이 매우 크고 많음을 뜻한다.
오답피하기 |
㉠ 結意(맺을 결/뜻 의)는 잘못된 표기이다.
㉡ 方大(모 방/큰 대)는 잘못된 표기이다.

011
정답 | ①
해설 | ㉠: '전기 에너지의 원료가 되는 자원 낭비'는 'Ⅰ. 전기 에너지 낭비의 원인'에 해당하는 내용이 아니라, ㉡인 'Ⅱ. 전기 에너지 낭비의 문제점'에 해당하는 내용이다.
오답피하기 |
② ㉡: 'Ⅱ-1, 2'는 '전기 에너지 낭비의 문제점'에 대한 내용이다.
③ ㉢: 'Ⅲ-1, 2'는 '전기 에너지 절약의 실천 방법'에 대한 내용이다.
④ ㉣: 'Ⅳ-1, 2'는 '전기 에너지 절약의 기대 효과'에 대한 내용이다.

012
정답 | ①
해설 | 제시문은 '설득'이라는 화제에 대해 이야기하고 있으므로, 설득의 어려움이 지식의 부족함에 있지 않음을 밝히고 있는 ㄴ이 가장 먼저 제시되어야 한다. 그리고 설득의 어려움이 언변의 부족함에 있는 것도 아님을 밝히고 있는 ㄷ이 이어져야 한다. ㄴ과 ㄷ은 부정적 서술로 설득의 어려움에 해당되지 않는 것들을 밝혔으므로, 그다음에는 설득하는 사람이 힘써야 할 일에 대해 설명하는 ㅁ과 ㄱ이 순서대로 이어져야 한다. 마지막으로 그런 뒤에야 지혜로운 언변을 구사할 수 있다고 정리하고 있는 ㄹ이 이어져야 한다.

013
정답 | ②
해설 | 2문단에 따르면 어떤 믿음이 참이라고 해도 그것은 어디까지나 우연히 믿게 된 참이 아니라 근거나 이유를 제시할 수 있는 참이어야 한다. 그리고 이 경우의 참이란 진실과 같은 말이다. 따라서 우연히 믿게 된 참은 근거를 제시할 수 없고 이것은 진실이 아닐 것이므로, ②의 진술은 적절하다.
오답피하기 |
① 1문단에 따르면 플라톤은 앎과 감각으로부터 얻어지는 단순한 믿음을 구별하였고, 감각으로 알 수 없는 이데아의 세계에 대한 앎이 참다운

앎이라고 하였다. 따라서 플라톤은 감각을 초월한 믿음을 추구하였으므로, ①의 진술은 적절하지 않다.

③ 2문단에 따르면 플라톤이 말한 참다운 앎은 '믿는다'라는 말과 연관성이 있고, '참된 믿음'이란 믿음이 참인 근거나 이유를 제시할 수 있는 것이어야 한다. 따라서 플라톤은 근거를 제시할 수 있는 믿음이 앎이 될 수 있다고 보았을 것이므로, ③의 진술은 적절하지 않다.

④ 2문단에 따르면 '안다'라는 말에는 직접 대면해 보았다는 것과 어떤 사실이나 명제를 안다는 두 가지 뜻이 있는데, 후자는 '믿는다'라는 말과 연관성이 있다. 따라서 직접 대면해 보았다는 의미의 앎이 아니라 직접 경험하지 않고도 알 수 있는 사실이나 명제에 대한 앎이 믿음에 해당하므로, ④의 진술은 적절하지 않다.

014

정답 | ②

해설 | 제시문에 따르면 '보내다'는 부사어인 '영수에게'를 반드시 요구한다. 즉, '보내다'는 조사 '에게'가 결합한 형태의 부사어를 요구하는 것이다. '-게' 형태의 부사어를 요구하는 것은 '굴다', '생기다'이다.

오답피하기 |

① 제시문에 따르면 '굴다'는 '시끄럽게'와 같은 부사어를 필수적으로 요구하는 동사로, 부사어를 취하지 못하면 문장이 성립되지 않는다.

③ 제시문에 따르면 부사어는 수의적인 문장 성분이지만 항상 수의적이지는 않으며, '보내다', '굴다', '생기다'와 같은 동사는 부사어를 필수적으로 요구한다.

④ 제시문에 따르면 '보내다'는 세 자리 서술어로서 목적어 이외에도 부사어를 반드시 요구하며, 부사어를 취하지 못하면 문장이 성립되지 않는다.

015

정답 | ②

해설 | 1문단에 따르면 일반적으로 크게 보일수록 피사체가 지니는 에너지가 강하게 느껴진다. 따라서 어떤 인물의 얼굴을 클로즈업하여 화면에 꽉 차게 보여 줄 경우, 에너지가 강하게 느껴질 것이다.

오답피하기 |

① 1문단에 따르면 일반적으로 크게 보일수록 피사체가 지니는 에너지가 강하게 느껴진다. 그런데 먼 거리에서 앵글을 포착하여 전체적인 상황을 보여 줄 경우, 피사체가 작게 보일 것이므로 피사체가 지니는 에너지는 적게 느껴질 것이다.

③ 2문단에 따르면 화면의 좌측이나 우측 부분은 에너지의 양이 가장 적게 느껴지는 곳이다. 따라서 주인공과 대립각을 펼치고 있는 인물을 화면의 좌측에 배치할 경우, 에너지가 적게 느껴질 것이다.

④ 2문단에 따르면 화면의 아래쪽 부분은 굴종, 무력함, 나약함 등의 의미가 주로 부여되고, 위태한 느낌을 준다. 그리고 화면의 좌측이나 우측 부분은 에너지의 양이 가장 적게 느껴지는 곳이다. 따라서 화면의 위와 정중앙을 비워두고 아래와 옆에 인물들을 배치할 경우, 에너지가 적게 느껴질 것이다.

016

정답 | ①

해설 | 1문단에 따르면 조선 전기에는 고려 말의 유풍이 강하게 남아 있어서 남녀가 심하게 차별되지는 않았다. 그리고 2문단에 따르면 임진왜란과 병자호란 이후 인조와 서인 정권은 신분제와 예학을 강조하였고, 예학이 여성들에게 적용되면서 열녀 만들기가 생겨났다. 따라서 조선 후기부터 열녀를 강조하며 재가 금지 정책이 생겨났을 것이므로, 조선 전기부터 부녀의 재가 금지 정책이 유지되었을 것이라고 추론하기 어렵다.

오답피하기 |

② 1문단에 따르면 조선 전기에는 고려 말의 유풍이 강하게 남아 있어서 남녀가 심하게 차별되지는 않았다. 그리고 2문단에 따르면 임진왜란과 병자호란 이후 열녀를 찬양하고 여성들에게 정절을 강요하였다. 따라서 조선 후기에는 남녀 차별이 심했을 것이나, 고려 때에는 남녀 차별이 심하지 않았을 것이라고 추론할 수 있다.

③ 2문단에 따르면 명분을 중요시한 인조와 서인 정권은 신분제를 강화하는 정책을 펼쳤고, 예학은 신분제 강화 정책이 사상으로 나타난 것이다. 따라서 명분을 중시한 인조 정권은 예학을 강조하는 정책을 추진하였을 것이라고 추론할 수 있다.

④ 2문단에 따르면 임진왜란과 병자호란 이후 조선에서는 신분제 해체를 요구하는 분위기가 팽배해 갔다. 그러나 인조와 서인 정권은 오히려 신분제를 강화하는 정책으로 나아가게 된다. 따라서 조선에서 전쟁을 겪은 뒤 약해진 신분 의식을 회복하려는 움직임이 나타났을 것이라고 추론할 수 있다.

017

정답 | ②

해설 | 주어 '우리는'과 서술어 '기울였다'가 자연스럽게 호응한다. 참고로 '가능한'은 형용사 '가능하다'의 관형사형으로 뒤에 명사나 의존 명사가 와야 하는데, '한(限)'이라는 명사가 적절하게 쓰였다.

오답피하기 |

① '마스크 착용'은 서술어 '씻어야 합니다'의 목적어로 적절하지 않으므로, '마스크를 착용하고 흐르는 물에 손을 자주 씻어야 합니다.'와 같이 고쳐야 한다.

③ 주어 '자랑스러운 점은'과 서술어 '가지고 있다'는 호응하지 않으므로, '자랑스러운 점은 우리나라는 반만년 역사를 가지고 있다는 것이다.'와 같이 고쳐야 한다.

④ '아마'는 추측의 표현과 호응하므로, '아마 이번 사태를 해결할 수 있는 좋은 수가 생겼나 봅니다.'와 같이 고쳐야 한다.

018

정답 | ③

해설 | 이 작품은 행랑채를 수리한 일로부터 잘못을 알고 빨리 고치는 태도의 중요성을 강조하고 있다. 서까래, 추녀, 기둥, 들보 등의 행랑채를 이루는 재목을 열거하고 있으나, 이 작품이 상대적 관점을 강조하고 있다고 보기 어렵다.

오답피하기 |

① '나'는 퇴락한 행랑채 세 칸을 수리하였는데, 그중의 두 칸은 장마에 비가 샌 지 오래되어 재목이 모두 썩어서 못 쓰게 되었지만, 다른 한 칸은 한 번밖에 비를 맞지 않고 기와를 서둘러 갈았던 것이라 재목들은 다시 쓸 수 있었다. 따라서 이 작품은 비가 샌 세 칸의 행랑의 특성을 대조적으로 분석하고 있다고 볼 수 있다.

② 행랑채를 수리한 일상적 체험으로부터 비를 맞은 행랑채는 바로 수리해야 한다는 깨달음을 얻고, 이를 확장하여 사람의 일과 나라의 정치에 적용하고 있다.

④ '어찌 삼가지 않겠는가.'라는 설의적 표현으로 글을 마무리하고 있다. 이는 나라의 정치 또한 백성을 좀먹는 무리들을 내버려 두었다가는 비

가 샌 지 오래되어 재목이 모두 썩어버린 행랑채처럼 때가 늦으므로, 빨리 현실의 문제를 개선해야 함을 강조한 것으로 볼 수 있다.

019
정답 | ④
해설 | 을은 두 번째 발화에서 신화란 과거의 어떤 사건을 신성시하기 위해 은유적으로 표현된 이야기라고 말하고 있다. 그러나 갑이 이러한 말을 한 내용은 확인할 수 없다.

오답피하기 |
① 갑은 두 번째 발화에서 신화와 같은 허무맹랑한 일이 현실에서 있을 수 없으므로, '헤라클레스' 신화를 허구라고 말하고 있다.
② 을은 두 번째 발화에서 역사학자들이 다양한 역사적 자료를 조사해 보니 이집트 출신의 '페르세우스'와 비슷한 실존 인물이 있었고, 이를 신화에서 '페르세우스'로 표현한 것 같다고 추론했다고 말하고 있다.
③ 갑은 두 번째 발화에서 '헤라클레스' 신화를 온전히 허구라고 말하고, 을은 두 번째 발화에서 신화란 사건에 기반한 은유적 사실이라고 말하고 있다.

020
정답 | ②
해설 | ⓒ에서 '에펠탑은 서울에 있다. 서울은 대한민국의 수도이다.'는 전제, '따라서 에펠탑은 대한민국에 있다.'는 결론에 해당한다. 이때 전제가 참이라고 할 때 결론이 거짓이 되는 경우는 생각할 수 없으므로, ⓒ의 추론은 타당하다고 할 수 있다. 따라서 ⓒ의 추론이 타당하지 않다고 한 판단은 적절하지 않다. 다만, ⓒ의 전제는 실제에서 참이 아니므로 건전하지 않다.

오답피하기 |
① 제시문에 따르면 전제가 참이라고 할 때 결론이 거짓일 가능성이 없으면 그 추론은 '타당하다'라고 말하고, 추론이 타당하면서 전제가 모두 실제로 참이기까지 하면 그 추론은 '건전하다'라고 정의한다. ㉠에서 '병아리는 닭의 새끼이다. 닭은 조류의 한 종이다.'는 전제, '따라서 병아리도 조류의 한 종이다.'는 결론에 해당한다. 이때 전제가 참일 때 결론이 거짓일 수 없으며, 전제가 모두 실제로 참이기까지 하므로 ㉠의 추론은 건전하다고 할 수 있다.
③ 제시문에 따르면 전제가 참이라고 할 때 결론이 거짓일 가능성이 없으면 그 추론은 '타당하다'라고 말하고, 추론이 타당하면서 전제가 모두 실제로 참이기까지 하면 그 추론은 '건전하다'라고 정의한다. ⓒ에서 '에펠탑은 서울에 있다. 서울은 대한민국의 수도이다.'는 전제, '따라서 에펠탑은 대한민국에 있다.'는 결론에 해당한다. 이 추론은 전제가 참일 때 결론은 참이다. 그러나 전제가 실제로 참이 아니므로, ⓒ의 추론은 건전하지 않다고 할 수 있다.
④ 제시문에 따르면 전제가 참이라고 해도 결론이 반드시 참이 되지 않으면 타당하지 않은 추론이지만, 비록 타당하지 않은 추론이라도 결론이 참일 가능성이 높으면 '개연성이 높다'라고 말한다. ⓒ에서 '출퇴근 시간대에는 교통 정체가 일어난다. 교통 정체가 일어났다.'는 전제, '따라서 출퇴근 시간대이다.'는 결론에 해당한다. 이 추론은 전제가 참이라고 해도 결론이 반드시 참이 되지 않으나, 결론이 참일 가능성이 높으므로, ⓒ의 추론은 개연성이 높다고 할 수 있다.

모의고사 04회

001 ①	002 ②	003 ④	004 ④	005 ③
006 ③	007 ④	008 ③	009 ④	010 ①
011 ③	012 ③	013 ②	014 ①	015 ④
016 ③	017 ④	018 ③	019 ①	020 ④

001
정답 | ①
해설 | 곯아떨어졌다(○): '곯아떨어지다'는 '몹시 곤하거나 술에 취하여 정신을 잃고 자다'를 뜻하므로 바르게 쓰였다. 참고로 두 개의 용언이 어울려 한 개의 용언이 될 때에 앞말의 본뜻이 유지되고 있는 것은 그 원형을 밝히어 적는다. '곯아떨어지다'의 경우 '곯다'의 의미가 유지되므로 '골아떨어지다'로 쓰지 않도록 주의해야 한다.

오답피하기 |
② 몇 일(×) → 며칠(○): '몇 날'을 뜻하는 '며칠'이 적절하다. '몇 일'로 적는 경우는 없으므로 항상 '며칠'로 적는다.
③ 하느라고(×) → 하노라고(○): '자기 나름으로는 한다고'라는 뜻을 나타내는 '-노라고'가 적절하다. '-느라고'는 '하는 일로 인하여'라는 뜻을 나타낸다.
④ 주구장창(×) → 주야장천(○): '밤낮으로 쉬지 아니하고 연달아'를 뜻하는 '주야장천'이 적절하다.

002
정답 | ②
해설 | ㉠ '밥을 푸다.'의 '푸다'는 'ㅜ' 불규칙 용언으로, 어미 '-어'가 결합하면 '퍼'로 활용된다. 따라서 ㉠에 해당하는 사례로 옳다.
ⓒ '목적지에 이르다.'의 '이르다'는 '러' 불규칙 용언으로, 어미 '-어'가 결합하면 '이르러'로 활용된다. 따라서 ⓒ에 해당하는 사례로 옳다.

오답피하기 |
① ㉠ '선을 긋다.'의 '긋다'는 'ㅅ' 불규칙 용언으로, 어미 '-어'가 결합하면 '그어'로 활용된다. 따라서 ㉠에 해당하는 사례로 옳다.
ⓒ '피부가 하얗다.'의 '하얗다'는 'ㅎ' 불규칙 용언으로, 어미 '-아'가 결합하면 '하얘'로 활용된다. 따라서 어간과 어미 둘 다 불규칙하게 바뀌는 부류이므로 ㉠, ⓒ 모두에 해당하지 않는다.
③ ㉠ '허리가 굽다.'의 '굽다'는 규칙 활용 용언으로, 어미 '-어'가 결합하면 '굽어'로 활용된다. 따라서 ㉠, ⓒ 모두에 해당하지 않는다. 이때, '한쪽으로 휘다.'를 뜻하는 '굽다'는 'ㅂ' 불규칙 용언이 아님에 주의해

야 한다.
　ⓒ '운동을 하다.'의 '하다'는 '여' 불규칙 용언으로, 어미 '-아'가 결합하면 '하여'로 활용된다. 따라서 ⓒ에 해당하는 사례로 옳다.
④ ㉠ '하늘이 푸르다.'의 '푸르다'는 '러' 불규칙 용언으로, 어미 '-어'가 결합하면 '푸르러'로 활용된다. 따라서 ㉠이 아닌 ⓒ에 해당하는 사례이다.
　ⓒ '냇물이 붇다.'의 '붇다'는 'ㄷ' 불규칙 용언으로, 어미 '-어'가 결합하면 '불어'로 활용된다. 따라서 ⓒ이 아닌 ㉠에 해당하는 사례이다.

003
정답 | ④
해설 | 亡羊之歎(망할 망/양 양/갈 지/탄식할 탄)은 갈림길이 매우 많아 잃어버린 양을 찾을 길이 없음을 탄식한다는 뜻으로, 학문의 길이 여러 갈래여서 한 갈래의 진리도 얻기 어려움을 이르는 말이다. 이 문장에서는 줏대 없이 남의 의견에 따라 움직임을 뜻하는 附和雷同(붙을 부/화할 화/우레 뇌/한가지 동)이 옳다.
오답피하기 |
① 口蜜腹劍(입 구/꿀 밀/배 복/칼 검)은 입에는 꿀이 있고 배 속에는 칼이 있다는 뜻으로, 말로는 친한 듯하나 속으로는 해칠 생각이 있음을 이르는 말이다.
② 切齒腐心(끊을 절/이 치/썩을 부/마음 심)은 몹시 분하여 이를 갈며 속을 썩임을 뜻한다.
③ 明若觀火(밝을 명/같을 약/볼 관/불 화)는 불을 보듯 분명하고 뻔함을 뜻한다.

004
정답 | ④
해설 | 구청장은 '지자체에서 통행로 보수에 예산을 쓸 수 있는 법적 근거가 없으며, 통행 금지 조치를 막을 권한도 없습니다. 대신 입주민들께서 허락한다면 아파트 담장을 허물고 그 자리를 공원과 산책로로 꾸미면 어떨까요?'라며 참여자들의 의견에 대한 입장을 밝히고 새로운 대안을 제시하고 있다.
오답피하기 |
① 사회자가 '두 분의 입장을 잘 이해했습니다. 구청장님, 지자체에서 아파트 단지 내 통행로 관리를 할 수 있습니까?'라고 한 것은 아파트 단지 내 외부인 통행 금지 논란의 해결 방안을 마련하기 위한 것이다. 따라서 사회자는 참여자의 의견을 수용하여 새로운 주제로 전환하고 있다는 설명은 적절하지 않다.
② 입주민은 '아파트 단지 인근에 공원이 생기고, 인근 주민분들이 아파트 단지를 가로질러 통행하지 않을 테니, 입주민들도 수용할 수 있을 것 같습니다.'라며 타협의 가능성을 열어 두고 있다. 따라서 입주민은 당면한 문제점을 부각하면서 타협의 가능성을 배제하고 있다는 설명은 적절하지 않다.
③ 인근 주민은 '저희도 길을 돌아가지 않아도 되고 아파트 입주민분들께 피해를 주지 않으니 좋습니다.'라며 구청장의 제안을 긍정적으로 받아들이고 있다. 따라서 인근 주민은 상대 주장의 근거를 지적하고 자신의 입장을 관철하고자 한다는 설명은 적절하지 않다.

005
정답 | ③
해설 | '세상 밖의 깨끗한 일이 어부 생애 아니겠느냐'에서 화자는 어부임을 자처하고 있다. 그러나 화자가 노동의 고단함을 풀고 있다는 내용은 나타나 있지 않다. 화자는 자연의 풍류를 즐기고 있을 뿐이다. 이처럼 어부가류의 시가에 나타나는 어부(漁夫)는 가어옹(假漁翁)이라고 하는데, 이는 실제로 물고기를 잡는 일을 직업으로 하는 사람이 아니라 속세를 벗어나 물가에서 풍류를 즐기며 지내던 양반을 일컫는다.
오답피하기 |
① '수국(水國)에 가을이 드니', '사계절 흥이 한가지나 추강(秋江)이 으뜸이라' 등에서 계절감을 드러내는 소재를 활용하여 자연의 아름다움을 표현하고 있다.
② 각 수에서 활용한 '지국총(至匊悤) 지국총(至匊悤)'은 배를 저을 때 나는 소리로 '찌그덩 찌그덩' 또는 '삐그덕 삐그덕' 정도로 이해할 수 있다.
④ '닫 들어라 닫 들어라', '배 띄워라 배 띄워라', '닻 내려라 닻 내려라' 등의 조흥구는 배의 출항(出港)과 귀항(歸港)의 과정을 드러낸 것으로 볼 수 있다.

006
정답 | ③
해설 | 제시문은 ㉠'정체성'과 ⓒ'주체성'의 차이를 부각하면서 ⓒ'주체성'을 쓸 자리에 ㉠'정체성'을 오용하는 예를 보여주고 있다.
오답피하기 |
① 제시문은 ⓒ'주체성'을 쓸 자리에 ㉠'정체성'을 오용하는 예를 보여주고 있다. 그러나 ㉠'정체성'의 예를 들고 있는 것은 아니다.
② ㉠'정체성'에 대한 개념을 밝히는 내용은 나타나 있지 않다.
④ 제시문은 ⓒ'주체성'을 쓸 자리에 ㉠'정체성'을 오용하는 예를 보여주고 있다. 그러나 둘의 공통점이 무엇인지에 대해 설명하고 있지 않다.

007
정답 | ④
해설 | '초시'는 안경다리를 고치겠다고 '딸'에게 일 원을 달랬으나, '딸'은 굳이 바꿔다가 오십 전 한 닢을 주었다. 그러나 '초시'는 오십 전짜리 안경다리로 바꿔 짝짝이로 드러나는 것을 사기 싫어 오십 전을 담뱃값으로 쓰고 만다. 이를 통해 '초시'는 생활의 기반을 잃었음에도 체면을 차리는 성격을 지니고 있음을 알 수 있다. 따라서 '초시'가 체면을 차리지 않는 억척스러운 성격으로 변했다는 것은 적절하지 않다.
오답피하기 |
① '초시'는 '딸'의 눈치를 보다 샤쓰 한 벌을 사 달라고 요청하지만, '딸'에게 타박을 받고 그해 겨울이 지나도록 샤쓰를 얻어 입지 못한다. 또한 안경다리를 고치겠다고 '딸'에게 일 원을 달랬으나 오십 전 한 닢만 받는다. 이를 통해 '초시'는 '딸'에게 당당하게 돈을 요구하지 못하는 처지에 있음을 알 수 있다.
② '초시'는 안경다리를 고치겠다고 '딸'에게 오십 전을 받아 담뱃값으로 쓴 적이 있다.
③ '초시'는 자신의 보험료만 한 달에 삼 원 팔십 전씩 나간다고 하는 '딸'의 타박에 '정말 날 위해 하는 거문 살아서 한푼이라두 다우. 죽은 뒤에 내가 알 게 뭐냐.'라고 속으로 생각했다. 이를 통해 '초시'는 자신에게 돈을 쓰는 데에 인색한 '딸'을 못마땅하게 생각하고 있음을 알 수 있다.

008
정답 | ③
해설 | 잘난 체하는(○)/잘난체하는(○): 보조 용언은 띄어 씀을 원칙으로

정답과 해설 **077**

하되, 경우에 따라 붙여 씀도 허용한다. 이때, '관형사형+보조 용언(의존 명사+-하다/싶다)' 구성의 경우에는 붙여 씀도 허용한다.

오답피하기 |
① 하루내지(×) → 하루 내지(○): 두 말을 이어 주거나 열거할 때에 쓰이는 '내지'와 같은 말은 띄어 써야 한다.
② 제 1장(×) → 제1 장(○)/제1장(○): '제-'는 '그 숫자에 해당되는 차례'의 뜻을 더하는 접두사이므로 무조건 뒷말과 붙여 써야 한다. 또한 '장'은 단위를 나타내는 명사이므로 띄어 써야 한다. 다만, 수 관형사 뒤에 단위 명사가 붙어서 차례를 나타내는 경우에는 앞말과 붙여 쓸 수 있도록 하였다. 따라서 원칙적으로는 '제1 장'으로 띄어 쓰고, '제1장'으로 붙여 쓰는 것도 허용된다.
④ 김군은(×) → 김 군은(○): 성명 또는 성이나 이름 뒤에 붙는 호칭어나 관직명 등은 고유 명사와 별개의 단위이므로 띄어 써야 한다.

009
정답 | ④
해설 | 1문단에 따르면 자본주의 경제에서는 잉여를 '수단-목적 합리성'을 혁신하는 일에 남김없이 투자한다. 즉, 자본주의는 성장을 위해 잉여를 아끼지 않는 것이다. 따라서 자본주의는 잉여를 혁신과 관련 없는 일에 단순 소모하는 것을 기피한다고 볼 수 있다.

오답피하기 |
① 1문단에 따르면 자본주의 경제는 잉여를 온전히 생산에 재투자한다. 따라서 재투자를 통해 잉여가 발생하더라도 이를 다시 재투자할 것이므로, 자본주의가 재투자를 통해 잉여를 추구한다는 설명은 적절하지 않다.
② 제시문을 통해 자본주의 질서 속에서 부자와 빈자의 위치가 역전된다는 내용의 근거는 확인할 수 없다.
③ 자본주의는 '수단-목적 합리성'을 위해 성장을 희생한다는 것은 더 우선시되는 가치를 위해 성장을 바치고 버린다는 의미이다. 그러나 2문단에 따르면 자본주의는 '수단-목적 합리성'을 통해 지속적인 성장을 추구한다. 따라서 자본주의가 성장을 희생한다는 설명은 적절하지 않다.

010
정답 | ①
해설 | 辨明(분별할 변/밝을 명)은 어떤 잘못이나 실수에 대하여 구실을 대며 그 까닭을 말함을 뜻한다.

오답피하기 |
② 協上(화합할 협/윗 상)은 잘못된 표기이다. 어떤 목적에 부합되는 결정을 하기 위하여 여럿이 서로 의논함을 뜻하는 協商(화합할 협/장사 상)이 옳다.
③ 銳斷(날카로울 예/끊을 단)은 잘못된 표기이다. 미리 판단함을 뜻하는 豫斷(미리 예/끊을 단)이 옳다.
④ 勤絶(부지런할 근/끊을 절)은 잘못된 표기이다. 다시 살아날 수 없도록 아주 뿌리째 없애 버림을 뜻하는 根絶(뿌리 근/끊을 절)이 옳다.

011
정답 | ③
해설 | 이 작품은 해원을 향해 펄럭거리는 '깃발'의 이미지를 통해 이상향에 대한 동경과 그 좌절에서 오는 비애를 나타내고 있다. 이때 ㉠'소리 없는 아우성', ㉡'노스탤지어의 손수건', ㉢'백로처럼 날개'를 편 '애수', ㉣'슬프고도 애달픈 마음'은 중심 이미지인 '깃발'을 나타내는 보조 관념으로, 이상향에 대한 동경을 상징한다. 반면 ㉢'이념(理念)의 푯대'는 '깃발'이 묶여 있는 '푯대'를 의미하며, 이상향에 이를 수 없는 한계와 숙명을 상징한다. 따라서 ㉠~㉣ 중 시적 의미가 다른 하나는 ㉢'이념(理念)의 푯대'이다.

012
정답 | ③
해설 | ㉢: 'Ⅱ-1-다'와의 관계를 고려하여 '청소년들이 활용할 신체 활동 프로그램 개발'이 들어가야 한다.

오답피하기 |
① ㉠: '우리나라 청소년의 신체 활동 실태'는 '도입'에서 다루는 내용으로 적절하다.
② ㉡: 'Ⅱ-2-나'와의 관계를 고려하였을 때 '청소년들의 IT 기기 관심과 사용 시간 증가'는 내용상 적절하다.
④ ㉣: '청소년 신체 활동의 중요성 강조 및 신체 활동 권장'은 '마무리'에서 다루는 내용으로 적절하다.

013
정답 | ②
해설 | ㉠ 앞의 내용에 따르면 맥콤과 쇼에 의해 연구되기 시작한 의제 설정 효과 이론의 핵심적인 가정은 매스 미디어의 의제가 대중의 의제로 전환된다는 것이다. 그러나 그렇지 못한 경우, 다시 말해 매스 미디어의 의제가 대중의 의제로 전환되지 않는 경우도 있었다. 그리고 ㉠ 뒤의 내용에 따르면 주커는 쟁점의 '두드러짐'이 의제 설정의 발생 여부를 결정짓는 중요한 요인이라고 제안했다. 이는 쟁점의 '두드러짐'이라는 성격의 여부에 따라 매스 미디어의 의제가 대중의 의제로 전환되기도 하고, 전환되지 않기도 한다는 의미이다. 따라서 ㉠에는 '모든 쟁점에서 동일하게 발생하는 것이 아니라 쟁점의 성격과 밀접한 관련을 맺고 있다'라는 말이 들어가야 한다.

오답피하기 |
① 쟁점의 시기는 제시문의 내용과 관련이 없다.
③, ④ ㉠ 뒤의 내용에 따르면 주커는 쟁점의 '두드러짐'이라는 성격의 여부에 따라 매스 미디어의 의제가 대중의 의제로 전환되기도 하고, 전환되지 않기도 한다고 가설을 세웠다. 그리고 쟁점의 '두드러짐'은 쟁점에 대한 사람들의 경험과 관련된다. 따라서 '쟁점의 경험 가능성과 밀접한 관련을 맺고 있다'라거나 '쟁점의 빈도와 밀접한 관련을 맺고 있다'라는 내용이 들어갈 수도 있다. 그러나 ㉠에는 '~ 것이 아니라'라는 말이 들어갈 때, 주커가 맥콤과 쇼의 이론을 반박하는 내용이 제시되어야 한다. 맥콤과 쇼는 매스 미디어의 의제가 대중의 의제로 전환된다는 단일한 가설을 제시했으므로, ㉠에는 '모든 쟁점에서 다양하게 발생하는 것이 아니라'라는 말이 들어갈 수 없다.

014
정답 | ①
해설 | 제시문은 고려 시대의 불교에 대한 특성을 설명하고 있다. 따라서 고려 시대까지 불교가 한국 문화에 끼친 영향을 설명하고 화제를 제시하고 있는 ㉠이 가장 먼저 와야 한다. 그다음 타력 구제 사상이 고려 시대까지 불교의 구체적 특징임을 언급하는 ㉢이 이어지고, 그것은 자신의 이성이나 힘으로 자신의 삶을 개척하는 자력 구제가 아니었다고 부연하는 ㉡과 그것은 부처님의 힘과 아미타불의 힘에 기대는 타력 구제의 방식이었다고 부연하는 ㉣이 순차적으로 이어져야 한다. 마지막으로 이러한 타력

구제의 방식으로 불공을 드리는 것이 삶의 양식이 되었다고 정리하고 있는 ㉣이 와야 한다. 따라서 제시된 글의 순서로 가장 자연스러운 것은 ㉠-㉢-㉡-㉤-㉣이다.

015
정답 | ④
해설 | '나'는 '목련'을 매개로 죽은 '형'을 떠올리고 있다. 그러나 '어머니'를 다른 자연물에 빗댄 것은 제시된 작품을 통해 알 수 없다.
오답피하기 |
① '나'는 죽은 '형'을 회상하며 '동생들'을 사랑했던 '형'에 대한 추억을 떠올리고 있다.
② '나'는 '동생들'을 향한 '형'의 사랑은 형제 사랑의 일반적인 통념으로는 생각하기 어렵다고 서술하고 있다.
③ '형'이 마흔 여덟의 젊은 나이에 죽었고, '나'가 꿈에서도 병상에서의 '형'의 모습을 생각하기 싫다고 하는 것을 볼 때 '나'의 '형'은 병으로 세상을 떠났음을 알 수 있다. 그리고 '나'는 죽은 '형'을 꿈에서 만나고 있는데, 이를 통해 '형'에 대한 안타까움과 그리움을 드러내고 있다.

016
정답 | ③
해설 | 제시문에 따르면 자동차는 나사나 전선 같은 것이 다른 부속품과 작은 구조를 만들고, 작은 구조 몇 개가 모여서 좀 더 큰 구조를 만들고, 이런 과정을 몇 단계 거쳐서 마지막으로 자동차가 만들어진다. 이런 관계에서 하위 단위는 상위 단위의 구성 요소가 된다. 그런데 자동차의 엔진 역시 자동차라는 전체 구조의 일부분이므로, 자동차의 엔진은 구조이면서 자동차의 하위 단위인 구성 요소에 해당한다. 따라서 자동차의 엔진을 구성 요소로 보기는 어렵다고 한 설명은 적절하지 않다.
오답피하기 |
① 2문단에 따르면 하위 단위는 상위 단위의 구성 요소가 된다. 따라서 상위 단위는 최소한 하나 이상의 하위 단위를 지니고 있을 것임을 알 수 있다.
② 2문단에 따르면 자동차를 구성하는 나사나 전선은 다른 부속품과 함께 작은 구조를 만들고, 그 작은 구조 몇 개가 모여서 좀 더 큰 구조를 만든다. 따라서 부속품의 기능에 문제가 생기면 상위 구조, 좀 더 상위 구조, 나아가 전체 구조에까지 문제가 발생할 수 있을 것임을 알 수 있다.
④ 2문단에 따르면 자동차를 구성하는 나사나 전선은 다른 부속품과 함께 작은 구조를 만들고, 그 작은 구조 몇 개가 모여서 좀 더 큰 구조를 만든다. 그리고 최하위 단위는 구성 요소가 될 뿐 구조를 이루지는 못하며, 최상위 단위는 구조일 뿐 구성 요소가 되지는 않는다. 따라서 자동차의 나사는 구성 요소가 될 수 있지만 구조가 되지는 못할 것임을 알 수 있다.

017
정답 | ④
해설 | 글쓴이는 우리에게 참된 위기의식이 절실하게 필요하다고 말하고 있다. 그러나 지금 우리 사회는 일찍이 겪어 보지 못한 좌절과 시련을 겪고 있다고 말하며 현재를 위기로 보고 있다. 따라서 글쓴이가 지금을 안정과 번영으로 규정하고 있다고 한 것은 글쓴이의 입장으로 보기 어렵다.
오답피하기 |
① 글쓴이는 "급할수록 돌아가라"라는 우리 속담을 일이 안 풀릴 때는 근원으로 돌아가서 재점검을 해보라는 뜻으로 해석하고 싶다고 말하고 있다.
② 글쓴이는 이 어려운 때 우리는 사회의 흐트러진 기본을 바로잡고 취약해진 기초를 탄탄히 다짐으로써 새로운 도약의 발판을 구축해야 한다고 말하고 있다.
③ 글쓴이는 오늘날의 이 위기가 우리 자신을 되돌아보는 자성(自省)하는 기회가 될 수 있다면 시련은 곧 축복(祝福)으로 변할 수 있을 것이라고 말하고 있다.

018
정답 | ③
해설 | 깨단하게(○): '깨단하다'는 '오랫동안 생각해 내지 못하던 일 따위를 어떠한 실마리로 말미암아 깨닫거나 분명히 알다'를 뜻하는 표준어이다.
오답피하기 |
① 콧망울(×) → 콧방울(○): '콧방울'의 의미로 '콧망울, 콧날개'를 쓰는 경우가 있으나 '콧방울'만 표준어로 삼는다.
② 윗돈(×) → 웃돈(○): '아래, 위'의 대립이 없는 단어는 '웃-'으로 발음되는 형태를 표준어로 삼는다.
④ 뉘연히(×) → 버젓이(○): '버젓이'와 '뉘연히' 중에서 '버젓이'가 널리 쓰이므로 '버젓이'를 표준어로 삼는다.

019
정답 | ①
해설 | 갑은 두 번째 발화에서 과학 기술이 발전해 왔고, 앞으로도 발전할 것이므로 역사도 진보한다고 말하고 있다. 즉, 갑은 과학 기술의 발전과 역사의 진보가 밀접한 관련이 있다고 전제하고 있는 것이다. 따라서 갑이 인류 역사의 진보와 과학 기술의 발전을 독립적인 것으로 파악한다고 한 설명은 적절하지 않다.
오답피하기 |
② 을은 두 번째 발화에서 인류가 물질적인 부유함을 누리게 되었다는 것이 곧 인류의 삶의 수준이 높아졌음, 다시 말해 인류의 진보를 의미하는 것은 아니라고 말하고 있다.
③ 갑은 두 번째 발화에서 과학 기술이 지금까지 발전해 왔고, 앞으로도 발전할 것이라고 말하고 있다. 그리고 을도 두 번째 발화에서 과학 기술은 지금까지 발전해 왔고, 앞으로도 발전할 것이라고 생각한다고 말하고 있다.
④ 갑은 과학 기술 덕분에 인류는 빈곤과 질병에서 해방되었고, 더욱 안락한 삶을 누릴 거라고 말하며, 과학 기술 발전의 혜택에 주목하고 있다. 그리고 을은 과학 기술이 발전하며 전쟁과 그로 인한 학살, 환경 오염과 자연재해, 빈부 격차와 첨예한 사회 계급 간의 갈등 등의 문제가 생겨났다고 말하며, 과학 기술의 발전에 따른 위험에 주목하고 있다.

020
정답 | ④
해설 | 제시문에 따르면 외연이 넓어질수록 내포는 줄어들고, 반대로 외연이 좁아질수록 내포는 늘어난다. ㉣'휴학생'은 ㉠'학생'에 비해 내포가 더 많으므로 외연은 줄어든다. 따라서 ㉣'휴학생'이 ㉠'학생'에 비해 외연이 더 넓다고 한 설명은 적절하지 않다.
오답피하기 |

① 제시문에 따르면 내포는 그 단어가 적용되는 사물에만 있는 속성을 가리키는 용어이다. 따라서 ㉠'학생'의 내포는 '학교에 다니면서 공부하는 사람'이다.
② 제시문에 따르면 사람의 외연을 남자와 여자, 또는 황인종과 백인종 등으로 구분할 수 있다. ㉠'학생'은 학습 단계의 수준에 따라 '초등학생', '중학생', '고등학생', ㉡'대학생'으로 나눌 수 있고, 학교 소속 방식에 따라 '재학생', ㉢'휴학생', '졸업생'으로 나눌 수도 있다. 따라서 ㉡'대학생'과 ㉢'휴학생'은 다른 방식으로 구분한 ㉠'학생'의 외연에 해당한다.
③ 제시문에 따르면 '여자'의 내포는 '여성으로 태어난 사람'이므로 '사람'보다 내포가 더 많다. 따라서 ㉢'초등학생'의 내포는 '초등학교에 다니면서 공부하는 학생'이므로, ㉠'학생'보다 내포가 더 많다.

모의고사 05회

05회

001 ②	002 ②	003 ①	004 ④	005 ④
006 ①	007 ①	008 ③	009 ③	010 ④
011 ②	012 ①	013 ③	014 ②	015 ④
016 ④	017 ②	018 ②	019 ②	020 ②

001
정답 | ②
해설 | 왕릉(王陵)(○): 단어의 첫머리 이외의 경우에는 두음 법칙이 적용되지 않으므로 본음대로 적는다.
가십(gossip)-난(○): 고유어나 외래어 뒤에 결합하는 경우에는 한자어 형태소가 하나의 단어로 인식되므로 두음 법칙이 적용된 형태로 적는다.
실-낙원(失樂園)(○): 접두사처럼 쓰이는 한자가 결합하여 된 단어의 경우에는 두음 법칙이 적용된 형태로 적는다.
오답피하기 |
① 소쩍새(○): 한 단어 안에서 두 모음 사이에서 나는 된소리는 소리 나는 대로 적는다.
담뿍(○): 한 단어 안에서 'ㄴ, ㄹ, ㅁ, ㅇ' 받침 뒤에서 나는 된소리는 소리 나는 대로 적는다.
깍뚜기(×) → 깍두기(○): 'ㄱ, ㅂ' 받침 뒤에서 나는 된소리는, 같은 음절이나 비슷한 음절이 겹쳐 나는 경우가 아니면 된소리로 적지 않는다.
③ 낫가리(×) → 낟가리(○): 원래부터 'ㄷ' 받침을 가지고 있는 경우에는 'ㄷ'으로 적는다.
돗자리(○): 'ㄷ' 소리로 나는 받침 중에서 'ㄷ'으로 적을 근거가 없는 것은 'ㅅ'으로 적는다.
게시판(揭示板)(○): '계, 례, 몌, 폐, 혜'의 'ㅖ'는 'ㅔ'로 소리 나는 경우가 있더라도 'ㅖ'로 적는다. 다만, 한자 '偈, 揭, 憩'는 본음이 [게]이므로 'ㅔ'로 적는다.
④ 회전율(回轉率)(○): 모음이나 'ㄴ' 받침 뒤에 이어지는 '렬, 률'은 '열, 율'로 적는다.
구름량(×) → 구름양(量)(○): 고유어나 외래어 뒤에 결합하는 경우에는 한자어 형태소가 하나의 단어로 인식되므로 두음 법칙이 적용된 형태로 적는다.
사육신(死六臣)(○): 접두사처럼 쓰이는 한자가 결합하여 된 단어의 경우에는 두음 법칙이 적용된 형태로 적는다.

002
정답 | ②
해설 | '기질'은 '기량과 타고난 성질'을 뜻하며, '성격'은 '개인이 가지고 있는 고유의 성질이나 품성'을 뜻한다. 따라서 '기질'과 '성격'은 의미가 똑같지는 않으나, 유의어에 가깝다고 볼 수 있다.
오답피하기 |
① '겸손'은 '남을 존중하고 자기를 내세우지 않는 태도가 있음'을 뜻하며, '교만'은 '잘난 체하며 뽐내고 건방짐'을 뜻한다. 따라서 '겸손'과 '교만'은 반의 관계로 볼 수 있다.
③ '구속'은 '행동이나 의사의 자유를 제한하거나 속박함'을 뜻하며, '해방'은 '구속이나 억압, 부담 따위에서 벗어나게 함'을 뜻한다. 따라서 '구속'과 '해방'은 반의 관계로 볼 수 있다.
④ '단념'은 '품었던 생각을 아주 끊어 버림'을 뜻하며, '미련'은 '깨끗이 잊지 못하고 끌리는 데가 남아 있는 마음'을 뜻한다. 따라서 '단념'과 '미련'은 반의 관계로 볼 수 있다.

003
정답 | ①
해설 | 제시문에서는 어떤 것이든 모든 것을 다 가질 수 없고 부족함이 있음을 말하고 있다. 따라서 뿔이 있는 짐승은 이가 없다는 뜻으로, 한 사람이 여러 가지 재주나 복을 다 가질 수 없다는 말인 角者無齒(뿔 각/사람 자/없을 무/이 치)가 가장 적절하다.
오답피하기 |
② 是是非非(옳을 시/옳을 시/아닐 비/아닐 비)는 옳고 그름을 따지며 다툼을 뜻한다.
③ 鶴首苦待(학 학/머리 수/쓸 고/기다릴 대)는 학의 목처럼 목을 길게 빼고 간절히 기다림을 뜻한다.
④ 昏定晨省(어두울 혼/정할 정/새벽 신/살필 성)은 밤에는 부모의 잠자리를 보아 드리고 이른 아침에는 부모의 밤새 안부를 묻는다는 뜻으로, 부모를 잘 섬기고 효성을 다함을 이르는 말이다.

004
정답 | ④
해설 | '순호'와 '혜수'는 '과학 학술 대회' 발표문에 대하여 어떻게 준비해야 할지 이야기하고 있으나, 발표 연습을 통해 예상되는 문제점을 보완해야 한다는 내용은 나타나 있지 않다.
오답피하기 |
① '순호'는 실험을 친구들에게 잘 알려야 하니까 발표문 앞부분에 실험 목적을 밝히고 그다음에 실험 과정을 소개해야 할 것 같다고 말하였다. 따라서 목적에 맞게 발표 내용을 조직한다는 설명은 적절하다.
② '순호'는 실험과 관련된 과학적 개념에 대해 잘 모르는 친구들을 위해 어려운 용어는 쉬운 말로 풀어 주도록 하자고 말하였다. 따라서 청중을 고려하여 적절한 어휘를 사용한다는 설명은 적절하다.
③ '혜수'는 발표 시간이 20분이니까 원고가 길어지지 않게 실험 과정은 요약해서 정리해야 할 것 같다고 말하였다. 따라서 정해진 시간에 맞게 발표문의 양을 조절한다는 설명은 적절하다.

005
정답 | ④
해설 | '태산이 평지 되도록 ~ 평생 슬픈 회포 어디에다가 견주리'라는 구절은 자신의 슬픔을 과장하여 나타낸 표현으로 볼 수 있다. ㉣'태산'을 임과의 재회를 기대하는 공간이라고 이해하기 어렵다.
오답피하기 |
① '새벽 서리 지는 달에 외기러기 ~ 임의 소식 행여 올까 바랐더니'라는 구절을 볼 때, 슬피 우는 ㉠'외기러기'는 임의 소식을 기다리는 화자의 정서를 투영한 자연물로 이해할 수 있다.
② '이리저리 그리면서 ~ 약수(弱水) 삼천리 멀단 말은 이런 데를 이르도다'라는 구절을 볼 때, ㉡'약수'는 임과 화자 사이를 가로막는 장애물로 이해할 수 있다.
③ '공산(空山)의 새가 되어 북창에 가 울고지고'라는 구절을 볼 때, ㉢'북창'은 화자가 '공산의 새'가 되어 날아가 감정을 토로하고 싶은 곳으로 이해할 수 있다.

006
정답 | ①
해설 | 알던 바와는(○): '바'는 뒤에 조사가 붙어 '것'으로 대체되면 의존 명사이므로 띄어 쓴다. 그렇지 않은 '-ㄴ바' 형태는 어미이므로 붙여 쓴다.
오답피하기 |
② 예상한대로(×) → 예상한 대로(○): '대로'는 용언의 관형사형 뒤에 쓰일 경우에는 의존 명사이므로 띄어 써야 한다. 참고로 '대로'가 체언 뒤에 붙어 '그와 같이'라는 뜻을 나타내는 경우에는 조사이므로 붙여 쓴다.
③ 읽는데(×) → 읽는 데(○): '데'는 격 조사 '에, (에)서'가 결합 가능하면 의존 명사이므로 띄어 써야 한다. 그렇지 않은 '-ㄴ데' 형태는 어미이므로 붙여 쓴다.
④ 수 밖에(×) → 수밖에(○): '밖에'는 '오직'의 의미에 대응될 때에는 조사이므로 붙여 써야 한다. 참고로 '밖에'가 '바깥' 또는 '이외'의 의미로 쓰일 때에는 명사이므로 띄어 쓴다.

007
정답 | ①
해설 | 제시된 작품은 한 여인이 여승이 되기까지 겪은 비극적 사건을 제시하고 있다. 그러나 여인이 겪은 사건을 순서대로 나타내면 2연 → 3연 → 4연 → 1연이다. 따라서 이 작품은 사건을 시간적 순서로 구성하지 않고 역순행적으로 배열한 것이다.
오답피하기 |
② 3연에서 어린 딸의 죽음을 '어린 딸은 도라지꽃이 좋아 돌무덤으로 갔다'라고 표현하고 있다. 이때 보라색의 '도라지꽃'은 죽음의 차갑고 창백한 이미지를 감각적으로 표현한 것으로 볼 수 있다. 따라서 색채 이미지를 활용하여 어린 딸의 비극적 죽음을 감각적으로 표현하였다고 볼 수 있다.
③ 3연에서 '섭벌같이 나아간 지아비'는 십 년이 지나도록 돌아오지 않고, '어린 딸'은 죽어 돌무덤에 묻혔음을 알 수 있다. 가족 구성원이 해체된 여인의 삶을 단순히 한 개인의 비극적 체험이 아니라 당대 우리 민족의 삶을 형상화한 것으로 볼 수 있다.
④ 4연의 '산꿩도 설게 울은 슬픈 날이 있었다'는 가족을 모두 잃고서 속세와 인연을 끊고 여승이 된 여인의 한(恨)을 자연물에 이입하여 표현한 것으로 볼 수 있다.

008
정답 | ③
해설 | '응칠이'는 '아우'가 훔친 벼를 담은 봇짐을 들어 보고 말가웃 정도

도 되지 않음을 확인하고 있다. 말가웃은 '한 말 반쯤의 분량'을 의미한다. 즉, '아우'는 얼마 되지 않는 양을 도둑질했을 뿐이다. 그리고 '응칠이'는 '아우'가 훔친 벼의 양이 너무 적은 것에 놀라고 있다.

오답피하기 |
① '응칠이'는 벼를 훔치는 도둑을 잡아 얼굴을 확인하고 무서운 침묵에 잠긴다. 이는 '응칠이'가 도둑의 정체가 자신의 '아우'라는 것을 알고 당황했기 때문으로 볼 수 있다.
② '아우'는 자신의 벼를 훔치다 '응칠이'에게 잡혀 얻어맞고 자신의 처지에 감정이 복받쳐 "성님까지 이렇게 못살게 굴기유?"라고 말하며 운다.
④ '응칠이'는 '아우'가 자신의 벼를 훔쳐야만 하는 상황을 이해하고 그러한 운명이 얄궂다고 생각하며 눈물을 흘린다.

009
정답 | ③
해설 | 제시문의 주지는 데카르트의 철학적 특징이다. 2문단에 따르면 의심을 지식의 시작으로 본 데카르트의 철학은 남을 따르는 것이 아니라 스스로 생각하는 것을 뜻하며, 그의 철학은 '계몽의 철학', 즉 성숙한 어른이 되고자 하는 것이라고 설명하고 있다. 따라서 제시문의 주제는 주체적인 철학은 처음 공부를 시작하는 사람이 아닌 성숙을 지향하는 사람의 것이라고 할 수 있다.
오답피하기 |
① 1문단에 따르면 아우구스티누스나 안셀무스가 믿음이 지식의 근본이라고 생각한 것과 달리 데카르트는 의심을 지식의 시작으로 보았다. 따라서 의심하는 철학도 믿음을 바탕으로 이루어지므로 최소한의 믿음을 견지해야 한다는 것은 데카르트의 입장이 아니므로, 제시문의 주제로 보기 어렵다.
② 1문단에 따르면 아우구스티누스나 안셀무스가 믿음이 지식의 근본이라고 생각한 것과 달리 데카르트는 의심을 지식의 시작으로 보았다. 따라서 계몽의 철학은 기존의 믿음에 의문을 가지는 것은 맞으나, 다시 그 믿음을 강화하는 작업이라고 한 것은 데카르트의 입장이 아니다. 따라서 이를 제시문의 주제로 보기 어렵다.
④ 2문단에 따르면 계몽의 철학은 지식 형성의 조건이 되는 '전통, 선입견, 권위'라는 세 요소를 배제하였다. 따라서 데카르트가 전통과 선입견에서 벗어나야 한다고 본 것은 맞으나 학문의 지향점이 무엇인지 고려해야 한다고 보았는지는 알 수 없으므로, 제시문의 주제로 보기 어렵다.

010
정답 | ④
해설 | 學文(배울 학/글월 문)은 《서경》, 《시경》, 《주역》, 《춘추》, 예(禮), 악(樂) 따위의 시서·육예를 배우는 일을 뜻한다. 이 문장에서는 어떤 분야를 체계적으로 배워서 익힘을 뜻하는 學問(배울 학/물을 문)이 옳다.
오답피하기 |
① 改組(고칠 개/짤 조)는 조직 따위를 고쳐 다시 짬을 뜻한다.
② 決濟(결단할 결/건널 제)는 증권 또는 대금을 주고받아 매매 당사자 사이의 거래 관계를 끝내는 일 또는 일을 처리하여 끝을 냄을 뜻한다.
③ 標識(표할 표/적을 지)는 표시나 특징으로 어떤 사물을 다른 것과 구별하게 함을 뜻한다.

011
정답 | ②
해설 | ㉠: 'Ⅱ-3'과의 관계를 고려하였을 때 재능 기부 방식에 대한 안내가 부족하다고 하였으므로, '재능 기부 방식에 대한 홍보'는 ㉠에 들어갈 내용으로 적절하다.
㉡: 재능 기부가 활성화되지 못한 이유와 재능 기부 활성화 방안을 제시하고 있으므로, '재능 기부 활성화를 위한 노력 촉구'는 ㉡에 들어갈 내용으로 적절하다.
오답피하기 |
① ㉠: 'Ⅱ-3'과의 관계를 고려하였을 때 재능 기부 프로그램이 부족한 것은 아니므로, '재능 기부 프로그램 개발'은 ㉠에 들어갈 내용으로 적절하지 않다.
㉡: '재능 기부 활성화를 위한 예산 확보'는 재능 기부 활성화 방안이 될 수는 있으나, 전체적인 내용을 포괄하지 못하므로 ㉡에 들어갈 내용으로 적절하지 않다.
③ ㉠: 'Ⅱ-3'과의 관계를 고려하였을 때 재능 기부 방식이 다양하지 않은 것은 아니므로, '재능 기부 방식의 다양화 추진'은 ㉠에 들어갈 내용으로 적절하지 않다.
㉡: '재능 기부 활성화를 위한 법안 마련'은 재능 기부 활성화 방안이 될 수는 있으나, 전체적인 내용을 포괄하지 못하므로 ㉡에 들어갈 내용으로 적절하지 않다.
④ ㉠: '재능 기부 봉사자·수혜자 만족도 조사'는 재능 기부 활성화 방안이 아니므로 ㉠에 들어갈 내용으로 적절하지 않다.
㉡: '재능 기부 활성화를 위한 지원 조직 설치'는 재능 기부 활성화 방안이 될 수는 있으나, 전체적인 내용을 포괄하지 못하므로 ㉡에 들어갈 내용으로 적절하지 않다.

012
정답 | ①
해설 | 해당 제시문에서 ㉠'음악'의 정의가 기술된 적은 없다. 따라서 ①은 적절하지 않다.
오답피하기 |
② 1문단의 '구약 성서'에서 정신병에 시달리던 사울 왕을 다윗이 음악을 연주해 치료했다는 이야기는 ㉠'음악'이 처음부터 어떤 목적을 지니고 사용되었음을 보여주는 예시이다.
③ 2문단에서 ㉠'음악'과 ㉡'매트릭스' 영화 모두 창의력, 상상하는 힘을 바탕으로 만들어진 것이라는 공통점이 있다고 서술하고 있다.
④ 2문단에서 ㉡'매트릭스'를 통해 인간만이 가진 상상하는 힘의 특성을 부각하고 있다.

013
정답 | ③
해설 | 제시문은 '내세', '완전한 세계'를 화제로 삼고 있다. 따라서 메소포타미아인들의 '내세'에 대한 종교적 믿음을 소개하며 화제를 도입하고 있는 ㉢이 가장 먼저 제시되어야 한다. 그리고 ㉢을 부연하여, '내세'를 꿈꾼다는 것은 '완전한 세계'가 따로 있다는 것을 전제로 한다고 설명하고 있는 ㉡이 이어져야 한다. 그리고 ㉡의 '완전한 세계'란 눈에 보이는 현세와 다를 것이라고 한 ㉣과 '그 세계'라는 지시 표현으로 현세와 다른 그것이 '근원적 세계'임을 밝히고 있는 ㉠이 순차적으로 이어져야 한다. 마지막으로 비슷한 시기에 중국에서 '하늘'을 '진리의 근원'으로 여겼다고 내용을 확장하고 있는 ㉤이 와야 한다.

014
정답 | ②

해설 | 어떤 사람이 '클립'을 '붙임쇠'로, '펀치'는 '뚫음쇠'로, '스테이플러'는 '박음쇠'로 고치자는 의견을 내놓은 것에 대해, 필자는 '쇠'는 명사와 결합하는 경우가 많지만 동사 어간과도 결합이 가능하기 때문에 '펀치'의 경우 '뚫음쇠' 대신 '뚫쇠'로 고치는 것이 좋을 듯하다고 말하고 있다. 이는 동사 어간 같은 문법적 특성을 고려해서 다듬은 말을 만들 것을 제안한 것이다. 따라서 다듬은 말을 만들 때에는 어휘의 문법적 특성을 고려할 수 있다는 것은 필자의 발화에 나타난 생각에 해당한다.

오답피하기 |
① '클립', '펀치', '스테이플러'를 우리말로 다듬자는 제안에 대한 필자의 생각을 이야기하고 있다. 그러나 필자가 실생활에서 많이 사용하는 도구를 순우리말로 표현해야 한다고 강조한 것은 아니다.
③ '클립', '펀치', '스테이플러'와 같은 외래어를 우리말로 다듬는 일에 대한 필자의 생각을 이야기하고 있다. 그런데 외래어의 유입이 가속화되면 다듬은 말이 늘어날 수도 있지만, 우리말의 사용 빈도가 늘어날 것이라는 것은 필자의 생각으로 보기 어렵다.
④ 누리그물이 확산되면서 수많은 누리꾼들이 말다듬기에 동참할 것이며, 쉽고 아름다운 우리말을 만들어 낼 것이라고 이야기하고 있다. 이는 말다듬기에 동참하는 사람들이 많아진 것을 긍정적으로 평가한 것이다. 따라서 이러한 사실을 긍정적으로만 보기 어렵다고 한 것은 필자의 생각으로 보기 어렵다.

015
정답 | ④

해설 | '나'가 '엄 행수'의 진솔한 삶의 모습을 예찬하고 있으나, 자신의 행동과 의식을 반성하는 내용은 나타나 있지 않다.

오답피하기 |
① '엄 행수'가 먹고 자는 것, 궂은일에도 최선을 다하는 것 등의 예화를 들어 그를 소개하는 방식을 활용하고 있다.
② '엄 행수'는 똥을 치우며 뒷간을 청소하는 일에 열중하며, 다른 것에 마음을 두지 않는 모습을 보인다.
③ '나'는 화려한 미관, 좋은 풍악에 관심을 두지 않고 묵묵히 맡은 바 자신의 일에 최선을 다하는 '엄 행수'를 높이 평가하고 있다.

016
정답 | ④

해설 | 1문단에 따르면 우리 사찰은 대들보를 가공하지 않고 자연목을 그대로 사용한 경우가 유달리 많은데, 선운사 만세루의 대들보는 모두 휘어 있는 나무로 쓰여 자유분방하고, 비균제적인 아름다움이 있다. 사찰 기둥은 자유분방함을 살리기 위해 자연목을 가공하지 않고 그대로 사용한 것이다. 따라서 사찰 기둥에는 자유분방함을 살리기 위해 기술자가 가공한 흔적이 있다고 한 것은 제시문의 내용에 부합하지 않는다.

오답피하기 |
① 2문단에 따르면 논산의 쌍계사 대웅전의 네 모서리 기둥은 자연목을 그대로 썼으나, 모서리의 기둥을 뺀 나머지 다른 기둥들은 가지런한 굵기에 잘 다듬어져 있는 나무를 사용하고 있다.
② 3문단에 따르면 안성의 청룡사 대웅전의 측면 기둥은 휘어져 있는 자연목을 그대로 썼는데, 이런 나무를 기둥으로 쓰는 것은 자유롭고 투박한 예술 정신의 발현이다.
③ 1문단에 따르면 우리 사찰은 대들보를 가공하지 않고 자연목을 그대로 사용한 경우가 유달리 많다. 이처럼 자연목을 대들보나 기둥에 그대로 사용한 것을 한국 건축의 일반적인 양식이라고 할 수 있다.

017
정답 | ②

해설 | ㉠에는 고고학이 역사의 고리를 '잇는' 학문임을 나타내는 단어가 들어가야 한다. 이때 '계승'은 '조상의 전통이나 문화유산, 업적 따위를 물려받아 이어 나감'을 의미하고, '승계'는 '선임자의 뒤를 이어받음' 또는 '권리나 의무를 이어받는 일'을 의미하므로, ㉠에는 '계승'이 들어가야 한다. 그리고 ㉡에는 고고학에서 제작지, 제작 방법을 '이해하는' 데에 자연 과학적 실험 방법이 요구됨을 나타내는 단어가 들어가야 한다. 이때 '파악'은 '어떤 대상의 내용이나 본질을 확실하게 이해하여 앎'을 의미하고, '포착'은 '꼭 붙잡음', '요점이나 요령을 얻음', '어떤 기회나 정세를 알아차림'을 의미하므로, ㉡에는 '파악'이 들어가야 한다. 마지막으로 ㉢에는 실험 고고학은 고고학의 문제를 푸는 데에 '도움이 됨'을 나타내는 단어가 들어가야 한다. 이때 '공헌'은 '힘을 써 이바지함'을 의미하고, '기여'는 '도움이 되도록 이바지함'을 의미하므로, ㉢에는 '공헌'과 '기여'가 모두 들어갈 수 있다. 이러한 내용을 종합해 볼 때, ㉠, ㉡, ㉢에 들어갈 말로 가장 적절한 것끼리 짝지어진 것은 ②이다.

018
정답 | ②

해설 | 특정한 의미가 있는 날을 표시할 때 월과 일을 나타내는 아라비아 숫자 사이에는 마침표(.)를 쓰는 것이 원칙이고 가운뎃점(·)을 쓰는 것도 허용된다.

오답피하기 |
① 물음표(?)는 한 문장 안에 몇 개의 선택적인 물음이 이어질 때는 맨 끝의 물음에만 쓰고, 각 물음이 독립적일 때는 각 물음의 뒤에 써야 한다.
③ 고유어에 대응하는 한자어임을 나타낼 때는 대괄호([ ])를 써야 한다.
④ 다른 사람의 말이나 글을 직접 인용한 부분임을 나타낼 때는 큰따옴표(" ")를 써야 한다.

019
정답 | ②

해설 | 을은 두 번째 발화에서 예술은 특정 시대에 축적된 예술적 지식, 문화적 관심과 활동이 빚어낸 공동의 복잡한 결과물이라고 말하고 있다. 그러나 을이 천재적 예술가가 있었기 때문에 이러한 문화 예술적 소양이 축적될 수 있었다고 말하고 있지 않다.

오답피하기 |
① 갑은 두 번째 발화에서 '모차르트'의 천재성을 강조하며, 예술가는 천재로 인정되는 개별 행위자이고, 예술은 그러한 신비한 능력을 소유한 천재가 남긴 독특한 결과물이라고 말하고 있다. 따라서 갑은 을이 말한 '모차르트'의 예술에 영향을 미친 그의 아버지, '바흐', '하이든' 등의 영향을 간과하였다고 볼 수 있다.
③ 갑은 두 번째 발화에서 '모차르트'를 천재적 음악가라고 말하였고, 을은 두 번째 발화에서 역시 '모차르트'가 뛰어난 능력을 가진 천재적 음악가라는 데에 동의하였다.
④ 갑은 두 번째 발화에서 예술가는 천재로 인정되는 개별 행위자이고, 예술은 한 천재가 남긴 독특한 결과물이라고 말하고 있다. 그러나 을은 두 번째 발화에서 예술은 그 시대에 축적된 예술적 지식, 문화적 관심과 활동이 빚어낸 공동의 복잡한 결과물이라고 말하고 있다.

020

정답 | ②

해설 | ㉠의 추론은 40%의 확률에 근거한 귀납 논증이므로, 이 씨가 폐암에 걸릴 것이라는 결론은 개연성이 낮다. 반면, ㉡의 추론은 80%의 확률에 근거한 귀납 논증이므로, 이번 ○○ 지역구 선거에서 김 후보자가 당선될 것이라는 결론은 개연성이 높다. 따라서 ㉠과 ㉡의 추론에서 각각의 전제가 참일 때, ㉠은 개연성이 낮고, ㉡은 개연성이 높다고 평가할 수 있다.

오답피하기 |

① 1문단에 따르면 귀납 논증은 전제가 참이더라도 결론은 필연적으로 참이 되지 않는다.
③ 2문단에 따르면 새로운 전제가 덧붙으면 개연성이 높아지거나 낮아질 수 있다. ㉠의 추론에서 이 씨의 가까운 가족 중 폐암에 걸린 사람이 있다는 전제를 덧붙였을 때, 암은 가족력이 있으면 암에 걸릴 확률이 더 높아지므로 추론의 개연성이 더 높아질 것이다.
④ 2문단에 따르면 새로운 전제가 덧붙으면 개연성이 높아지거나 낮아질 수 있다. ㉡의 추론에서 이번 ○○ 지역 선거구 출구 조사에 형식적으로 응답한 투표자 비율이 높았다는 전제를 덧붙였을 때, 출구 조사 신뢰도가 떨어질 것이므로 추론의 개연성이 더 낮아질 것이다.

모의고사 06회

06회

001 ③	002 ③	003 ④	004 ④	005 ④
006 ②	007 ①	008 ②	009 ④	010 ③
011 ②	012 ④	013 ③	014 ③	015 ④
016 ②	017 ④	018 ①	019 ④	020 ②

001

정답 | ③

해설 | '에서'는 앞말이 어떤 일의 출처임을 나타내는 격 조사로 적절하게 쓰였다.

오답피하기 |

① '앞장서다'는 '~에 앞장서다'의 형태로 쓰이므로, '다 함께 자연 보호에 앞장서야 합니다.'와 같이 고쳐야 한다.
② '에'는 무정 명사가 대상일 때 쓰이는 조사이므로, '합격 사실을 본인에게 직접 통보하겠습니다.'와 같이 고쳐야 한다.
④ '시민들'은 서술어 '이용하다'의 주어이므로, '우리 도서관은 시민들이 열람실을 편히 이용하도록 하였다.'와 같이 고쳐야 한다.

002

정답 | ③

해설 | '미닫이문'은 '밀-/닫-/-이/문'으로 나눌 수 있으므로, 형태소 개수는 4개이다.

오답피하기 |

① '볶음밥'은 '볶-/-음/밥'으로 나눌 수 있으므로, 형태소 개수는 3개이다.
② '먼지떨이'는 '먼지/떨-/-이'로 나눌 수 있으므로, 형태소 개수는 3개이다.
④ '깨뜨리다'는 '깨-/-뜨리-/-다'로 나눌 수 있으므로, 형태소 개수는 3개이다.

003

정답 | ④

해설 | 悠悠自適(멀 유/멀 유/스스로 자/맞을 적)은 속세를 떠나 아무 속박 없이 조용하고 편안하게 삶을 뜻한다. 이 문장에서는 몹시 두려워서 벌벌 떨며 조심함을 뜻하는 戰戰兢兢(싸움 전/싸움 전/떨릴 긍/떨릴 긍)이 옳다.

오답피하기 |

① 虛張聲勢(빌 허/베풀 장/소리 성/형세 세)는 실속은 없으면서 큰소리

치거나 허세를 부림을 뜻한다.
② 韋編三絶(가죽 위/엮을 편/석 삼/끊을 절)은 공자가 주역을 즐겨 읽어 책의 가죽끈이 세 번이나 끊어졌다는 뜻으로, 책을 열심히 읽음을 이르는 말이다.
③ 犬猿之間(개 견/원숭이 원/갈 지/사이 간)은 개와 원숭이의 사이라는 뜻으로, 사이가 매우 나쁜 두 관계를 비유적으로 이르는 말이다.

004
정답 | ④
해설 | 구체적 사례를 제시한 부분은 나타나 있지 않으며, 이모티콘의 긍정적인 측면을 강조하고 있지도 않다. 강연자는 오히려 이모티콘에 긍정적인 효과만 있는 것은 아니라고 하였다.
오답피하기 |
① 강연자는 '여러분, 하루에 이모티콘을 몇 번 정도 사용하세요?'라며 청중에게 질문을 던져서 강연 내용에 대한 관심을 유도하고 있다.
② 강연자는 통계 자료와 설문 자료를 활용하여 이모티콘 사용 빈도와 이모티콘 사용 이유를 밝히며 강연 내용을 뒷받침하고 있다.
③ 강연자는 '많은 전문가들이 이모티콘에 지나치게 의존해 자신의 생각이나 감정을 표현하면 언어 표현 능력이 떨어지게 된다고 말하고 있습니다.'라며 전문가의 견해를 토대로 이모티콘 사용의 문제점을 언급하고 있다.

005
정답 | ④
해설 | 밭을[바슬](×) → [바틀](○): 홑받침이나 쌍받침이 모음으로 시작된 조사나 어미, 접미사와 결합되는 경우에는, 제 음가대로 뒤 음절 첫소리로 옮겨 발음해야 한다.
오답피하기 |
① 맑게[말께](○): 겹받침 'ㄺ, ㄻ, ㄿ'은 어말 또는 자음 앞에서 각각 [ㄱ, ㅁ, ㅂ]으로 발음한다. 다만, 용언의 어간 말음 'ㄺ'은 'ㄱ' 앞에서 [ㄹ]로 발음한다.
② 않은[아는](○): 'ㅎ(ㄶ, ㅀ)' 뒤에 모음으로 시작된 어미나 접미사가 결합되는 경우에는, 'ㅎ'을 발음하지 않는다.
③ 밟고[밥꼬](○): 겹받침 'ㄳ', 'ㄵ', 'ㄼ, ㄽ, ㄾ', 'ㅄ'은 어말 또는 자음 앞에서 각각 [ㄱ, ㄴ, ㄹ, ㅂ]으로 발음한다. 다만, '밟-'은 자음 앞에서 [밥]으로 발음한다.

006
정답 | ②
해설 | 〈보기〉의 화자는 '묏버들'을 꺾어 '님'에게 보내고, '님'께서 그것을 자신과 같이 여겨 달라고 말하고 있다. 따라서 '묏버들'은 화자의 분신과 같은 존재로 볼 수 있다. 그리고 ②의 시조에서 화자는 '님'을 그리워하는 마음이 '실솔'의 넋이 되어 '님'의 방에 가 자신을 잊고 깊이 든 잠을 깨워 보고 싶다고 말하고 있다. 따라서 이 시조의 '실솔' 역시 화자의 분신과 같은 존재로 볼 수 있다. 따라서 〈보기〉의 '묏버들'과 가장 유사한 의미를 지닌 것은 ②의 '실솔'이다.
오답피하기 |
① '도리'는 절개와 지조를 상징하는 '황국화'와 대비되는 자연물이다. 이는 화자의 분신으로 보기 어렵다.
③ '녹류'는 자연에 묻혀 지내는 화자의 자연 친화적 태도를 드러내는 소재이다. 이는 화자의 분신으로 보기 어렵다.
④ '지는 닙'은 임을 그리워하는 화자의 정서를 심화시키는 자연물이다. 이는 화자의 분신으로 보기 어렵다.

007
정답 | ①
해설 | 제시된 작품은 현실의 고난을 받아들이고 극복하고자 하는 삶의 자세를 표현하고 있다. 1연과 4연에서는 이러한 화자의 지향을 반복하여 제시하고 있으므로, 시상의 전환이 나타났다고 보기 어렵다.
오답피하기 |
② 1연과 4연의 '맑은(높은) 넋을 살게 하자'라는 청유형 표현과 2연의 '삼가 육신의 괴로움도 달게 받으라'라는 명령형 표현을 활용하고 있다. 그리고 이러한 표현은 맑은 넋을 지니고 괴로움을 이겨내고자 하는 화자의 소망을 부각하고 있다.
③ 1연의 '고요히 돌아가는 해바라기처럼', 4연의 '항시 날아오르는 노고지리같이'에서 자연물에 의탁하여 이상을 추구하는 높은 정신적 자세를 표현하고 있다.
④ 2연의 '괴로움도 달게 받으라', 3연의 '슬픔도 오히려 아름다운 것이'에서 역설적 표현으로 시련이 성숙한 삶을 위한 과정이라는 것을 표현하고 있다.

008
정답 | ②
해설 | '나'가 '권 씨'에게 부채 의식을 느끼고 있었다거나 그의 요청에 책임감을 느꼈다는 사실을 알 수 없다. '나'는 '권 씨'가 '십만 원 가까이'를 빌려 달라고 요청하자, 집을 살 때 학교에다 진 빚을 생각하며 부담을 느꼈을 뿐이다.
오답피하기 |
① '나'는 '권 씨'가 요청한 '십만 원 가까이'라는 금액에 큰 부담을 느끼고, 자신의 경제적 여력과 '권 씨'의 형편을 생각하며 선뜻 대답하지 못했다.
③ '나'는 '권 씨'가 끼니조차 감당 못 하고, 막벌이나 출판사 싸구려 번역일을 하기 때문에 돈을 빌려주더라도 빚을 쉽게 갚지 못할 것이라고 생각했다.
④ '권 씨'는 "빌려만 주신다면 무슨 짓을, 정말 무슨 짓을 해서라도 반드시 갚겠습니다."라고 말했으나, 이를 들은 '나'는 오히려 감히 두말을 못 하도록 야멸치게 거절할 필요가 있다고 생각했다.

009
정답 | ④
해설 | 제시문에 따르면 인간은 보고 싶은 데이터를 통해 현상을 보려 하기에 그 선택 과정에서 내용이 바뀌거나 왜곡이 발생한다. 그리고 데이터는 객관적인 개체라기보다는 관찰자가 주관적으로 바라보고 싶은 세상의 단면이다. 이를 종합할 때 글쓴이가 주장하는 바는 데이터의 해석은 주관적인 것으로 데이터에 담긴 관점을 파악해야 한다는 것으로 볼 수 있다.
오답피하기 |
① 수집된 데이터로부터 중요한 데이터를 추출하는 것이 중요하다는 내용은, 인간이 데이터를 주관적으로 해석한다는 내용을 포함하지 않으므로 글쓴이가 주장하는 바로 적절하지 않다.
②, ③ 데이터를 수집할 때 최대한 객관적인 자세를 견지해야 한다거나, 데이터를 가공할 때 주어진 데이터를 그대로 사용해야 한다는 것은 글쓴이의 주장하는 바로 적절하지 않다.

010
정답 | ③

해설 | ㉠ 自敍傳(스스로 자/펼 서/전할 전)은 작자 자신의 일생을 소재로 짓거나, 남에게 구술하여 쓰게 한 전기를 뜻한다.
㉡ 論旨(의논할 논/뜻 지)는 논하는 말이나 글의 취지를 뜻한다.

오답피하기 |
㉠ 自書傳(스스로 자/글 서/전할 전)은 잘못된 표기이다.
㉡ 論志(의논할 논/뜻 지)는 잘못된 표기이다.

011
정답 | ②

해설 | ㉡: 'Ⅱ-1, 2'는 'Ⅰ'에서 제시한 홈페이지 이용자 불만 사항에 대한 원인을 밝히고 있다. 따라서 ㉡에는 '홈페이지 이용자 불만 원인'이 들어가야 한다.

오답피하기 |
① ㉠: 'Ⅰ-1, 2'를 고려하였을 때 '홈페이지 이용자 불만 현황'은 ㉠에 들어갈 내용으로 적절하다.
③ ㉢: 'Ⅱ-1'과의 관계를 고려하였을 때 '정보 자료 담당 부서의 인증 절차 통합'은 ㉢에 들어갈 내용으로 적절하다.
④ ㉣: 'Ⅳ-1, 2'를 고려하였을 때 '기대 효과와 향후 과제'는 ㉣에 들어갈 내용으로 적절하다.

012
정답 | ④

해설 | 자문자답이란 스스로 묻고 스스로 답하는 방식을 의미한다. 제시문에서 나타난 여러 물음들은 정체성을 탐구하는 데에 따르는 어려움을 보여주기 위한 질문일 뿐이다. 제시문에서 이러한 질문에 대한 답은 나타나 있지 않으므로, 자문자답의 방식을 사용하였다고 보기 어렵다.

오답피하기 |
①, ② 어떤 한 사람이 남자, 의사, 남편 등 다양한 정체성을 가지고 있는 경우를 예로 들어 가정하고 있다. 따라서 제시문에서 예시와 가정의 설명 방식이 사용되었다고 볼 수 있다.
③ 어떤 한 사람이 남자, 의사, 남편 등 다양한 정체성을 가지고 있는 경우를 열거하고 있다. 그리고 한 개별자가 다양한 속성을 동시에 가질 경우 선택해야 하는 사항을 '첫째', '둘째', '셋째'와 같은 표지로 열거하고 있다.

013
정답 | ③

해설 | 제시문의 첫 문장에서 북한 귀순자들의 말이나, 공식 석상에서의 연설을 들으면 조리 있고 유창하게 말을 구사한다는 것을 알 수 있다고 설명하고 있다. 따라서 이러한 조리 있고 유창한 북한의 언어 사용 능력을 '이는'이라는 지시어로 표현하며, 이것이 유물론적 언어관에 따라 '국어 교육'을 받는 사실과 관련된다고 설명하고 있는 ㉣이 이어져야 한다. 그리고 ㉡은 북한의 '리듬과 어조'가 다르다고 언급하고, 먼저 '리듬의 단위의 길이'가 짧다고 설명하고 있다. 따라서 한국어에서 두세 개로 나뉘는 문장이 북한어에서는 '여러 토막'으로 갈라져 발음되는 경향이 있다고 설명하는 ㉢은 '리듬의 단위의 길이'가 짧은 이유에 해당하므로 ㉡ 다음에 ㉢이 이어져야 한다. 그리고 ㉡에서 북한의 '리듬과 어조'가 다르다고 언급하고 '리듬'에 대해 먼저 설명하였으므로, 이어서 '어조'의 차이에 대해 설명하고 있는 ㉠이 와야 한다. 이를 고려할 때 ㉠~㉣의 순서로 가장 자연스러운 것은 ㉣ - ㉡ - ㉢ - ㉠이다.

014
정답 | ③

해설 | 제시문에 따르면 사진기의 발명으로 인해 화가들이 대상을 있는 그대로 똑같이 그릴 필요가 없게 되었고, 인상주의자들도 사실적 묘사에 관심을 가지지 않게 되었다. 이는 19세기 말엽에 사진기의 등장과 함께 인상주의 화풍이 나타났다는 것이지, 인상주의 화풍이 이전과 달리 바뀌었음을 의미하는 것이 아니다. 제시문의 내용만으로는 인상주의 화풍에 변화가 있었다는 것은 알 수 없다.

오답피하기 |
① 제시문에 따르면 19세기 말엽 화풍은 현실에 관심을 기울이며, 인상주의자들은 주변의 사소한 일상을 그리기 시작했다. 이때부터 회화는 어떤 상징성을 지니는지 알아야 제대로 감상할 수 있다는 부담감을 주지 않게 되었다. 따라서 19세기 말엽 이전의 18~19세기의 작품들은 작품의 상징성, 즉 배경지식을 알아야 제대로 감상할 수 있었을 것이다.
② 제시문에 따르면 19세기 말엽부터 현실에 관심을 기울이는 화풍을 따르는 인상주의자들이 등장하였는데, 그들은 사소한 일상을 그렸고 그들의 그림은 누가 보아도 그림의 내용을 쉽게 이해할 수 있었다.
④ 제시문에 따르면 19세기 말엽부터 현실에 관심을 기울이는 화풍을 따르는 인상주의자들이 등장하였는데, 이때부터 회화는 어떤 상징성을 지니는지 알아야 제대로 감상할 수 있다는 부담감을 주지 않게 되었다.

015
정답 | ④

해설 | '나'는 자신을 돌보아 주는 사람도 없고 뇌물을 줄 만한 사람도 없는 까닭에 조그마한 벼슬자리 하나도 제대로 차지하지 못했다고 서술하고 있다. 이는 뇌물을 주는 부정적 세태를 따르지 않은 태도를 드러내어, 현실을 비판하고 있는 것이다. '나'가 이러한 과거의 자신의 태도를 뉘우치고 있다고 보기 어렵다.

오답피하기 |
① 강물을 건너는 일에도 뇌물을 주어야 하는 세태에 대한 비판적 인식을 드러내고 있다.
② 배의 크기와 노 젓는 사람의 수, 태운 사람의 수가 똑같은 두 척의 배가 다른 속도로 강을 건너게 된 상황에 대한 체험을 나타내고 있다.
③ 배로 강물을 건너는 작은 일에도 뇌물을 주어야 하므로, 벼슬길을 다투는 일에는 뇌물을 주어야 하는 것이 당연해진 세태라는 인식을 드러내고 있다.

016
정답 | ②

해설 | 제시문에 따르면 ㉠ '결정 이양의 원리'란 판단이나 결정의 최종적인 권한을 화자가 청자에게 넘겨주는 원리를 말한다. 따라서 ㉠의 예에 해당하기 위해서는 화자가 판단이나 결정을 하는 것이 아니라, 청자가 판단이나 결정을 할 수 있도록 해야 한다. 그러나 ②의 상황에서 명호의 질문에 수진은 '네'라고 말하며 자신의 판단을 직접 드러냈다. 따라서 ②의 밑줄 친 발화는 ㉠ '결정 이양의 원리'가 나타난 예로 보기 어렵다.

오답피하기 |
① 도서관에서 시끄럽게 떠드는 학생에게 "여긴 도서관이야."라고 말하

는 것은 조용히 하거나 나가서 대화를 해 달라는 등의 판단이나 결정을 화자가 직접 하는 것이 아니라, 청자인 떠드는 학생이 스스로 판단이나 결정을 내리게 하는 것이다. 따라서 ①의 밑줄 친 발화는 ㉠'결정 이양의 원리'가 나타난 예로 볼 수 있다.

③ "그 사람 요즘 근무 태도 어때?"라는 사장의 질문에 부장은 "앞으로 좋아질 겁니다."라고 말했다. 이는 그 사람의 태도가 어떠하다고 판단이나 결정을 화자가 직접 하는 것이 아니라, 청자인 사장 스스로 판단이나 결정을 내리게 하는 것이다. 따라서 ③의 밑줄 친 발화는 ㉠'결정 이양의 원리'가 나타난 예로 볼 수 있다.

④ "오늘 저녁 나랑 영화 볼래?"라는 철수의 질문에 영희는 "저번 시험에서 성적이 떨어졌어."라고 말했다. 이는 오늘 저녁에 영화를 보자는 제안에 대한 판단이나 결정을 화자가 직접 하는 것이 아니라, 청자인 철수 스스로 판단이나 결정을 내리게 하는 것이다. 따라서 ④의 밑줄 친 발화는 ㉠'결정 이양의 원리'가 나타난 예로 볼 수 있다.

017
정답 | ④

해설 | ㉡ 받쳤다(×) → 받혔다(○): '한꺼번에 많은 양의 물품을 사게 하다'를 뜻하는 '받히다'가 적절하다.
㉣ 바쳐(×) → 받쳐(○): '화 따위의 심리적 작용이 강하게 일어나다'를 뜻하는 '받치다'가 적절하다.
㉥ 받혀(×) → 받쳐(○): '어떤 일을 잘할 수 있도록 뒷받침해 주다'를 뜻하는 '받치다'가 적절하다.

오답피하기 |

㉠ 밭쳐(○): '밭치다'는 '구멍이 뚫린 물건 위에 국수나 야채 따위를 올려 물기를 빼다'를 뜻하므로 적절하게 쓰였다.
㉢ 바쳤다(○): '바치다'는 '무엇을 위하여 모든 것을 아낌없이 내놓거나 쓰다'를 뜻하므로 적절하게 쓰였다.
㉤ 받혀(○): '받히다'는 '머리나 뿔 따위에 세차게 부딪히다'를 뜻하므로 적절하게 쓰였다.

018
정답 | ①

해설 | ㉠ 문장의 부사어가 '즉'인 것을 고려할 때, ㉠은 앞 문장과 동일한 의미를 띠어야 한다. ㉠ 앞 문장은 욕망의 발원처는 대상이 아니라 욕망하는 주체에게 있으며, 욕망은 주체가 가지고 있는 욕망의 표현이라는 것이다. 따라서 ㉠에 들어갈 말은 '돈키호테의 욕망은 자신에게서 발원하는 것'이어야 한다.

오답피하기 |

②, ③ ㉠ 앞 문장은 욕망의 발원처는 대상이 아니라 욕망하는 주체에게 있다고 하였다. 그런데 '돈키호테의 욕망은 욕망의 대상에게서 발원하는 것'이나, '돈키호테의 욕망은 이상형인 아마디스에서 발원하는 것'은 주체가 아닌 대상에서 욕망이 발원한다는 것이므로, ㉠에 들어갈 말로 적절하지 않다.
④ ㉠ 앞 문장은 욕망의 발원처는 대상이 아니라 욕망하는 주체에게 있다고 하였다. 그런데 '돈키호테의 욕망은 주체의 욕망을 매개하는 주체에게서 발원하는 것' 역시 주체인 '돈키호테'가 아닌 다른 대상에서 욕망이 발원한다는 것이므로, ㉠에 들어갈 말로 적절하지 않다.

019
정답 | ④

해설 | 을은 두 번째 발화에서 '샛별'과 '개밥바라기'는 '금성'이라는 하나의 실체에 대한 서로 다른 명칭이며, '추사(秋史)', '완당(阮堂)'은 한 명의 '김정희'가 가진 여러 개의 호라고 말하고 있다. 즉, 을은 서로 다른 명칭이 동일한 실체를 가리킬 수 있다고 보고 있는 것이다. 따라서 을이 서로 다른 명칭은 서로 다른 실체가 존재함을 의미한다고 본다는 설명은 적절하지 않다.

오답피하기 |

① 갑은 두 번째 발화에서 '샛별'과 '개밥바라기'는 동시에 존재할 수 없다고 말하고 있다.
② 을은 두 번째 발화에서 조선의 서화가 '김정희'는 '추사(秋史)', '완당(阮堂)' 등 여러 개의 호를 가지고 있지만, '김정희'는 여러 명이 아니라고 말하고 있다.
③ 갑은 두 번째 발화에서 '샛별'과 '개밥바라기'는 별개의 실체라고 말하고, 을은 두 번째 발화에서 '샛별'과 '개밥바라기'는 '금성'이라는 하나의 실체에 대한 서로 다른 명칭일 뿐이라고 말하고 있다.

020
정답 | ②

해설 | ㄷ. ㄷ의 논증 형식은 '모든 A는 B이다. 모든 A는 C가 아니다. 따라서 모든 B는 C가 아니다.'로 나타낼 수 있다. 이 형식에 다른 예를 대입해 '모든 수탉은 닭이다. 모든 수탉은 암탉이 아니다. 따라서 모든 닭은 암탉이 아니다.'로 만들 수 있다. 그러나 닭 중에는 분명 암탉도 있으므로, 모든 닭은 암탉이 아니라는 것은 거짓이다. 따라서 ㄷ의 논증 형식은 전제가 참이더라도 결론이 거짓이 될 수 있으므로 논증 형식이 타당하지 않고, 형식적 오류를 범한 것이다.

오답피하기 |

ㄱ. ㄱ의 논증 형식은 '모든 A는 B이다. 모든 B는 C이다. 따라서 모든 A는 C이다.'로 나타낼 수 있다. 이 형식에 다른 예를 대입해 보면 전제가 참일 때 결론이 거짓이 되는 예를 찾을 수 없다. 따라서 ㄱ은 논증이 타당하므로, 형식적 오류를 범했다고 보기 어렵다.
ㄴ. ㄴ의 논증 형식은 '모든 A는 B이다. 모든 B는 C가 아니다. 따라서 모든 A는 C가 아니다.'로 나타낼 수 있다. 이 형식에 다른 예를 대입해 보면 전제가 참일 때 결론이 거짓이 되는 예를 찾을 수 없다. 따라서 ㄴ은 논증이 타당하므로, 형식적 오류를 범했다고 보기 어렵다.

모의고사 07회

07회

001 ③	002 ③	003 ③	004 ④	005 ③
006 ②	007 ④	008 ②	009 ④	010 ①
011 ②	012 ③	013 ①	014 ③	015 ④
016 ①	017 ③	018 ④	019 ②	020 ④

001
정답 | ③

해설 | 상견례[상결례](×) → [상견녜](○): 'ㄴ'은 'ㄹ'의 앞이나 뒤에서 [ㄹ]로 발음한다. 다만, '상견례[상견녜]', '의견란[의ː견난]', '생산량[생산냥]'과 같은 단어들은 'ㄹ'을 [ㄴ]으로 발음한다. 이때, 어떤 경우에 'ㄴ'이 'ㄹ'로 바뀌고 어떤 경우에 'ㄹ'이 'ㄴ'으로 바뀌는지 분명하게 나누어지지는 않는다. 대체로 'ㄴ'으로 끝나는 2음절 한자어 뒤에 'ㄹ'로 시작하는 한자가 결합할 때에는 'ㄹ'이 'ㄴ'으로 바뀌는 경향이 강하다.

오답피하기 |

① 뚫는[뚤른](○): 'ㄴ'은 'ㄹ'의 앞이나 뒤에서 [ㄹ]로 발음한다. 첫소리 'ㄴ'이 'ㅀ', 'ㄾ' 뒤에 연결되는 경우에도 이에 준한다.

② 피어[피어](○)/[피여](○): '되-, 피-' 뒤에 어미 '-어'가 오는 경우 [어]로 발음함을 원칙으로 하되, [여]로 발음함도 허용한다.

④ 대관령[대ː괄령](○): 'ㄴ'은 'ㄹ'의 앞이나 뒤에서 [ㄹ]로 발음한다.

002
정답 | ③

해설 | '흙일'은 자음군 단순화, ㄴ첨가, 비음화가 일어나 [흥닐]로 발음된다. 이때 자음군 단순화는 ㉣ 탈락, ㄴ첨가는 ㉡ 첨가, 비음화는 ㉠ 교체에 해당한다. 그러나 '흙일'의 음운 변동에 ㉢ 축약은 나타나지 않는다.

003
정답 | ③

해설 | 麥秀之嘆(보리 맥/빼어날 수/갈 지/탄식할 탄)은 고국의 멸망을 한탄함을 뜻한다. 이 문장에서는 같은 병을 앓는 사람끼리 서로 가엾게 여긴다는 뜻으로 同病相憐(한가지 동/병 병/서로 상/불쌍히 여길 련)이 옳다.

오답피하기 |

① 緣木求魚(인연 연/나무 목/구할 구/물고기 어)는 나무에 올라가서 물고기를 구한다는 뜻으로, 도저히 불가능한 일을 굳이 하려 함을 비유적으로 이르는 말이다.

② 一擧兩得(한 일/들 거/두 양/얻을 득)은 한 가지 일을 하여 두 가지 이익을 얻음을 뜻한다.

④ 天衣無縫(하늘 천/옷 의/없을 무/꿰맬 봉)은 천사의 옷은 꿰맨 흔적이 없다는 뜻으로, 일부러 꾸민 데 없이 자연스럽고 아름다우면서 완전함을 이르는 말이다.

004
정답 | ④

해설 | ㉣: '그러므로'는 앞의 내용이 뒤의 내용의 근거가 될 때 쓰는 접속 부사로 적절하게 쓰였다. 따라서 '그러므로'를 '그런데'로 바꿔야 한다는 설명은 적절하지 않다.

오답피하기 |

① ㉠: 해당 문장에는 과거 시제를 쓰는 것이 자연스럽다. 따라서 '둔다'를 '두었다'로 고쳐야 한다는 설명은 적절하다.

② ㉡: 해태에 대하여 설명한 후에 해태상을 세운 의도를 밝히는 것이 자연스럽다. 따라서 ㉡을 바로 뒤의 문장과 순서를 바꿔야 한다는 설명은 적절하다.

③ ㉢: '널찍하다'는 '넓다'와 관련이 있지만, 소리가 [널찌카다]로 굳어졌으므로 소리대로 '널찍하다'로 적는다. 따라서 '넓직한'을 '널찍한'으로 고쳐야 한다는 설명은 적절하다.

005
정답 | ③

해설 | ㉢ '셔품쓰기'는 '글씨 쓰기'를 뜻하는 목적어이다.

오답피하기 |

① ㉠ '漢ㅅ사ᄅᆞᆷ의손듸'는 '중국 사람에게'를 뜻하는 부사어이다.

② ㉡ '漢횩당의셔'는 '중국 학당에서'를 뜻하는 부사어이다.

④ ㉣ '앎픠셔'는 '앞에서'를 뜻하는 부사어이다.

006
정답 | ②

해설 | 제시된 작품의 화자는 보리타작을 하는 농민들의 모습을 보고 건강한 노동의 즐거움을 깨닫고 있다. 그리고 벼슬길에 헤매던 자신의 태도를 반성하며 농민들의 삶의 태도를 본받고자 하는 다짐을 드러내고 있다. 따라서 대상의 긍정적 자세를 본받으려는 태도가 드러나 있다고 볼 수 있다.

오답피하기 |

① 화자는 벼슬길에 헤매던 자신의 태도를 반성하고 있다. 그러나 부조리한 현실을 구체적으로 제시하고 있지 않으며, 이를 개선하고자 하는 의지를 나타내고 있다고도 보기 어렵다.

③ 화자는 보리타작을 하며 노래를 부르고 노동을 즐기는 농민의 모습에 주목하고 있다. 그러나 이는 건강한 노동의 모습이지, 자연과 더불어 사는 삶이라고 보기 어렵다.

④ 화자는 건강한 노동을 하는 농민의 모습을 긍정하고, 벼슬길에 헤매던 자신의 태도를 반성하고 있다. 따라서 화자의 지향은 육체와 정신이 조화를 이루는 건강한 노동의 삶에 만족하는 것이므로, 과거의 삶에 대한 지향을 되새기고 있다고 보기 어렵다.

007
정답 | ④

해설 | 화자는 '샛강 바닥 썩은 물'에 뜨는 '달'을 보고 '먹을 것 없는 사람들의 마을'로 '다시 어두워 돌아가야 한다'고 말하고 있다. 따라서 반복되는 삶을 자연 현상과 조응시키고 있다고 볼 수 있다. 그러나 '쭈그려 앉아 담

배나 피우고' 등의 구절에서 드러나듯이 화자는 현실 체념적인 태도를 나타내 보이고 있으므로, 현실 극복 의지를 표현하고 있다고 보기 어렵다.
오답피하기 |
① 화자는 '저물어' 가는 '강'에 '슬픔도 퍼다 버리'고, 떠오르는 '달'을 보며 자신의 처지도 '달'과 같다고 여기고 마을로 돌아가려고 하고 있다. 따라서 날이 저물고 달이 뜨기까지의 시간의 흐름과 저문 강을 보고 느끼는 화자의 정서를 따라 시상을 전개하고 있다고 볼 수 있다.
② '슬픔도 퍼다 버린다'라는 구절은 '슬픔'이라는 관념적 정서를 퍼다 버릴 수 있는 형상과 질량을 가진 것처럼 구체화한 표현이다. 이는 고단한 삶을 살아가는 노동자의 삶의 비애를 나타낸 것으로 볼 수 있다.
③ '샛강 바닥 썩은 물'은 산업화로 오염된 강의 모습을 나타낸 것이다. 그리고 '먹을 것 없는 사람들의 마을'은 산업화의 혜택을 누리지 못하고 가난하게 살아가는 사람들의 삶을 상징한다. 이를 종합할 때, 이 작품은 산업화로 인해 소외된 도시 노동자의 열악한 삶을 반영한 것이라고 볼 수 있다.

008
정답 | ②
해설 | '나'는 솔밭 소나무 그루터기에 앉아 신록에 대한 예찬과 사람과 인생에 대한 인생관을 드러내고 있다. 그러나 '나'는 멀리 군속을 떠나 고고한 가운데 처하기를 원하는 선골이 있다거나, 자신의 성미가 사람을 싫어한다거나 하는 것은 아니라고 말하고 있다. 따라서 자연과 인간을 대비하여 세속적 삶에 대한 경계를 드러내고 있다고 보기 어렵다.
오답피하기 |
① '나'는 사람으로서도 아름다운 사람이 되려면 반드시 사람 사이에 살고, 사람 사이에서 울고 웃고 부대껴야 한다고 생각한다고 사람과 인생에 대한 가치관을 진솔한 어조로 이야기하고 있다.
③ '기쁨의 속삭임이 하늘과 땅, 나무와 나무, 풀잎과 풀잎 사이에 은밀히 수수되고', '그들의 기쁨의 노래가 금시라고 우렁차게 터져 나와' 등에서 자연을 의인화하고, 감정을 이입하여 자연의 아름다움에 매료된 심경을 표출하고 있다.
④ 호흡과 길이가 긴 문장으로 자연과 교감하는 감정을 풍부하게 표현하고 있다.

009
정답 | ④
해설 | 現像(나타날 현/모양 상)은 노출된 필름이나 인화지를 약품으로 처리하여 상이 나타나도록 함을 뜻한다. 이 문장에서는 인간이 지각할 수 있는 사물의 모양과 상태를 뜻하는 現象(나타날 현/코끼리 상)이 옳다.
오답피하기 |
① 誠實(정성 성/열매 실)은 정성스럽고 참됨을 뜻한다.
② 人相(사람 인/서로 상)은 사람 얼굴의 생김새 또는 얼굴의 근육이나 눈살을 뜻한다.
③ 時期(때 시/기약할 기)는 어떤 일이나 현상이 진행되는 시점을 뜻한다.

010
정답 | ①
해설 | 1문단에 따르면 ㉠은 인권에 대한 제도적 접근은 최소한으로 해야 하며, 명예훼손죄는 제도적으로 처벌하기에 그 경계가 명확하지 않다는 입장을 지닌다. 즉, 명예훼손죄는 최소한으로 적용되어야 한다는 것이다. 그리고 1문단에 따르면 이들은 한국에서는 진실을 알렸을 때에도 명예훼손죄를 적용하는 점을 문제점으로 본다. 따라서 이러한 ㉠의 주장에 대해 진실을 알렸을 때에도 명예훼손죄로 처벌하면 안 되는 이유를 밝혀야 한다는 비판을 할 수 있다.
오답피하기 |
② 1문단에 따르면 ㉠은 인권에 대한 제도적 접근은 최소한으로 해야 하며, 명예훼손죄는 제도적으로 처벌하기에 그 경계가 명확하지 않다는 입장을 지닌다. 다만 이들은 타인을 인종적으로 모욕하고 차별하는 것은 법적으로 제한할 수 있다고 본다. 따라서 ㉠은 인종 차별적인 발언을 명예훼손죄로 처벌하면 안 된다고 주장하지 않았으므로, 그 이유를 밝혀야 한다는 비판을 할 수 없다.
③ 2문단에 따르면 ㉡은 개인의 인권을 수호하는 것이 중요한 가치임을 내세우며 자신의 주장을 강화한다. 이는 명예훼손죄를 적극적으로 적용하여 인권을 보호해야 한다는 것이다. 그런데 ㉡이 표현의 자유에 대해서 언급한 바는 없으므로, 개인의 인권을 수호하는 것이 표현의 자유와 어떤 관계가 있는지 밝혀야 한다는 비판을 할 수 없다. 오히려 표현의 자유는 명예훼손죄를 최소한으로 적용해야 한다는 ㉠의 주장에 가깝다.
④ 2문단에 따르면 ㉡은 개인의 인권을 수호하는 것이 중요한 가치임을 내세우며 자신의 주장을 강화한다. 이는 명예훼손죄를 적극적으로 적용하여 인권을 보호해야 한다는 것이다. ㉡은 타인의 사생활을 발설하는 경우에도 명예훼손죄를 적용하지 말아야 한다고 주장하지 않았으므로, 그 이유를 밝혀야 한다는 비판을 할 수 없다.

011
정답 | ②
해설 | 비교란 둘 이상의 대상을 견주어 서로 간의 유사점, 차이점을 설명하는 방식이다. 밑줄 친 부분은 '미'와 '진', '선'이 절대적 가치를 지닌다는 점에서 공통점이 있음을 설명하고 있다. 따라서 밑줄 친 부분은 '미'와 '진', '선'을 비교하고 있다고 볼 수 있다.
오답피하기 |
① 정의란 유개념(類槪念)과 종차(種差)를 들어 개념이나 대상의 뜻을 밝혀 규정하는 설명 방식을 의미한다. 밑줄 친 부분은 유개념과 종차를 들거나 대상의 뜻을 밝히고 있다고 보기 어렵다.
③ 예시란 예를 들어 보이는 설명 방식을 의미한다. 밑줄 친 부분은 '미'와 '진', '선'에 대한 일반적인 설명이지, 예를 들어 설명하고 있는 것으로 보기 어렵다.
④ 대조는 둘 이상의 대상을 차이점을 중심으로 서술하는 방식을 의미한다. 밑줄 친 부분은 '미'와 '진', '선'의 공통점을 드러내고 있으므로, 대조라고 보기 어렵다.

012
정답 | ③
해설 | 제시문의 첫 문장에서 투발루가 가라앉고 있으나, 이는 투발루섬 주민들 때문이 아님을 밝히고 있다. 따라서 그다음에는 투발루섬 주민들은 자연과의 조화를 깨뜨리지 않고 평온하게 살아왔다는 ㉢이 제시되고, 그들은 지금껏 온실가스 농도를 올리는 데에 조금도 기여하지 않았다는 ㉡이 이어져야 한다. 그다음에는 투발루가 가라앉는 진짜 이유는 선진국들에 있음을 밝히는 ㉣과 ㉠이 순차적으로 이어져야 한다. 따라서 ㉠~㉣의 전개 순서로 가장 자연스러운 것은 ㉢-㉡-㉣-㉠이다.

013
정답 | ①

해설 | 사회자는 박 교수의 설명을 듣고 추가적인 정보를 질문하고 있을 뿐, 박 교수의 발언을 요약하는 부분은 나타나 있지 않다.

오답피하기 |

② 박 교수는 '공동 주택 도로변 소음의 법적 허용 기준을 주간 68dB, 야간 58dB로 정하고, 이를 초과하는 경우 개선 명령을 내리거나 과태료를 부과하고 있습니다.'라고 구체적인 수치를 들어가며 사회자의 질문에 답하고 있다.
③ 사회자는 박 교수의 설명을 듣고 도로 소음과 관련된 법적 규제, 소음으로 인한 피해를 애초에 줄일 수 있는 방안과 단점을 보완할 수 있는 새로운 기술 등 추가적인 정보를 요청하고 있다.
④ 박 교수는 현재 주로 사용되고 있는 도로 소음 저감 기술인 방음벽, 방음 터널의 장단점을 비교하며 설명하고 있다.

014
정답 | ③

해설 | '장끼'와 '까투리'는 콩이 놓인 어느 넓은 자갈밭에 있다. 그러나 이러한 배경이 인물의 처지와 대비되거나, 비극미를 부각한다고 보기 어렵다.

오답피하기 |

① 우의적이란 어떤 대상을 빗대거나 풍자하기 위하여 우회적으로 동원하는 상징을 의미한다. 이 작품은 가부장적 사회 제도, 남존여비의 유교적 도덕관을 풍자하기 위해 '장끼'와 '까투리'를 의인화하여 이야기를 전개하고 있다.
② "저런 광경 당할 줄 몰랐던가. 남자라고 여자 말 잘 들어도 패가(敗家)하고 계집 말 안 들어도 망신하네."라는 '까투리'의 발화는 가부장적 의식, 남존여비의 도덕관의 풍자라는 주제 의식을 직접적으로 드러내고 있다.
④ '아홉 아들 열두 딸과 친구 벗님네들이 불쌍하다 탄식하며 조문 애곡하니 이 어찌 가련치 아니하리오.'에서 서술자가 개입하여 작중 인물의 정서에 대한 공감을 드러내고 있다.

015
정답 | ④

해설 | 제시문에 따르면 '순환 사관'이란 역사는 순환하고 반복한다는 것, 다시 말해 과거에 있었던 일이 미래에도 반복된다는 것이다. ④는 과거에 '우리 조상들이 우리가 보는 것 이상을 보지 못한 것'처럼 미래에도 '우리의 자손들도 그 어떤 새로운 것도 볼 수 없을 것'으로 반복될 것이라는 의미이다. 따라서 과거의 현상이 미래에도 반복될 것이라고 본다는 점에서 '순환 사관'에 해당한다고 볼 수 있다.

오답피하기 |

①, ③ 역사가 순환하고 반복한다는 인식과 거리가 멀다.
② 역사는 과거와 현재와의 끊임없는 대화라는 관점은 역사가 순환하고 반복함을 의미하지 않는다. 또한 역사가가 자신의 생각으로 자신의 사실을 만든다는 의미는 '순환 사관'과 거리가 멀다.

016
정답 | ①

해설 | 제시문에 따르면 「텍스트 레인」은 현대 미술이 나아가는 방향을 보여주는데, 눈송이처럼 떨어지는 영문 알파벳이 스크린에 비친 관람객의 모습에 닿아 반응하고, 관람객의 손에 담겨 가벼운 무게를 느끼게도 해 준다. 그리고 작품에서 알파벳 구성의 순서와 위치는 관람객이 관람할 때마다 자유롭게 바뀌며, 이로 인해 스크린에는 무한의 의미가 만들어진다. 즉, 「텍스트 레인」은 관람객이 참여하여 작품의 의미를 만들어 낸다. 따라서 제시문을 통해 현대 미술은 관객의 참여로 인해 완성됨을 알 수 있다.

오답피하기 |

② 일반적인 예술가와 관람객의 소통 방향은 예술가가 예술 작품에 의미를 담아 관객에게 보여주거나 들려주는 것이다. 따라서 그 역방향이라는 것은 관객이 예술가에게 의미나 반응을 전달하는 것이다. 그러나 제시문에 따르면 현대 미술이 나아갈 방향을 보여주는 「텍스트 레인」이 관객의 참여로 작품의 의미가 만들어지지만, 이를 관객이 예술가에게 의미나 반응을 전달하는 역방향적 소통을 하는 것이라고 보기 어렵다.
③ 제시문에 따르면 현대 미술이 나아갈 방향을 보여주는 「텍스트 레인」은 관객의 참여로 무한의 의미가 만들어진다. 따라서 현대 미술의 의미는 작가의 의도에 달려 있다고 보기 어렵다.
④ 제시문에 따르면 현대 미술이 나아갈 방향을 보여주는 「텍스트 레인」은 눈송이처럼 떨어지는 알파벳이 관람객의 모습에 닿으면 반응하고, 관람객의 손에 담겨 가벼운 무게를 느끼게도 해 준다. 따라서 현대 미술은 관람객의 감각적 체험을 적극적으로 이용하므로, 이를 배제하고 관념을 지향한다고 보기 어렵다.

017
정답 | ③

해설 | 기찻간(×) → 기차간(汽車間)(○): 사이시옷을 받쳐 적기 위해서는 합성어를 이루는 구성 요소 중에서 적어도 하나는 고유어야야 한다. 따라서 '기차간(汽車間)'은 한자어끼리 결합하였으므로 사이시옷을 받쳐 적지 않는다.

오답피하기 |

① 냇물[낸ː물](○): 순우리말로 된 합성어로서 뒷말의 첫소리 'ㄴ, ㅁ' 앞에서 'ㄴ' 소리가 덧나는 경우이므로 사이시옷을 받쳐 적는다.
② 두렛일[두렌닐](○): 순우리말로 된 합성어로서 뒷말의 첫소리 모음 앞에서 'ㄴㄴ' 소리가 덧나는 경우이므로 사이시옷을 받쳐 적는다.
④ 전셋집[전섿찝/전세찝](○): 순우리말과 한자어로 된 합성어로서 뒷말의 첫소리가 된소리로 나는 경우이므로 사이시옷을 받쳐 적는다.

018
정답 | ④

해설 | 제시문의 마지막 부분에 따르면 서양 의학에서는 네 가지 체액의 균형이 건강과 질병을 가르는 핵심 기준으로, 넘치는 것을 덜어내야 치료가 된다. 그리고 ④에서 건강에 필수적인 요소가 너무 많은 것도 문제라고 보았다는 것은 넘치는 것을 덜어내야 치료가 된다는 내용과 일치한다. 따라서 제시문에 대한 이해로 가장 적절한 것은 ④이다.

오답피하기 |

① 제시문에 따르면 특정한 원인이 특정한 질병을 일으킨다는 '특정 병인론'은 현대 의학의 가장 핵심적인 관념이다. 그리고 질병이 몸 전체의 균형과 관련된다는 인식은 전통 시대의 관념이다. 따라서 질병의 원인을 신체의 불균형에서 찾는 것은 현대 의학이 아니라 전통 시대의 의학으로 보아야 한다.
② 제시문에 따르면 보약은 특정한 원인을 제거하거나 교정하는 치료법이 아니라, 전통 시대의 관념에 따른 것이다. 따라서 보약이 잘못된 요소를 찾아 그것을 없애 버리는 약이라고 보기 어렵다.

③ 제시문에 따르면 특정한 원인이 특정한 질병을 일으킨다는 '특정 병인론'은 현대 의학의 가장 핵심적인 관념이다. 그리고 보약은 특정한 원인을 제거하거나 교정하는 치료법이 아니라, 전통 시대의 만병통치약과 같은 것이다. 따라서 현대 의학은 모든 병을 다스릴 수 있는 약을 개발하는 데 치중한다고 보기 어렵다.

019

정답 | ②

해설 | 을은 두 번째 발화에서 '선의의 거짓말'에 대한 윤리적 평가가 결과에 따라 갈린다면 행위를 결정하기 어려워진다고 말하고 있다. 그러나 이는 '선의의 거짓말'에 대한 을의 윤리적 판단이 아니라, 갑의 입장을 비판한 것이다. 을은 '선의의 거짓말'은 도덕적 의무를 어긴 것이기 때문에 비윤리적이라고 평가하고 있다. 따라서 을은 '선의의 거짓말'이 타인에게 도움이 되는지 알 수 없으므로 윤리적 평가를 할 수 없다고 보았다는 것은 적절하지 않다.

오답피하기 |

① 갑은 두 번째 발화에서 '선의의 거짓말'이 타인에게 도움이 되는 결과로 이어진다면 그것을 비윤리적이라고 할 수 없다고 말하고 있다.
③ 갑은 두 번째 발화에서 '선의의 거짓말'은 필요한 경우에 제한적으로 해도 된다고 말하고 있고, 을은 두 번째 발화에서 '선의의 거짓말'은 어떤 경우에도 해서는 안 된다고 말하고 있다.
④ 갑은 두 번째 발화에서 '선의의 거짓말'이 타인에게 도움이 되는 결과로 이어진다면 그것을 비윤리적이라고 할 수 없다고 말하고 있다. 그리고 을은 두 번째 발화에서 '선의의 거짓말'은 도덕적 의무를 어긴 것이니까 비윤리적이라고 말하고 있다. 즉, 갑은 행위의 결과를 기준으로 윤리적 평가를 하고 있고, 을은 의무를 기준으로 윤리적 평가를 하고 있는 것이다.

020

정답 | ④

해설 | 제시문에 따르면 통계적 논증은 그 퍼센트의 수치가 100이나 0에 가까울수록 강하고 50에 가까울수록 약하다. 그런데 '영식'이 활용한 통계적 논증에서 통계적 수치는 '85%'이고, '상철'이 활용한 통계적 논증에서 통계적 수치는 '10%'이다. 따라서 '영식'이 활용한 통계적 논증보다, '상철'이 활용한 통계적 논증이 더 강하다고 볼 수 있다.

오답피하기 |

① 제시문의 첫 번째 통계적 논증에서 '독감 예방주사를 맞지 않은 노약자'는 준거 집단이다. 따라서 '영식'이 활용한 통계적 논증에서 '운동과 음식 조절을 병행한 사람들'은 준거 집단이라고 볼 수 있다.
② 제시문의 첫 번째 통계적 논증에서 '독감에 걸린' 것은 준거 집단 중 '90%'의 개체들이 지닌 성질을 의미한다. 따라서 '상철'이 활용한 통계적 논증에서 '다이어트에 성공'한 것은 '음식 조절만 한 사람들' 중 '10%'만이 지닌 성질로 볼 수 있다.
③ 제시문의 첫 번째 통계적 논증에서 '우리 할머니'는 '독감 예방주사를 맞지 않은 노약자'에 포함되는 개체이다. 따라서 '영식'과 '상철'이 활용한 통계적 논증에서 '옥순'은 각각의 준거 집단에 포함되는 개체로 볼 수 있다.

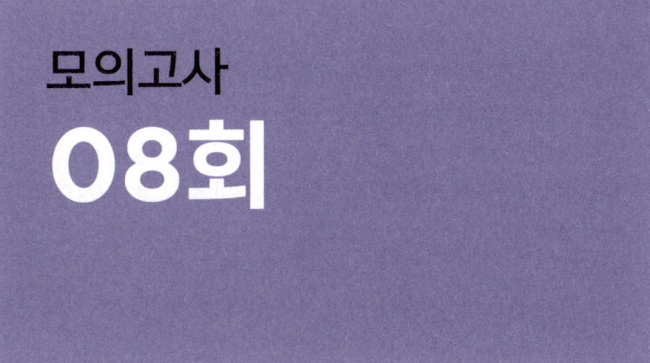

모의고사 08회

08회

001 ③	002 ③	003 ②	004 ②	005 ②
006 ③	007 ③	008 ④	009 ③	010 ①
011 ④	012 ②	013 ③	014 ①	015 ②
016 ②	017 ①	018 ③	019 ②	020 ③

001

정답 | ③

해설 | 나직이(○): 부사의 끝음절이 분명히 '이'로만 나는 것('ㄱ' 받침 뒤)은 '-이'로 적는다.

오답피하기 |

① 곰곰히(×) → 곰곰이(○): 부사의 끝음절이 분명히 '이'로만 나는 것(부사 뒤)은 '-이'로 적는다.
② 언덕빼기(×) → 언덕배기(○): '언덕배기'는 '언덕바지'와의 형태적 연관성을 보이기 위해 '언덕배기'로 적는다.
④ 곱배기(×) → 곱빼기(○): 한 형태소 안에서 'ㄱ, ㅂ' 받침 뒤에서 [빼기]로 발음되는 경우는 '-빼기'로 적으며, 다른 형태소 뒤에서 [빼기]로 발음되는 것은 '-빼기'로 적는다.

002

정답 | ③

해설 | '의사가 익숙하게 진찰하며 할머니께 연세를 여쭈었다.'의 '여쭈다'는 객체인 '할머니'를 높이는 용언(㉠)이며, '연세'는 높여야 할 인물인 '할머니'의 '나이'를 높이는 명사(㉡)이다.

오답피하기 |

① '그는 두 교수님을 모시고 연구회에 참석하였다.'의 '모시다'는 객체인 '두 교수님'을 높이는 용언(㉠)이다. 그러나 높여야 할 인물과 관련된 것을 높이는 명사(㉡)는 사용되지 않았다.
② '할아버지께서는 정정하셔서 좀체 댁에 계시지 않는다.'의 '댁'은 높여야 할 인물인 '할아버지'의 '집'을 높이는 명사(㉡)이다. 그러나 객체를 높이는 용언(㉠)은 사용되지 않았다. 참고로 '계시다'는 주체인 '할아버지'를 높이는 용언이다.
④ '선생님은 학생들에게 부모님의 성함을 적어 보도록 했다.'의 '성함'은 높여야 할 인물인 '부모님'의 '이름'을 높이는 명사(㉡)이다. 그러나 객체를 높이는 용언(㉠)은 사용되지 않았다.

003

정답 | ②

해설 | 渴而穿井(목마를 갈/말이을 이/뚫을 천/우물 정)은 미리 준비를 하지 않고 있다가 일이 지나간 뒤에는 아무리 서둘러 봐도 아무 소용이 없음 또는 자기가 급해야 서둘러서 일을 함을 뜻한다. 이 문장에서는 처지를 바꾸어서 생각하여 봄을 뜻하는 易地思之(바꿀 역/땅 지/생각할 사/갈 지)가 옳다.

오답피하기 |

① 拔本塞源(뽑을 발/근본 본/막힐 색/근원 원)은 좋지 않은 일의 근본 원인이 되는 요소를 완전히 없애 버려서 다시는 그러한 일이 생길 수 없도록 함을 뜻한다.
③ 苛斂誅求(가혹할 가/거둘 렴/벨 주/구할 구)는 세금을 가혹하게 거두어들이고, 무리하게 재물을 빼앗음을 뜻한다.
④ 守株待兎(지킬 수/그루 주/기다릴 대/토끼 토)는 한 가지 일에만 얽매여 발전을 모르는 어리석은 사람을 뜻한다.

004

정답 | ②

해설 | 제시문에서 대도시에 가지 않더라도 지역 주민들이 행정 업무를 보는 데에 불편함이 없도록 해야 하며, 지방 중소 도시는 지역의 특색을 살려 발전해야 한다고 말하였다. 따라서 지방 중소 도시는 시민들의 삶의 질을 높이고 지역의 개성을 살리는 방향으로 발전해야 한다는 설명이 가장 적절하다.

오답피하기 |

① 제시문에서 지방 중소 도시의 바람직한 모습은 해당 도시를 둘러싼 인접 지역의 교육·문화·상업·금융 등의 중심 기능을 도맡아야 한다고 말하였다. 따라서 지방 중소 도시는 인접 지역에 교육·문화·상업·금융 중심 기능을 고르게 이양해야 한다는 설명은 적절하지 않다.
③ 제시문에서 중앙 정부의 권한을 보다 지방으로 이양하여 대도시에 가지 않더라도 지역 주민들이 행정 업무를 보는 데에 불편함이 없도록 해야 한다고 말하였다. 따라서 지방 중소 도시는 중앙 정부와 구별되는 행정 체계를 갖추어 지역 주민들의 불편함이 없도록 해야 한다는 설명은 적절하지 않다.
④ 제시문에서 지방 중소 도시가 대도시처럼 되어야 한다는 것이 아니라고 말하였다. 따라서 지방 중소 도시는 대도시의 특색을 반영한 도시 건설을 통해 지역 사회의 인구 이탈 현상을 막아야 한다는 설명은 적절하지 않다.

005

정답 | ②

해설 | (가)는 '아희'라는 청자를, (나)는 '백구'라는 의인화된 청자를 설정하여 말 건네는 방식을 활용하고 있다. 그리고 (가)와 (나) 모두 자연 친화적 태도를 드러내고 있다.

오답피하기 |

① (나)에서 시간의 흐름에 따라 변화하는 자연의 모습은 나타나 있지 않다. 한편 (가)의 '어제 진 둘 도다 온다'에서 시간의 흐름을 나타낸 것으로 볼 수도 있다.
③ (가)에서 대립적 공간을 설정한 부분은 확인할 수 없다. 한편 (나)에서 화자가 '백구'에게 '명구승지'를 묻고 있으나, 대립적 공간에 대한 정보가 표면적으로 드러나 있지는 않다.
④ (나)에서 대조적 의미를 지닌 사물의 속성을 분석하고 있지 않다. 한편 (가)에서 '짚 방석', '솔불'은 화자가 지양하는 사물, '낙엽', '어제 진 둘', '박주산채'는 화자가 지향하는 사물을 의미하므로, 대조적 의미를 지닌 사물을 제시하였다고 볼 수도 있다.

006

정답 | ③

해설 | 시집이오(×) → 시집이요(○): 연결형에서 사용되는 '이요'는 '이요'로 적어야 한다.

오답피하기 |

① 아니오(○): 종결형에서 사용되는 어미 '-오'는 '요'로 소리 나는 경우가 있더라도 그 원형을 밝혀 '오'로 적는다.
② 짤따랗다(○): 겹받침의 끝소리가 드러나지 않는 경우에는 용언 어간의 원형을 밝혀 적지 않는다.
④ 이파리(○): '-이' 이외의 모음으로 시작된 접미사가 붙어서 된 말은 그 명사의 원형을 밝혀 적지 않는다.

007

정답 | ③

해설 | '영래'가 단체 행동에서 빠지려고 한 애들에게 코끼리 맴돌기를 시키며 벌을 주었다. 그리고 '선생님'은 "언제 그 놀이를 해 보자구 여럿이서 의논을 했었나요?"라고 말하며 민주적 절차 없이 아이들에게 놀이 참가를 강요하는 '영래'의 행동을 지적하였다.

오답피하기 |

① 급장인 '영래'는 단체 행동에서 빠지려고 한 애들에게 코끼리 맴돌기를 시켰으나, '영래'가 아이들과 함께 벌을 받았음은 알 수 없다.
② '선생님'이 "언제 그 놀이를 해 보자구 여럿이서 의논을 했었나요?"라고 '영래'에게 묻자, '영래'는 "아뇨, 하나 마나죠. 우리 반을 위해서 나는 모두 참가해야 된다구 생각했습니다."라고 거칠게 대답하였다. 따라서 '영래'가 주눅 든 모습을 보였다고 할 수 없다.
④ '선생님'은 자치회를 위하여 자리를 피해 주었으나, '영래'가 아이들에게 코끼리 맴돌기를 시킨 것을 보고 개입하여 '영래'의 잘못을 지적하고 있다. 따라서 선생님이 아이들 간의 갈등에 개입하지 않았다고 볼 수 없다.

008

정답 | ④

해설 | 2문단에 따르면 물의 양이 모래 표면을 적실 정도면 입자 사이의 점성이 강해져 산사태 발생 확률을 낮춰주지만, 물의 양이 과도하게 많아지면 산사태 발생 확률이 높아짐을 알 수 있다.

오답피하기 |

①, ② 2문단에 따르면 물이 모래 표면을 적실 정도면 표면이나 입자 사이의 점성을 증가시켜 주지만, 모래 입자 사이를 물로 포화시킬 정도가 되면 모래 입자의 결합력을 떨어뜨린다. 따라서 모래로 이루어진 곳에서 물이 모래 표면을 적실 정도까지는 물의 양이 많아질수록 입자 사이의 점성이 증가해 산사태의 발생 확률이 낮아지고, 일정 수준을 넘어서면 물의 양이 많아질수록 산사태의 발생 확률이 높아질 것이다. 그러므로 모래로 이루어진 곳에서 물의 양이 많아지거나 적어질수록 산사태의 발생 확률이 높아진다고 한 설명은 ㉠에 들어갈 말로 적절하지 않다.
③ 2문단에 따르면 물이 모래 표면을 적실 정도면 표면이나 입자 사이의 점성을 증가시켜 주지만, 모래 입자 사이를 물로 포화시킬 정도가 되

면 모래 입자의 결합력을 떨어뜨린다. 따라서 강우량이 적은 곳에서 물이 모래 표면을 적실 정도가 되지 않으면 물의 양이 적기 때문에 산사태의 발생 확률이 높아질 것이다. 그러므로 강우량이 적은 곳에서는 물의 양이 적기 때문에 산사태의 발생 확률이 낮아진다고 한 설명은 ㉠에 들어갈 말로 적절하지 않다.

009
정답 | ③

해설 | 3연의 '㉢바람도 달빛도 아닌 것, / 갈대는 저를 흔드는 것이 제 조용한 울음인 것을 / 까맣게 몰랐다.'라는 구절을 통해 갈대를 울게 하는 것은 '바람'이나 '달빛'이 아니라 갈대 자신임을 알 수 있다. 따라서 ㉢'바람'이 갈등의 원인을 찾게 한 실마리라고 보기 어렵다.

오답피하기 |

① 2연의 '그런 어느 ㉠밤이었을 것이다. 갈대는 / 그의 온몸이 흔들리고 있는 것을 알았다.'라는 구절을 통해 ㉠'밤'은 갈대가 흔들리고 있음을 깨달은 시간이라고 볼 수 있다.

② 2연의 '그의 온몸이 ㉡흔들리고 있는 것을 알았다.'라는 구절과 3연의 '갈대는 저를 흔드는 것이 제 조용한 울음인 것을 / 까맣게 몰랐다.'라는 구절을 통해 갈대가 흔들리는 것은 자신의 울음 때문임을 알 수 있다. 따라서 ㉡'흔들리고 있는 것'은 울고 있는 갈대의 외면적 모습이라고 볼 수 있다.

④ 3연의 '갈대는 저를 흔드는 것이 ㉣제 조용한 울음인 것을'이라는 구절과 4연의 '산다는 것은 속으로 이렇게 / 조용히 울고 있는 것이란 것을'이라는 구절을 통해 ㉣'제 조용한 울음'은 갈대가 속으로 우는 울음임을 알 수 있다. 따라서 ㉣'제 조용한 울음'은 갈대의 슬픔을 일으키는 내면적 원인이라고 볼 수 있다.

010
정답 | ①

해설 | ㉠ 恣意(방자할 자/뜻 의)는 일정한 질서를 무시하고 제멋대로 하는 생각을 뜻한다.

㉡ 干與(방패 간/줄 여)는 어떤 일에 간섭하여 참여함을 뜻한다.

오답피하기 |

㉠ 自意(스스로 자/뜻 의)는 자기의 생각이나 의견을 뜻한다.

㉡ 間與(사이 간/줄 여)는 잘못된 표기이다.

011
정답 | ④

해설 | ㉣ 본론에서 각각 주민, 정부, 공동 주택 관리 사무소의 측면으로 나누어 문제의 원인과 해결 방안을 제시하고 있다. 따라서 '공동 주택 관리 사무소의 층간 소음 방지 노력 촉구'는 전체적인 내용을 포괄하지 못하므로 결론에 들어갈 내용으로 적절하지 않다.

오답피하기 |

① ㉠ '층간 소음 민원 증가율'은 문제 현상을 나타내므로 서론에 들어갈 내용으로 적절하다.

② ㉡ '층간 소음을 규제할 관리 규정의 미흡'은 'Ⅱ-2-다'와의 관계를 고려하였을 때 문제의 원인에 들어갈 내용으로 적절하다.

③ ㉢ '부실시공에 대한 정부의 관리·감독 강화'는 'Ⅱ-1-나'와의 관계를 고려하였을 때 문제의 해결 방안에 들어갈 내용으로 적절하다.

012
정답 | ③

해설 | '집현전' Jipyeonjeon(×) → Jiphyeonjeon(○): 체언에서 'ㄱ, ㄷ, ㅂ' 뒤에 'ㅎ'이 따를 때에는 'ㅎ'을 밝혀 적어야 한다.

오답피하기 |

① '설악' Seorak(○): 'ㄹ'은 모음 앞에서는 'r'로, 자음 앞이나 어말에서는 'l'로 적는다.

② '팔당' Paldang(○): 된소리되기는 표기에 반영하지 않는다.

④ '독립문' Dongnimmun(○): 자연 지물명, 문화재명, 인공 축조물명은 붙임표(-) 없이 붙여 쓴다.

013
정답 | ③

해설 | 3문단에 따르면 '무다라바'는 주로 투자 펀드나 신탁 금융에서 활용되는 방식으로서, 사업 시 발생하는 손실에 대한 책임이 투자자에게만 있는 것이다. 이는 사업자에게는 사업 시 발생하는 손실에 대한 책임이 없음을 의미하므로, 사업자는 자신의 책임을 소홀히 하거나 이기적인 행위를 하는 도덕적 해이를 보일 수 있다. 따라서 '무다라바'의 경우 사업자의 도덕적 해이가 발생할 위험이 있다고 한 설명은 적절하다.

오답피하기 |

① 2문단에 따르면 은행이 채무자가 원하는 실물 자산을 매입한 경우라도 실물 자산의 소유권이 은행에서 채무자로 이전되면 '무라바하'이다. 따라서 은행이 실물 자산을 매입한 모든 경우를 '이자라'라고 한 설명은 적절하지 않다.

② 4문단에 따르면 '이스티스나'는 투자자인 은행은 건설 자금을 투자하고 사업자는 건설을 담당한다. 따라서 '이스티스나'의 경우 은행이 자금을 투자하고 건설을 담당한다고 한 설명은 적절하지 않다.

④ 2문단에 따르면 은행이 채무자가 원하는 실물 자산을 매입할 경우 은행이 소유권을 그대로 보유하면 '이자라'이고, 실물 자산의 소유권이 은행에서 채무자로 이전되면 '무라바하'이다. 즉, 실물 자산의 소유권이 채무자에게 이전되면 '이자라'가 종결되고 '무라바하'가 될 것이다. 따라서 실물 자산의 소유권이 채무자에게 이전되면 '무라바하'는 종결된다고 한 설명은 적절하지 않다.

014
정답 | ①

해설 | 제시문은 시각적 예술은 언어가 없기 때문에 시각적 이미지만으로는 사유할 수 없고 언어가 있어야 함을 강조하고 있다. 따라서 시각적 예술은 이미지만으로 사유할 수 없음을 밝히고 있는 ㉡이 가장 먼저 제시되어야 한다. 그리고 언어 없이 시각적 이미지로 사유하는 것이 불가능하다고 밝히고 있는 ㉠과 ㉢이 순서대로 이어져야 한다. 마지막으로 언어로 소통할 수 있는 책 읽기의 중요성을 간과하고 있는 교육에 대한 우려를 드러내고 있는 ㉣이 와야 한다.

015
정답 | ②

해설 | 제시문에 따르면 긴급 피난은 정당방위와 달리 위법하지 않은 침해에 대해 일정한 한도에서 피난하여 타인이나 타인의 기물에 손상을 입히는 것을 법이 허용한다는 것이다. ②의 경우, 지진이라는 위급한 상황에서 피난하다가 타인에게 손상을 입힌 것이므로 ㉠'긴급 피난'에 해당한다고 볼 수 있다.

오답피하기 |

① 운전을 하다가 무단 횡단을 하는 사람을 친 것은 피난하여 타인에게 손

상을 입힌 것이 아니므로, ㉠'긴급 피난'에 해당한다고 보기 어렵다.
③ 흉기로 위협하는 강도에 맞서 싸우다가 강도에게 부상을 입힌 것은 위법한 침해를 방위하기 위해 정당하게 반격한 것이므로, ㉠'긴급 피난'이 아니라 정당방위에 해당한다.
④ 공항에서 자기 것으로 착각해서 가져온 캐리어를 파손한 것은 피난하여 타인의 기물에 손상을 입힌 것이 아니므로, ㉠'긴급 피난'에 해당한다고 보기 어렵다.

016
정답 | ②
해설 | 벌레가 좀먹어 굽은 대나무와 보통의 곧은 대나무를 구분하고 있으나, 이를 구분하는 인간의 인위적 사고를 비판하고 있다고 보기 어렵다. 제시된 작품은 좀먹은 대나무의 마디가 짧아지고 굽은 것을 보고 인간도 욕심 때문에 타고난 성품을 잃어버리게 될 수 있다는 깨달음을 드러내고 있다.
오답피하기 |
① 이상하게 생긴 대나무의 가운데 부분의 마디가 촘촘하게 짧고 또 굽어 있다고 말하며, 보통의 대나무 마디의 생김새와 대조하여 그 특성을 분석하고 있다.
③ 병든 대나무가 굽은 것은 벌레들이 좀먹어 본래의 성품을 벗어났기 때문이라는 깨달음을 드러내고 있다. 그리고 이를 인간사에 적용하여 인간도 물욕에 어두워 양심이 비뚤어지면 타고난 성품을 잃어버리게 된다는 인식을 드러내고 있다.
④ 벌레들이 좀먹은 대나무는 마디가 촘촘하게 짧고 또 굽어 있는데, 이는 본래의 성품이 변한 것이다. 그리고 인간도 물욕에 어두워 양심이 비뚤어지면 타고난 성품을 잃어버리게 된다고 유추하여 적용하고 있다. 따라서 대나무를 병들게 하는 좀벌레는 인간의 본성을 변하게 만드는 물욕에 대응되는 의미를 지니고 있다.

017
정답 | ①
해설 | 2문단에 따르면 b형 속근섬유는 폭발적인 수축력을 발생시킨다. 이때 근섬유가 폭발적인 수축력을 발생시킨다는 것은 강한 힘을 요구하는 운동을 할 수 있음을 의미하는 것으로 볼 수 있다. 따라서 신체가 강한 힘을 요구할 때 사용되는 것은 b형 속근섬유일 것이라고 추측할 수 있다. 그런데 1문단에 따르면 지근섬유는 붉은색, 속근섬유는 흰색을 띤다. 따라서 붉은색을 띠는 근육 즉, 지근섬유가 강한 힘을 요구할 때 작동할 것이라고 추론할 수 없다.
오답피하기 |
② 2문단에 따르면 지근섬유는 상대적으로 낮은 수축력과 느린 수축 속도, 높은 피로 저항력을 지니고 있다. 이때 근섬유가 높은 피로 저항력을 가지고 있다는 것은 오랫동안 운동을 지속할 수 있음을 의미하는 것으로 볼 수 있다. 따라서 지근섬유는 수축력은 약하지만 오랫동안 운동할 때 활성화할 것이라고 추론할 수 있다.
③ 1문단에 따르면 지근섬유는 하나의 운동 신경에 10~180개 정도가 연결되고, 속근섬유는 300~800개 정도가 연결된다. 따라서 더 많은 수를 차지하는 속근섬유가 제 기능을 하지 못할 경우 신체 움직임에 지장을 줄 것이라고 추론할 수 있다.
④ 2문단에 따르면 지근섬유는 상대적으로 낮은 수축력과 느린 수축 속도, 높은 피로 저항력을 가지고 있고, b형 속근섬유는 빨리 피로해지는 속성을 가지고 있으나 신속하고 폭발적인 수축력을 발생시킨다. 그

리고 a형 속근섬유는 지근섬유와 b형 속근섬유의 중간 속성을 가지고 있어 지근섬유보다 수축 속도가 빠르며, 동시에 b형 속근섬유보다 높은 피로 저항력을 가진다. 따라서 a형 속근섬유는 지근섬유보다는 수축 속도가 빠르지만 피로에 대한 저항력은 떨어질 것이라고 추론할 수 있다.

018
정답 | ③
해설 | 제시문에서 '가제'의 예로 '기제사, 절사, 성주 고사'를, '동제'의 예로 '성황제, 당산제, 산신제, 산천제' 등을 제시하고 있다.
오답피하기 |
① 유추는 유비 추론 내지는 비유적 예시의 설명 방식을 의미한다. 이때 유비 추론은 두 대상 간에 유사성이 있고, 한 대상이 어떤 성질을 가질 경우, 다른 대상도 그와 같은 성질을 가질 것이라고 추리하는 것을 의미한다. 그러나 제시문에는 유비 추론이나 비유적 예시는 나타나 있지 않다.
② 묘사란 어떤 대상이나 사물, 현상 따위를 그림을 그리듯이 자세히 표현하는 설명 방식을 의미한다. 그러나 제시문에서 묘사는 나타나 있지 않다.
④ 서사란 시간의 흐름에 따라 특정 개념이나 사건에 대해 서술하는 방식을 의미한다. 그러나 제시문에서 서사는 나타나 있지 않다.

019
정답 | ②
해설 | 을은 두 번째 발화에서 '망아지'와 '말의 새끼'는 의미는 동일하고, '망아지'가 아닌 '말의 새끼'나, '말의 새끼'가 아닌 '망아지'는 가정할 수 없다고 말하고 있다. 즉, 을은 '망아지'와 '말의 새끼'라는 말이 가리키는 대상과 그 말의 의미가 동일하다고 말하고 있는 것이다. 따라서 '을'이 '망아지'와 '말의 새끼'는 지시하는 대상이 동일하지 않다고 보았다는 것은 적절하지 않다.
오답피하기 |
① 갑은 두 번째 발화에서 '런던은 영국의 수도이다.'라는 문장은 '영국의 수도는 런던이다.'라는 문장으로 바꾸어 쓸 수도 있다고 말하고 있다.
③ 갑은 두 번째 발화에서 동일어란 지시하는 대상이 동일한 말들을 의미한다고 말하고 있다. 그리고 을은 두 번째 발화에서 동일어란 의미가 동일한 말들을 이르는 것이라고 말하고 있다.
④ 갑은 두 번째 발화에서 '런던'과 '영국의 수도'가 같은 도시를 가리킨다고 말하고 있다. 그리고 을은 두 번째 발화에서 '런던'과 '영국의 수도'가 갑이 말한 도시를 지시하는 것이 맞다고 말하고 있다. 을은 '영국의 수도'가 다른 도시로 바뀌는 경우를 말하였지만, 현실에서는 '런던'과 '영국의 수도'가 동일한 대상을 지시한다고 보고 있다.

020
정답 | ③
해설 | "우리 집은 정전되었다."가 참일 때, "우리 동네 전체가 정전되었다."는 반드시 참이 되지 않으므로 전자가 후자를 함축하지 않는다. 따라서 '정합적이다'를 함축으로 이해하면 〈보기〉의 "우리 집은 정전되었다."라는 명제가 참일 때, "우리 동네 전체가 정전되었다."를 참인 명제로 추가할 수 없다. 반면 "우리 동네 전체가 정전되었다."가 참일 때, "우리 집은 정전되었다."가 반드시 참이 되므로, "우리 동네 전체가 정전되었다."가 참일 때 〈보기〉의 "우리 집은 정전되었다."를 참인 명제로 추가할 수 있다.

오답피하기 |
① "우리 집은 정전되었다."와 "우리 집은 정전되지 않았다."는 모순이 있다. 따라서 '정합적이다'를 모순 없음으로 이해하면 〈보기〉의 "우리 집은 정전되었다."라는 명제가 참일 때, "우리 집은 정전되지 않았다."를 참인 명제로 추가할 수 없다.
② "우리 집은 정전되었다."와 "우리 집 앞에 숲이 있다."는 모순이 없다. 따라서 '정합적이다'를 모순 없음으로 이해하면 〈보기〉의 "우리 집은 정전되었다."라는 명제가 참일 때, "우리 집 앞에 숲이 있다."를 참인 명제로 추가할 수 있다.
④ "우리 집은 정전되었다."가 참일 때, "우리 집 앞에 숲이 있다."는 반드시 참이 되지 않으므로 전자가 후자를 함축하지 않는다. 따라서 '정합적이다'를 함축으로 이해하면 〈보기〉의 "우리 집은 정전되었다."라는 명제가 참일 때, "우리 집 앞에 숲이 있다."를 참인 명제로 추가할 수 없다.

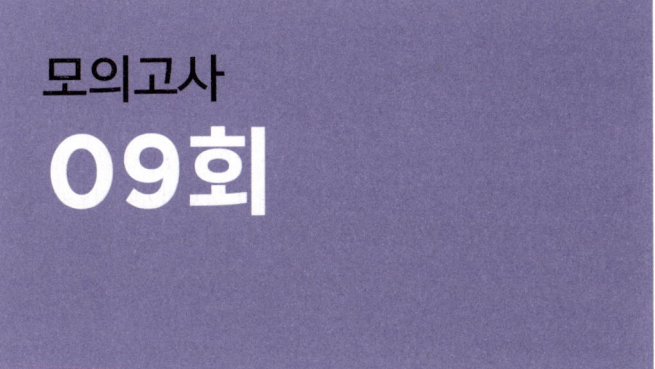

모의고사 09회

09회

001 ④	002 ④	003 ③	004 ③	005 ③
006 ②	007 ③	008 ④	009 ②	010 ③
011 ②	012 ④	013 ④	014 ②	015 ④
016 ③	017 ③	018 ③	019 ①	020 ④

001
정답 | ④
해설 | 소맷깃(×) → 소맷귀(○): '소맷귀'의 의미로 '소맷깃', '소매깃'을 쓰는 경우가 있으나, '소맷귀'만 표준어로 삼는다.
오답피하기 |
① 이쁘다(○): '이쁘다'는 본래 '예쁘다'의 비표준어였으나, 2015년 국립국어원에서 표준어로 인정하였다.
② 뜨락(○): '뜨락'은 본래 '뜰'의 비표준어였으나, 2011년 국립국어원에서 '뜰'과 뜻에 차이가 있는 것으로 판단하여 표준어로 인정하였다.
③ 개발새발(○): '개발새발'은 본래 '괴발개발'의 비표준어였으나, 2011년 국립국어원에서 '괴발개발'과 뜻에 차이가 있는 것으로 판단하여 표준어로 인정하였다.

002
정답 | ④
해설 | ② '닭다리'는 자음군 단순화와 된소리되기가 일어나 [닥따리]로 발음되므로, 음운의 탈락이 나타난다. 그러나 ⓒ '불여우'는 ㄴ첨가와 유음화가 일어나 [불려우]로 발음되므로, 음운의 탈락은 나타나지 않는다.
오답피하기 |
① ㉠ '복학생'은 자음 축약과 된소리되기가 일어나 [보칵쌩]으로 발음되므로, 음운 변동 전의 음운 개수는 9개이고 음운 변동 후의 음운 개수는 8개이다. 또한 ㉢ '홑이불'은 음절 끝소리 규칙과 ㄴ첨가, 비음화가 일어나 [혼니불]로 발음되므로, 음운 변동 전의 음운 개수는 7개이고 음운 변동 후의 음운 개수는 8개이다.
② ㉠ '복학생'은 자음 축약과 된소리되기가 일어나 [보칵쌩]으로 발음되므로, 음운의 대치(교체)가 나타난다. 또한 ② '닭다리'는 자음군 단순화와 된소리되기가 일어나 [닥따리]로 발음되므로, 음운의 대치(교체)가 나타난다.
③ ㉡ '불여우'는 ㄴ첨가와 유음화가 일어나 [불려우]로 발음되므로, 음운의 첨가가 나타난다. 또한 ㉢ '홑이불'은 음절 끝소리 규칙과 ㄴ첨가, 비음화가 일어나 [혼니불]로 발음되므로, 음운의 첨가가 나타난다.

003
정답 | ③

해설 | 이 글에서는 경관을 개선하기 위해 도입된 부레옥잠이 오히려 선박 항해에 장애를 초래하고, 생태계에 악영향을 미치고 있음을 알 수 있다. 따라서 글의 상황에 어울리는 한자성어는 소의 뿔을 바로잡으려다 소를 죽인다는 뜻으로, 잘못된 점을 고치려다 그 방법이나 정도가 지나쳐 오히려 일을 그르침을 이르는 矯角殺牛(바로잡을 교/뿔 각/죽일 살/소 우)이다.

오답피하기 |

① 指鹿爲馬(가리킬 지/사슴 록/할 위/말 마)는 윗사람을 농락하여 권세를 마음대로 함 또는 모순된 것을 끝까지 우겨서 남을 속이려는 짓을 뜻한다.
② 戀戀不忘(그리워할 연/그리워할 연/아닐 불/잊을 망)은 그리워서 잊지 못함을 뜻한다.
④ 孤掌難鳴(외로울 고/손바닥 장/어려울 난/울 명)은 외손뼉만으로는 소리가 울리지 아니한다는 뜻으로, 혼자의 힘만으로 어떤 일을 이루기 어려움을 이르는 말이다.

004
정답 | ③

해설 | 제시문에 따르면 조선 시대의 초상화에서 눈동자의 묘사는 인물의 성격과 정신을 드러내므로 초상화의 성패를 좌우할 만큼 가장 중요하게 여겼고, 옷 주름을 간결한 단선으로 표현하여 인물의 인품과 엄정함이 돋보이게 했다. 따라서 조선 시대 초상화는 인물을 그릴 때에 대상의 외면 뿐만 아니라 내면까지 드러내려고 했다는 설명은 적절하다.

오답피하기 |

① 제시문에서 안면은 인물의 특성이 잘 표출되는 부분이므로, 사실성에 바탕을 두어 최대한 자세히 묘사하였다고 말하였다. 따라서 조선 시대 초상화는 안면 중에서도 안정을 가장 중요하게 여긴 것은 맞으나, 사실과 다르게 강조하기도 했다는 설명은 적절하지 않다.
② 제시문에서 조선 시대 초상화에서는 손을 노출하지 않거나 예의 바른 공수(拱手) 자세를 취하게 하여 숭앙심(崇仰心)을 느끼게 하였다고 말하였다. 따라서 조선 시대 초상화에서 손은 인물의 태도를 드러낸 것은 맞으나, 손을 드러낸 초상화 작품은 없었다는 설명은 적절하지 않다.
④ 제시문에서 안면은 사실성에 바탕을 두어 최대한 자세히 묘사하였다고 말하였으나, 자세와 복장을 자세히 묘사하였다는 내용은 나타나 있지 않다. 오히려 조선 시대의 한복은 주름이 많았지만, 초상화에서는 옷 주름을 간결한 단선으로 표현하였음을 알 수 있다. 따라서 조선 시대 초상화는 인물의 특성을 드러내기 위해 안면, 자세, 복장을 모두 최대한 자세히 묘사하였다는 설명은 적절하지 않다.

005
정답 | ③

해설 | 초월적 존재란 '조물주', '용왕', '염라대왕' 등과 같이 현실을 뛰어넘은 세계의 존재를 의미한다. 제시된 작품에서 초월적 존재는 확인할 수 없다. 화자는 '임'이 자신의 결백을 알아주기를 바라고 있으나, '임'을 초월적 존재라고 보기 어렵다.

오답피하기 |

①, ② 초장과 중장 내용의 현대역은 다음과 같다. '큰 바다 한가운데에 중간 바늘, 가는 바늘이 빠졌는데 / 십여 명의 사공 놈들이 끝이 무딘 상앗대를 모두 둘러메고 한꺼번에 소리치고 바늘귀를 꿰어 건져내었다는 말이 있습니다.' 이러한 내용은 현실적으로 불가능한 일이 사실처럼 세간에 들리고 있다고 서술한 것이다. 그리고 이는 세간의 소문이 터무니없는 말임을 나타내기 위하여 과장된 우의(寓意)로 표현한 것이다.
④ 종장의 '온 놈(모든 놈)'은 초장과 중장에서 언급한 바처럼 터무니없는 말을 퍼트리는 존재로 볼 수 있다. 따라서 화자는 '온 놈'이라는 적대적 존재를 상정하고 부정적 태도를 드러낸 것으로 볼 수 있다.

006
정답 | ②

해설 | 집채 만한(×) → 집채만 한(○): '만'은 '하다', '못하다'와 함께 쓰여, 앞말이 나타내는 대상이나 내용 정도에 달함을 나타내는 보조사이므로 앞말에 붙여 써야 한다.

오답피하기 |

① 서른 살 남짓(○): '남짓'은 크기, 수효, 부피 따위가 어느 한도에 차고 조금 남는 정도임을 나타내는 의존 명사이므로 띄어 쓴다.
③ 돌아왔네그려(○): '그려'는 청자에게 문장의 내용을 강조함을 나타내는 보조사이므로 붙여 쓴다.
④ 새 옷(○): '새'는 '사용하거나 구입한 지 얼마 되지 아니한'을 뜻하는 관형사이므로 띄어 쓴다.

007
정답 | ③

해설 | 문답의 형식이란 묻고 답하는 형식을 의미한다. 그러나 제시된 작품은 부러진 '바늘'에 인격을 부여하고 '너'로 지칭하며 말을 건네고 있을 뿐, 답하는 방식은 나타나지 않는다.

오답피하기 |

① 제시된 작품은 '바늘'이 부러지자 이를 안타까워하며 제문의 형식으로 쓴 수필이다. 따라서 여성이 일상적 삶에서 겪게 되는 체험을 바탕으로 하고 있다고 볼 수 있다.
② 제시된 작품은 부러진 '바늘'을 의인화하고 있다.
④ '오호통재(嗚呼痛哉)라', '어이 인정(人情)이 그렇지 아니하리요.' 등에서 영탄적 표현을 통해 아끼던 '바늘'이 부러진 일에 대한 안타까움을 직접적으로 나타내고 있다.

008
정답 | ④

해설 | '어머니'는 '나'를 통해 '아저씨'가 삶은 달걀을 좋아한다는 것을 알게 되고, 이후부터 '아저씨'의 밥상에 달걀 반찬을 올린다. 이는 '아저씨'에 대한 '어머니'의 조심스러운 호감의 표시로 볼 수 있다. 그러나 어린 서술자인 '나'는 그러한 이유를 이해하지 못한 채, 자신이 달걀을 실컷 먹을 수 있게 되었음에 만족하는 모습을 보여줄 뿐이다.

오답피하기 |

① '아저씨'는 서랍 속에 달걀을 두었다가 '나'에게 주기도 하였다. 그러나 '나'가 '아저씨'에게 달걀을 몰래 가져다주곤 했다는 것은 나타나 있지 않다.
② '나'가 '아저씨'에게 삶은 달걀을 좋아한다고 말했으나, '아저씨'의 환심을 사려고 거짓말을 했다고 보기 어렵다.
③ '나'는 '어머니'에게 '아저씨'가 삶은 달걀을 좋아한다고 알려 주었다. 그러나 '어머니'가 '나'에게 '아저씨'가 좋아하는 반찬을 알아보도록 시켰다는 것은 알 수 없다.

009

정답 | ②

해설 | 1문단에 따르면 주희는 사람이 도를 따라 살지 못하거나 도를 벗어나 살게 되면, 도가 사람으로부터 멀어지게 된다고 했다. 다시 말해 주희는 도, 즉 천리를 벗어난 행위를 옳지 않은 것으로 보고 있다. 따라서 ㉠'주희'는 천리와 거리가 먼 행위가 정당화될 수 있다고 보지 않으므로, 그 근거를 제시하라는 비판은 적절하지 않다.

오답피하기 |

① 1문단에 따르면 주희는 진량과의 왕패 논쟁에서 사람이 도를 따라 살지 못하거나 도를 벗어나 살게 되면, 도는 사람으로부터 멀어지게 된다고 했다. 따라서 ㉠'주희'는 역사 속에서 실제로 도가 사라진 경우를 제시해야 한다.

③ 1문단에 따르면 진량은 도가 실현되는 방식이 변할 수 있다고 했다. 따라서 ㉡'진량'은 도를 실현하는 방식이 구체적으로 어떻게 다를 수 있는지를 제시해야 한다.

④ 2문단에 따르면 진량은 한고조와 당 태종이 비록 고대의 윤리적 기준에는 미치지 못하지만 영웅적인 행위를 통해 난세의 어려움을 극복한 것을 높이 평가해야 한다고 보았다. 따라서 ㉡'진량'은 도덕적이지 않은 행위가 영웅적으로 평가받을 수 있는 근거를 제시해야 한다.

010

정답 | ③

해설 | 辭意(말씀 사/뜻 의)는 맡아보던 일자리를 그만두고 물러날 뜻을 의미한다.

오답피하기 |

① 對衆(대할 대/무리 중)은 잘못된 표기이다. 수많은 사람의 무리 또는 대량 생산과 대량 소비를 특징으로 하는 현대 사회를 구성하는 대다수의 사람을 뜻하는 大衆(큰 대/무리 중)이 옳다.

② 校正(학교 교/바를 정)은 교정쇄와 원고를 대조하여 오자, 오식, 배열, 색 따위를 바르게 고침을 뜻한다. 이 문장에서는 틀어지거나 잘못된 것을 바로잡음을 뜻하는 矯正(바로잡을 교/바를 정)이 옳다.

④ 建杯(세울 건/술잔 배)는 잘못된 표기이다. 술잔의 술을 다 마셔 비움 또는 술좌석에서 서로 잔을 들어 축하하거나 건강, 행운을 비는 일을 뜻하는 乾杯(하늘 건/잔 배)가 옳다.

011

정답 | ②

해설 | 제시문에서 우리 부서 직원들이 에너지를 과도하게 소비하는 이유는 직원들의 절약 의식이 부족하기 때문이라고 하였다. 따라서 에너지 절약을 위해서는 직원들의 에너지 절약 의식을 향상해야 하므로, 서술 방향에는 에너지를 낭비했을 때의 문제점을 언급하며 직원들에게 에너지 절약의 실천이 필요함을 인식시킨다는 내용이 가장 적절하다.

오답피하기 |

① 제시문에서 에너지 절약의 방법은 비교적 잘 알고 있으나 에너지 절약을 위한 행동을 귀찮은 일로 생각한다고 하였다. 따라서 직원들이 에너지 절약 방법을 모르기 때문에 에너지를 과도하게 소비하고 있음을 밝힌다는 내용은 적절하지 않다.

③ 글의 제목을 고려하면 서술 방향에는 우리 부서 직원들의 에너지 절약 참여를 어떻게 유도할 것인가가 들어가야 한다. 따라서 우리 부서 직원들의 에너지 소비가 다른 부서보다 많다는 점을 지적하고 직원들의 에너지 소비 특징을 분석한다는 내용은 적절하지 않다.

④ 제시문에서 에너지를 과도하게 소비하는 이유는 직원들의 절약 의식이 부족하기 때문이라고 하였다. 따라서 에너지 절약에 대한 의식은 투철하지만 실천에 적극적이지 못함을 지적하고 생각이 행동으로 이어져야 함을 촉구한다는 내용은 적절하지 않다.

012

정답 | ④

해설 | 유추는 유비 추론 내지는 비유적 예시의 설명 방식을 의미한다. 이때 유비 추론은 두 대상 간에 유사성이 있고, 한 대상이 어떤 성질을 가질 경우, 다른 대상도 그와 같은 성질을 가질 것이라고 추리하는 것을 의미한다. 그러나 제시문에는 유비 추론이나 비유적 예시가 나타나지 않았다.

오답피하기 |

① 분석이란 대상을 구성 요소로 나누거나, 복잡한 것을 풀어서 개별적인 요소나 성질로 나누어 설명하는 방식을 의미한다. 제시문에서는 사적 재화들이 갖는 두 가지 특성을 분석하고 있다.

② 정의란 유개념(類概念)과 종차(種差)를 들어 개념이나 사물의 뜻을 밝혀 규정하는 설명 방식을 의미한다. 제시문에서는 배제성과 경합성의 정의를 설명하고 있다.

③ 예시란 예를 들어 보이는 설명 방식을 의미한다. 제시문에서는 경합성은 없으나 배제성이 있는 재화의 예로 이동 통신 서비스를 들고 있다.

013

정답 | ④

해설 | 제시문에 따르면 가정 법원에 의해 실종 선고를 받은 자는 실종 기간이 끝난 때에 사망한 것으로 보고, 만약 실종자가 생존한 것이 확인되더라도 실종 선고 자체가 취소되지 않는 한 실종 선고의 효과는 사라지지 않는다. 이때, 실종 선고의 효과란 법적으로 실종자가 사망한 것으로 봄을 의미한다. 따라서 (가)에 들어갈 말로 가장 적절한 것은 '법률관계에 한하여 법적으로 사망한 것'이다.

014

정답 | ②

해설 | 제시문의 화제는 '동북 공정'이므로, '동북 공정'의 정의를 설명하고 있는 ㉠이 가장 먼저 제시되어야 한다. 그다음에는 '동북 공정'을 '이를'이라는 지시어로 가리키며 부연하고 있는 ㉣이 이어져야 한다. 그리고 ㉣에서는 중국은 현재 자신의 영토 안에서 일어난 과거의 역사는 모두 중국사라고 주장한다고 설명하고 있는데, 이러한 중국의 주장을 '영토론'이라고 함을 밝히고, 그에 따르면 '발해'가 '중국의 역사'가 된다고 설명하고 있는 ㉤이 이어져야 한다. 그리고 ㉢은 '발해'가 '당나라의 지방 정권'이라고 한 중국의 구체적인 주장을 설명하고, ㉡은 그 근거를 밝히고 있다. 이는 ㉤의 내용을 구체화한 것이므로, ㉤ 뒤에는 ㉢과 ㉡이 순서대로 이어져야 한다. 따라서 ㉠~㉤의 전개 순서로 가장 자연스러운 것은 ㉠ - ㉣ - ㉤ - ㉢ - ㉡이다.

015

정답 | ④

해설 | 제시문에 따르면 '통합적 협상'은 협상 당사자들이 서로 극대화된 이익을 얻기 위해 협력하는 경우로, 시너지 효과의 창출에 의해 모두가 승리할 수 있다. ④의 경우 A도와 B도의 협상을 통해 A도는 도내 철강 산업을 육성할 수 있고, B도는 저렴한 가격으로 조선 산업의 원재료를 공급받을 수 있다. 즉, A도와 B도의 협력은 시너지 효과의 창출이 가능하며 A도와 B도 어느 한쪽이 손해를 보지 않고 모두 승리할 수 있는 협상이다.

따라서 이는 '통합적 협상'의 사례로 볼 수 있다.

오답피하기 |
① A국이 B국에서 수입하는 자동차에 관세를 부여하는 것은 A국의 자동차 기업은 보호할 수 있지만 B국의 자동차 기업의 이익은 감소하는 결과로 이어진다. 따라서 A국과 B국은 상호 배타적 이익 관계를 가지므로, 이를 '통합적 협상'의 사례로 보기 어렵다.
② A국과 B국이 올림픽 유치를 위해 경쟁하다가 공동 유치하기로 협상하는 것은 서로 일부분 손해를 감수하는 양보적 합의이다. 따라서 A국과 B국은 서로 극대화된 이익을 얻거나 시너지 효과의 창출을 기대하기 어려우므로, 이를 '통합적 협상'의 사례로 보기 어렵다.
③ A와 B가 동업 관계를 끝내고 회사를 분할하는 것은 이해관계를 통합한 합의가 아니다. 따라서 이를 '통합적 협상'의 사례로 보기 어렵다.

016
정답 | ③
해설 | 1문단에 따르면 젖당 분해 효소가 결핍된 사람의 경우 우유를 마시면 설사를 하게 된다. 2문단에서 설사와 함께 방귀가 나오는 이유는 장내 세균들 때문이라고 설명하고 있으나, 젖당 분해 효소와 장내 미생물은 같은 말이 아니다. 다시 말해, 장내 미생물과 관계없이 젖당 분해 효소가 결핍된 사람의 경우에는 우유를 마실 경우 설사를 할 것이다. 따라서 장내 미생물이 충분하지 않다면 우유를 마실 경우 설사를 할 수 있다고 추론하기 어렵다.

오답피하기 |
① 1문단에 따르면 우유를 잘 소화해 내는 사람의 경우 작은창자에서 젖당 분해 효소에 의해 젖당이 분해되어 흡수된다. 따라서 우유를 잘 소화하는 사람의 경우 작은창자에서 젖당이 모두 분해되어 설사가 발생하지 않을 것이며, 이때 젖당은 큰창자에도 도달하지 않을 것이다. 그러므로 젖당이 큰창자에 도달하지 않는다면 설사를 하지 않을 수 있다고 추론할 수 있다.
② 1문단에 따르면 젖당 분해 효소가 결핍된 사람의 경우에는 작은창자에 남아 있는 젖당으로 인해 물이 과도하게 작은창자로 몰려들게 되고 그 결과 설사가 발생하게 된다. 따라서 설사를 한 사람은 많은 물을 배출할 것이므로, 설사를 한 사람에게는 수분 보충이 필요할 것이라고 추론할 수 있다.
④ 1문단에 따르면 우유를 잘 소화해 내는 사람의 경우 작은창자에서 젖당 분해 효소에 의해 젖당이 분해되어 흡수된다. 따라서 우유를 마셔도 큰 문제가 없다면 젖당 분해 효소가 충분한 사람일 것이라고 추론할 수 있다.

017
정답 | ③
해설 | 1연에서 화자는 과거의 '예닐곱 살 적 겨울'을 회상하고 있고, 2연에서 성인이 된 화자가 맞이한 현재의 '추운 밤'에 대해 서술하고 있다. 그러나 1, 2연에서 가장(家長)의 역할에 대한 부담은 나타나 있지 않다. 화자는 '잠든 아이들'에게 '이불깃을 덮어 주며' 아버지에 대한 추억으로 마음 아파할 뿐이다.

오답피하기 |
① 1연과 3연에서 '어머님'이라는 구체적인 청자를 설정하고 말 건네는 방식을 통해 아버지에 대한 그리움을 표현하고 있다.
② 1연의 '겨울', '외풍'과 같은 차가운 이미지는 '아버지 가랑이 사이'와 대비되어, 아버지의 사랑을 부각한다.
④ 3연에서 화자는 '여린 물살'이 무사히 흘러 바다로 가도록 혹한을 막아 주는 '얼음'을 보고, 어린 시절 자신을 품에 안고 추위를 막아 주던 아버지의 모습을 떠올리고 있다. 즉, 강물이 언 겨울의 자연 현상에 빗대어 자식을 향한 아버지의 희생적 태도를 형상화한 것이다.

018
정답 | ③
해설 | ⓒ: '날날이'를 '나날이'로 적는 것은 끝소리가 'ㄹ'인 말과 다른 말이 어울릴 때에 'ㄹ' 소리가 나지 않는 것을 반영하여 표기한 것이므로, 어법에 맞도록 한 예가 아닌 소리대로 적은 예에 해당한다.

오답피하기 |
① ㉠: '론의'를 '논의'로 적는 것은 두음 법칙에 따라 'ㄹ'이 어두에서 'ㄴ'으로 소리 나는 것을 반영하여 표기한 것이므로, 소리대로 적은 예에 해당한다.
② ㉠: '안밖'을 '안팎'으로 적는 것은 두 말이 어울릴 때에 'ㅎ' 소리가 덧나는 것을 반영하여 표기한 것이므로, 소리대로 적은 예에 해당한다.
④ ⓒ: '타향사리'를 '타향살이'로 적는 것은 표기와 발음이 일치하지 않으므로, 어법에 맞도록 한 예에 해당한다.

019
정답 | ①
해설 | 사후적 약속으로 의미가 부여된 것을 실체가 없다고 생각한 것은 갑이 아니라 을이다. 을은 두 번째 발언에서 '인간'은 우리가 실체를 인식할 수 없는 추상적인 것이며, 그 개념은 개별적 존재들의 공통점을 모아서 사후적 약속으로 의미가 부여된 것이라고 말하고 있다.

오답피하기 |
② 을은 두 번째 발언에서 '인간'이란 추상적인 개념이며, 관념으로만 존재할 뿐이자 우리가 만들어 낸 허구라고 말하고 있다. 따라서 을은 추상적 개념은 실존하지 않는다고 봄을 알 수 있다.
③ 갑은 두 번째 발언에서 김갑돌이나 김갑순 같은 개별적 인간들은 수명이 다하면 사라지지만 '인간' 같은 추상적 개념은 영원히 존재한다고 말하고 있다. 따라서 갑은 '인간'은 영원히 존재하는 추상적 개념으로 보고, 김갑돌은 영원히 존재할 수 없는 개별적 대상으로 파악하고 있다는 점에서 두 대상을 대립적으로 이해하고 있음을 알 수 있다.
④ 갑은 두 번째 발언에서 '인간'은 김갑돌과 김갑순이 공유하는 본질을 가지고 있다고 말하고, 을은 두 번째 발언에서 '인간'은 개별적 존재들의 공통점을 모아서 의미를 부여한 것이라고 말하고 있다. 따라서 갑과 을은 '인간'이라는 개념에는 개별자들의 공통점이 내재돼 있다고 보고 있음을 알 수 있다.

020
정답 | ④
해설 | '사람이 영원히 살 수 없다면 언젠가 죽을 것이다.'는 단순 명제 '사람은 영원히 살 수 있다(p)'와 '사람은 언젠가 죽을 것이다(q)', 논리적 연결사 '~(…가 아니다)'와 '→(만약 …이면 …이다)'로 구성된 복합 명제로, '~p→q'로 나타낼 수 있다. 그리고 'p→q'는 'p'와 'q'가 모두 참인 경우에는 참이지만, 'p'가 참이고 'q'가 거짓인 경우에는 거짓이 된다. 그런데 '사람이 영원히 살 수 없다면 언젠가 죽을 것이다.'는 '~p→q'이므로, '~p'와 'q'가 모두 참인 경우에는 참이지만, '~p'가 참이고 'q'가 거짓인 경우에는 거짓이 된다고 이해할 수 있다. 이때 '사람은 영원히 살 수 없다(~p)'와 '사람은 언젠가 죽을 것이다(q)'는 모두 참이므로, '사람이

영원히 살 수 없다면 언젠가 죽을 것이다.'는 참이다. 따라서 ④는 복합 명제의 형식과 진릿값을 바르게 설명한 것이다.

오답피하기 |
① '타조는 새이면서 날 수 있다.'는 단순 명제 '타조는 새이다(p)'와 '타조는 날 수 있다(q)', 논리적 연결사 '∧(그리고)'로 구성된 복합 명제로, 'p∧q'로 나타낼 수 있다. 따라서 이를 'p∨q'로 나타낼 수 있다고 한 설명은 적절하지 않다. 그리고 'p∧q'는 'p'와 'q'가 모두 참일 때만 참이 되는데, '타조는 날 수 있다(q)'는 거짓이므로 '타조는 새이면서 날 수 있다.'는 거짓이다.
② '대한민국의 수도는 서울이거나 부산이다.'는 단순 명제 '대한민국의 수도는 서울이다(p)'와 '대한민국의 수도는 부산이다(q)', 논리적 연결사 '∨(또는)'으로 구성된 복합 명제로, 'p∨q'로 나타낼 수 있다. 따라서 이를 'p∧q'로 나타낼 수 있다고 한 설명은 적절하지 않다. 그리고 'p∨q'는 'p'와 'q' 중 하나라도 참이면 참이 되는데, '대한민국의 수도는 서울이다(p)'는 참이므로 '대한민국의 수도는 서울이거나 부산이다.'는 참이다.
③ '고래가 포유류라면 알을 낳지 않는다.'는 단순 명제 '고래는 포유류이다(p)'와 '고래는 알을 낳는다(q)', 논리적 연결사 '→(만약 …이면 …이다)'와 '~(…가 아니다)'로 구성된 복합 명제로, 'p→~q'로 나타낼 수 있다. 그리고 'p→q'는 'p'와 'q'가 모두 참인 경우에는 참이지만, 'p'가 참이고 'q'가 거짓인 경우에는 거짓이 된다. 그러나 '고래가 포유류라면 알을 낳지 않는다.'는 'p→~q'이므로, 'p'와 '~q'가 모두 참인 경우에는 참이지만, 'p'가 참이고 '~q'가 거짓인 경우에는 거짓이 된다고 추론할 수 있다. 이때 '고래는 포유류이다(p)'와 '고래는 알을 낳지 않는다(~q)'는 모두 참이므로, '고래가 포유류라면 알을 낳지 않는다.'는 참이다. 따라서 '고래가 포유류라면 알을 낳지 않는다.'를 거짓이라고 한 설명은 적절하지 않다.

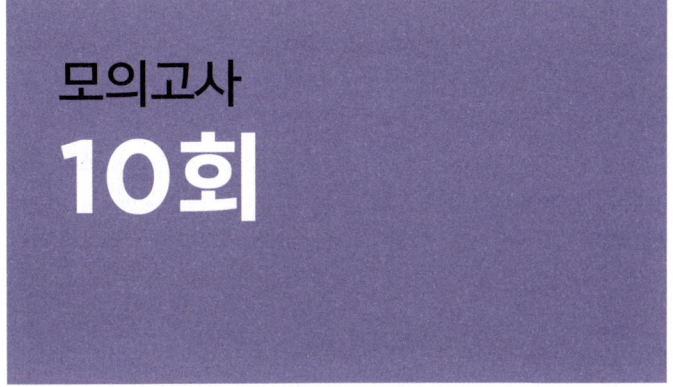

모의고사 10회

10회

001 ④	002 ④	003 ②	004 ④	005 ④
006 ①	007 ②	008 ③	009 ④	010 ③
011 ③	012 ①	013 ②	014 ①	015 ②
016 ①	017 ④	018 ④	019 ①	020 ①

001
정답 | ④
해설 | 돈꽤나(×) → 돈깨나(○): '어느 정도 이상'의 뜻을 나타내는 보조사인 '깨나'가 적절하다. '꽤나'는 부사 '꽤' 뒤에 '수량이 크거나 많음, 또는 정도가 높음'을 강조하는 보조사 '나'가 붙은 것이다.

오답피하기 |
① 덥대(○): '-대'는 어떤 사실을 주어진 것으로 치고 그 사실에 대한 의문을 나타내는 종결 어미로, 놀라거나 못마땅하게 여기는 뜻이 섞여 있다. 참고로 '-대'는 직접 경험한 사실이 아니라 남이 말한 내용을 간접적으로 전달할 때 쓰이고, '-데'는 화자가 직접 경험한 사실을 나중에 보고하듯이 말할 때 쓰이는 말로 '-더라'와 같은 의미를 전달하는 데 쓰인다.
② 떼려야(○): '-려야'와 '-ㄹ래야', '-ㄹ려야' 중에서 '-려야'가 널리 쓰이므로 '-려야'를 표준어로 삼는다.
③ 올해로써(○): '로써'는 시간을 셈할 때 셈에 넣는 한계를 나타내거나 어떤 일의 기준이 되는 시간임을 나타내는 격 조사로 적절하게 쓰였다.

002
정답 | ④
해설 | 사전에 하나의 표제어로 실리면 다의 관계이다. ㉡, ㉤의 '쓰다'는 하나의 표제어인 '쓰다3'에 실려 있으므로 다의어에 해당한다. 다의 관계는 중심적 의미와 주변적 의미를 지니므로, 의미적으로 연결되면 다의 관계로 볼 수 있다.
㉡ '이번 달에는 식비로 너무 많은 돈을 썼다.'의 '쓰다'는 '어떤 일을 하는 데에 재료나 도구, 수단을 이용하다.'를 뜻하는 '쓰다3'에 실려 있다.
㉤ '농부가 수확량을 늘리기 위해 화학 비료를 썼다.'의 '쓰다'는 '어떤 일을 하는 데 시간이나 돈을 들이다.'를 뜻하는 '쓰다3'에 실려 있다.

오답피하기 |
사전에 각각의 표제어로 실리면 동음이의 관계이다. ㉠, ㉢, ㉣의 '쓰다'

정답과 해설 **099**

는 각각의 표제어에 실려 있으므로 동음이의어에 해당한다. 동음이의의 관계는 소리는 같으나 의미는 다르므로, 의미적으로 연결되지 못하면 동음이의 관계로 볼 수 있다.

㉠ '그는 며칠 밤을 꼬박 새워 논문을 썼다.'의 '쓰다'는 '원서, 계약서 등과 같은 서류 따위를 작성하거나 일정한 양식을 갖춘 글을 쓰는 작업을 하다.'를 뜻하는 '쓰다1'에 실려 있다.

㉢ '그 한약은 몸서리를 칠 정도로 매우 썼다.'의 '쓰다'는 '혀로 느끼는 맛이 한약이나 소태, 씀바귀의 맛과 같다.'를 뜻하는 '쓰다6'에 실려 있다.

㉣ '아이는 돈을 훔쳤다는 억울한 누명을 썼다.'의 '쓰다'는 '사람이 죄나 누명 따위를 가지거나 입게 되다.'를 뜻하는 '쓰다2'에 실려 있다.

003

정답 | ②

해설 | '이 문제는 재론의 여지가 없습니다.'에는 의미의 중복이 나타나지 않는다. 참고로 '다시 재론하다'는 '재론'이 '이미 논의한 것을 다시 논의함'을 뜻하므로, '다시'라는 의미의 중복이 나타난다.

오답피하기 |

① '원고를 투고하였다'는 '투고'가 '의뢰를 받지 아니한 사람이 신문이나 잡지 따위에 실어 달라고 원고를 써서 보냄, 또는 그 원고'를 뜻하므로, '원고'라는 의미의 중복이 나타난다.

③ '결연을 맺었다'는 '결연'이 '인연을 맺음, 또는 그런 관계'를 뜻하므로, '맺음'이라는 의미의 중복이 나타난다.

④ '과반수 이상'은 '과반수'가 '절반이 넘는 수'를 뜻하므로, '이상'이라는 의미의 중복이 나타난다.

004

정답 | ④

해설 | 제시문에 따르면 '관용의 격률'은 화자 자신에게 혜택을 주는 표현을 최소화하고 자신에게 부담이 되는 표현을 최대화하는 것이다. A는 상대의 설명을 이해하지 못한 것을 자신의 탓으로 돌리고 있다. 이는 자신의 이익을 최소화하고 부담을 최대화한 것이므로 관용의 격률에 해당한다.

오답피하기 |

① A는 상대가 상을 받은 것에 대하여 칭찬하고 있다. 이는 상대에 대한 비방은 최소화하고 칭찬은 최대화하는 찬동의 격률에 해당한다.

② A는 상대에게 자신의 상황을 말하며 음악 소리를 줄여 달라고 요청하고 있다. 이는 상대의 부담을 최소화하고 이익을 최대화하는 요령의 격률에 해당한다.

③ B는 먼저 상대의 말에 공감해 주고 이에 대한 자신의 생각을 말하고 있다. 이는 상대방과의 의견 차이를 최소화하고 일치를 최대화하는 동의의 격률에 해당한다.

005

정답 | ④

해설 | ㉣: '펴디'는 구개음화가 적용되지 않았음을 알 수 있다. 구개음화는 근대 국어의 특징에 해당한다.

오답피하기 |

① ㉠: '말쏨미'는 '말씀+이'를 소리 나는 대로 이어 적는 표음주의 표기법에 따랐다.

② ㉡: '어린'은 '어리석다'라는 뜻에서 '어리다'라는 뜻으로 의미의 전이가 나타났다.

③ ㉢: '배'는 '바+ㅣ'로 분석할 수 있으며, 이는 주격 조사 'ㅣ'가 사용된 것이다. 참고로 중세 국어 시기에 주격 조사는 '이, ㅣ'만 존재했다.

006

정답 | ①

해설 | (가)에 제시되는 '지당(연못)', '양류(버드나무)', '뷘 빅(빈 배)' 등의 사물은 모두 한가로운 어촌 분위기를 자아낸다. 따라서 사물을 대비하고 있다고 보기 어렵다.

오답피하기 |

② (나)의 화자는 '千萬里(천만리) 머나먼 길히 고은 님 여희읍고(천만리 머나먼 곳에 고운 임을 이별하고) 돌아오는 길에 '져 믈도 닉 은 굿호여 우러 밤길 녜놋다(저 물도 내 마음 같아서 울며 밤길을 흐르는구나)'라고 말하고 있다. 따라서 '져 믈'이라는 자연물에 감정을 이입하여 이별의 괴로움을 나타내었다고 볼 수 있다.

③ (다)의 화자는 '冬至(동지)ㅅ 둘 기나긴 밤을 한 허리 버혀 내여(동짓달 기나긴 밤의 한가운데를 베어 내어)', '어론 님 오신 날 밤이여든 구뷔구뷔 펴리라(정든 임 오신 밤이면 굽이굽이 펴리라)'라고 말하고 있다. 따라서 '밤'이라는 추상적 시간을 베어 내고 굽이굽이 펼 수 있는 구체적 대상처럼 나타내어 임을 향한 사랑을 표현하였다고 볼 수 있다.

④ (라)의 '고모 장즈 셰살 장즈 들 장즈 열 장즈에 암돌젹귀 수돌젹귀 비목걸새(고모장지, 세살장지, 들장지, 열장지, 암톨쩌귀, 수톨쩌귀, 배목걸쇠)'에서 문을 다는 데에 필요한 부품과 도구를 열거하고 있다. 이는 '한숨'을 막기 위해 문단속을 철저히 하려는 해학적 표현으로 볼 수 있다.

007

정답 | ②

해설 | 1문단에 따르면 ㉠'앨빈 토플러'는 미래 정보 사회에 사는 사람들은 전문화·분업화를 원리로 했던 산업 사회에서는 서로 분리되었던 추상적인 것과 구체적인 것, 객관과 주관 사이의 균형을 추구하게 될 것이라고 하고 있다. 즉, 분업화는 산업 사회의 특징이며, 뉴미디어에 바탕을 둔 미래의 정보 사회의 특징에 대해 예측하고 있는 ㉠'앨빈 토플러'는 정보 사회에서 분업화로 인해 생산성의 향상이 일어날 것이라고 주장하지 않았다. 따라서 ㉠'앨빈 토플러'에게 정보 사회 체제에서 분업화가 생산성의 향상에 끼치는 영향을 설명해야 한다고 비판할 수 없다.

오답피하기 |

① 1문단에 따르면 ㉠'앨빈 토플러'는 뉴미디어에 바탕을 둔 미래의 정보 사회에서는 모든 면에서 다양화가 이룩되리라고 한다. 따라서 ㉠'앨빈 토플러'의 주장에 대해 뉴미디어 시대에 다양성이 중시되는 이유를 밝혀야 한다고 비판할 수 있다.

③ 2문단에 따르면 ㉡'(뉴미디어에 대한) 비관론자들'은 뉴미디어에 의해 촉진되는 자동화 혁명은 대량 실업 사태를 유발하리라고 전망한다. 따라서 ㉡'(뉴미디어에 대한) 비관론자들'의 이러한 전망에 대해 뉴미디어에 의해 자동화 혁명이 촉진되는 이유와 그 과정에 대해 설명해야 한다고 비판할 수 있다.

④ 2문단에 따르면 ㉡'(뉴미디어에 대한) 비관론자들'은 뉴미디어의 발달이 오히려 정보의 부익부 빈익빈을 낳는다고 지적한다. 따라서 ㉡'(뉴미디어에 대한) 비관론자들'의 이러한 지적에 대해 정보가 많아지는 사회에서 정보 소유의 편중이 나타날 수 있는 근거를 제시해야 한다고 비판할 수 있다.

008
정답 | ③

해설 | 제시문에서 무(無)와 유(有)는 한 근원에서 나온 것이고, 일체의 변화의 근본이 되는 것이라고 말하고 있다. 따라서 무(無)와 유(有)는 그 뿌리가 같으며 변화의 원동력이라는 것은 제시문의 주장으로 볼 수 있다.

오답피하기 |
① 제시문에서 말로 표상(表象)해 낼 수 있는 도(道)는 항구 불변한 본연의 도가 아니라고 말하고 있다. 따라서 진정한 도(道)는 명시적으로 표현될 수 있어야 한다는 것은 제시문의 주장으로 보기 어렵다.
② 도(道)가 극에 달하게 되면 영원 불변의 만물이 되는지 알 수 없다. 제시문에서 무(無)와 유(有)를 도(道)와 밀접한 관련이 있는 것으로 보고, 이들은 일체의 변화의 근본이 된다고 말하고 있을 뿐이다.
④ 제시문에서 무(無)는 천지의 시초라고 하였다. 그러나 무(無)가 유(有)의 근원이라는 내용의 근거는 확인할 수 없다.

009
정답 | ④

해설 | 이 작품의 시대적 배경은 영화관에서 애국가를 경청하게 하여 애국심을 강요하던 군부 독재 시기이다. 화자는 애국가 화면 속에서 비상하는 '흰 새떼들'을 보며 자유를 소망하나, 애국가가 끝나며 자리에 주저앉으며 현실에 좌절하고 있다. 따라서 '일어나', '주저앉는다' 등에서 상승 이미지와 하강 이미지를 활용한 것으로 볼 수 있으나, 바람직한 역사의 흐름에 대한 기대는 드러나 있지 않다.

오답피하기 |
① '영화가 시작하기 전'에 '애국가를 경청'하는 상황을 설정하고 있다. 그리고 '을숙도'에서 '흰 새떼들'이 끼룩거리면서 날아가는 것은 영화관에서 '애국가'가 나올 때의 배경 화면으로 볼 수 있다.
② '흰 새떼들'은 '자기들끼리 끼룩거리면서' 날아가지만, 화자는 '대한 사람 대한으로 / 길이 보전하세'로 끝나는 애국가에 맞춰 자리에 주저앉는다. 이때 '흰 새떼들'은 자유롭게 비상하는 존재로, 주저앉는 화자는 현실에서 벗어나고 싶은 소망이 좌절된 존재로 볼 수 있다.
③ '흰 새떼들'이 '낄낄대면서 / 끽죽대면서' 날아가는 것은 현실에 대한 조롱과 풍자로 볼 수 있다.

010
정답 | ③

해설 | 제시문의 '문장을 시각적으로 해체하는 방법을 말하는데'에서 ⓒ'변형'의 정의를 파악할 수 있다.

오답피하기 |
①, ② 제시문의 '가령 좁게 나열된 글자들은 ~ 글자의 형태성을 강조하는 것이 된다.'는 ㉠'여백'과 ㉡'변형'을 이용하여 글자를 이미지화함으로써 차별화를 시도한 예시에 해당한다. 그러나 이를 ㉠'여백'에 대한 개념을 밝힌 것이라거나, ㉠'여백'의 실현 방법을 ㉡'변형'을 통해 제시한 것이라고 보기 어렵다.
④ 제시문에서 ㉠'여백'과 ㉡'변형'의 공통적 효과는 나타나 있지 않다.

011
정답 | ③

해설 | ⓒ: '그래서'는 '앞의 내용이 뒤의 내용의 원인이나 근거, 조건 따위가 될 때 쓰는 접속 부사'로 적절하게 쓰였다. 따라서 이를 '또한'으로 바꾼다는 설명은 적절하지 않다.

오답피하기 |
① ㉠: '틀리다'는 '셈이나 사실 따위가 그르게 되거나 어긋나다.'를 뜻한다. 따라서 이를 '비교가 되는 두 대상이 서로 같지 아니하다.'를 뜻하는 '다르다'로 고친다는 설명은 적절하다.
② ⓒ: '관찰되어졌다'의 '-되어지다'는 이중 피동 표현이므로, 이를 '관찰되었다'로 고친다는 설명은 적절하다.
④ ㉣: 고래가 먼 거리까지 사냥을 나가 먹이를 구한다는 내용은 문맥상 자연스럽지 않으므로, 이를 삭제한다는 설명은 적절하다.

012
정답 | ①

해설 | '나는 홀연히 옥희도 씨가 바로 저 나목이었음을 안다.'라는 서술을 볼 때, '나목'과 '옥희도 씨'가 대응됨을 알 수 있다. 그러나 '나'가 스스로를 '나목'과 동일시하고 있음을 알 수 없으며, '나'가 잃어버렸던 삶의 의지를 되찾고 있다고 보기도 어렵다.

오답피하기 |
② '나'는 '옥희도 씨'가 '나목'이었고, '그가 불우했던 시절'을 '그는 바로 저 김장철의 나목처럼 살았음을 나는 알고 있다.'라고 서술하고 있다. 그런데 '그가 불우했던 시절'은 '옥희도 씨' 개인만의 아픔이 아니라 '온 민족이 암담했던 시절'과도 연결된다. '나'는 '옥희도 씨'와 '우리 민족'이 '겨울'처럼 힘든 시절을 '봄에의 믿음'으로 '나목'처럼 버텨 왔다고 생각하고 있는 것이다.
③ '나'는 '옥희도 씨'의 그림 '나목'에 '봄에의 믿음'이 담겨 있으며, '옥희도 씨가 바로 저 나목이었'다고 생각하고 있다.
④ '나'는 '옥희도 씨'가 바로 '나목'이었으며, 자신은 부질없이 피곤한 심신을 달랠 녹음을 기대하며 그 '나목' 옆을 서성댄 철없는 여인이었을 뿐임을 깨닫는다고 고백하고 있다. 따라서 '나'는 '옥희도 씨'와 인연을 맺었던 지난날 자신의 정신적 미성숙함을 깨닫고 있다고 볼 수 있다.

013
정답 | ②

해설 | 赦免(용서할 사/면할 면)은 죄를 용서하여 형벌을 면제함을 뜻한다.

오답피하기 |
① 曲絶(굽을 곡/끊을 절)은 잘못된 표기이다. 순조롭지 아니하게 얽힌 이런저런 복잡한 사정이나 까닭을 뜻하는 曲折(굽을 곡/꺾을 절)이 옳다.
③ 橋訂(다리 교/바로잡을 정)은 잘못된 표기이다. 교정쇄와 원고를 대조하여 오자, 오식, 배열, 색 따위를 바르게 고침을 뜻하는 校正(학교 교/바를 정)이 옳다.
④ 入案(들 입/책상 안)은 잘못된 표기이다. 어떤 안건을 세움을 뜻하는 立案(설 입/책상 안)이 옳다.

014
정답 | ①

해설 | 제시문은 중세 국어의 높임법이 발달되어 있음을 설명하고 있다. 따라서 중세 국어의 높임법이 현대 국어에 비해 발달된 모습을 보여 준다고 설명하며 화제를 제시하고 있는 ㄱ이 가장 먼저 제시되어야 한다. 그리고 중세 국어의 높임법이 발달된 이러한 현상을 계급적 질서가 반영된 것으로 보는 것은 타당하지 않다고 설명하는 ㄷ이 이어지고, 우리나라보

다 철저한 계급을 가지고 있는 인도의 경우 높임법이 발달되어 있지 않음을 예로 들어 ㄷ의 내용을 뒷받침하고 있는 ㄹ이 이어져야 한다. 마지막으로 중세 국어의 높임법이 발달된 것은 대화 관련자에 대한 높임의 여부를 중시하는 중세인들의 상상력이 반영된 것으로 보는 것이 적절하다고 정리하고 있는 ㄴ이 제시되어야 한다.

015
정답 | ②

해설 | 2문단에 따르면 오페라 부파가 18세기부터 평민들에게 많은 인기를 얻게 되었다. 그러나 오페라 부파의 인기가 높아진 것이 반드시 오페라 세리아의 인기가 낮아졌음을 의미하지 않으며, 오페라 세리아의 인기가 18세기를 기점으로 낮아졌을 것임을 추론할 수 있는 근거는 나타나 있지 않다. 오히려 1문단에 따르면 오페라 세리아와 오페라 부파는 오페라를 대표하는 양식이라고 하였으므로, 두 오페라 양식이 모두 인기가 있었다고 추론할 수 있다.

오답피하기 |

① 1, 2문단을 종합하면 오페라 부파는 오페라 세리아의 막간극이었는데, 18세기에 평민들에게 많은 인기를 얻으며 독립된 양식으로 발전하였다. 그리고 오페라 부파는 평민들과 밀착된 소재를 활용한 반면, 오페라 세리아는 신화나 전설을 제재로 하였다. 따라서 서민들은 18세기 이전 오페라 부파가 오페라 세리아에 종속되어 있을 때에는 오페라를 접하기 어려웠을 것이라고 추론할 수 있다.

③ 1문단에 따르면 오페라 부파는 오페라 세리아의 막간극이었는데, 18세기에 인기를 얻어 발전하면서 오페라 세리아와 함께 오페라를 대표하는 양식 중 하나가 되었다. 따라서 18세기 이전에는 오페라 부파라는 독립된 양식이 없었을 것이다.

④ 1문단에 따르면 오페라는 노래 중심의 극으로, 모든 대사를 작곡된 노래로 표현하는 종합 무대 예술이라 할 수 있다. 이때 종합 무대 예술이란 무대 위에서 이루어지는 춤, 노래, 문학 등이 결합된 예술이라는 의미이다. 따라서 오페라 배우들은 연기는 물론 노래 실력도 출중해야 할 것이라고 추론할 수 있다.

016
정답 | ①

해설 | '나'는 슬픔이야 말로 인간으로 하여금 그 영혼을 정화(淨化)하고 높고 맑은 세계를 창조하는 힘이라고 생각하고 있다. 따라서 슬픔에 대한 통념을 뒤집어 슬픔에 내재한 가치를 새롭게 인식하고 있다고 볼 수 있다.

오답피하기 |

② 시련과 고난을 극복하고 예술 작품을 창조해 낸 예술가에 대한 인식이 나타나 있다. 그러나 시련과 고난을 극복해 온 '나'나 다른 대상의 구체적인 삶의 과정은 나타나 있지 않으며, 이를 회상하고 있지도 않다.

③ '나'는 고흐의 「들에서 돌아오는 농가족(農家族)」, 밀레의 「만종(晩鐘)」을 보거나, 베토벤의 「전원교향곡(田園交響曲)」이나 「봄의 소나타」를 들을 때 평화를 느낀다고 말하고 있다. 그러나 이러한 평화가 세상과 단절된 삶에서 경험하는 것이라고 보기 어렵다.

④ '나'는 가난과 고뇌를 이겨내고 평화를 느끼게 하는 그림을 그려낸 고흐와 밀레, 귀머거리가 된 이후에 신비로운 평화를 느끼게 하는 음악을 창조한 베토벤 등에 대해 생각하고 있다. 그러나 '나'는 이러한 예술가들의 업적을 통해 인간의 영혼을 정화하고 높고 맑은 세계를 창조하는 슬픔의 힘에 깨달음을 얻고 있다. '나'가 이들을 통해 예술적 정체성을 찾으려고 하고 있다고 보기 어렵다.

017
정답 | ④

해설 | 제시문에 따르면 '반지의 제왕'과 '해리포터'는 켈트 신화에 바탕을 두고 있다. 그리고 이들은 인간 중심 사상의 그리스 신화와 반대되는 요소를 담고 있으며, 그리스인들이 혐오하였던 마법적 요소나, 머리 셋 달린 괴물, 눈이 하나인 거인과 같은 존재가 등장한다. 따라서 '반지의 제왕'과 '해리포터'의 공통점이 비합리주의적 사고가 작품의 바탕에 깔려 있다는 점이라고 한 설명은 적절하다.

오답피하기 |

① 제시문에 따르면 '반지의 제왕'은 아서 왕의 원탁의 기사를 연상하게 하는 서사시의 세계를 그리고 있다. 민담의 형태를 띠고 있는 것은 '해리포터'이다. 따라서 '반지의 제왕'이 민담의 형태를 띠고 있다는 설명은 적절하지 않다.

② 제시문에 따르면 '반지의 제왕'과 '해리포터' 모두 켈트 신화에 바탕을 두고 있으며, 오히려 인간 중심 사상을 가진 그리스 신화는 기이한 마법적 요소나, 괴물, 거인과 같은 존재를 혐오했다. 따라서 '해리포터'에 담긴 세계관을 이해하기 위해서 그리스 신화에 대한 이해가 필요하다는 설명은 적절하지 않다.

③ 제시문에 따르면 '해리포터'는 동화에 가까운 분위기를 자아낸다. 하지만 '반지의 제왕'은 경이로운 세계를 그리고 있고, '해리포터'는 괴기스러운 세계를 그리고 있다. 따라서 '해리포터'가 경이로움을 부각한다는 설명은 적절하지 않다.

018
정답 | ④

해설 | 을은 두 번째 발화에서 '임금다움'을 '임금'이라는 이름의 본질이라고 보는 것은 인간의 관점에서 부여한 평가적 가치일 뿐이라고 말하고 있다. 따라서 을이 '임금임'을 '임금'에 인간이 부여한 평가적 가치라고 보았다는 설명은 적절하지 않다.

오답피하기 |

① 갑은 두 번째 발화에서 '임금다움'을 갖추지 않은 대상을 '임금'이라고 불러도 된다면, '거지', '도둑', '백정'을 모두 '임금'이라고 불러도 된다는 말이냐고 반문하고 있다. 이는 '임금'이라고 불리는 집합에 '거지', '도둑', '백정'은 포함되지 않는다는 의미로 볼 수 있다.

② 을은 두 번째 발화에서 어떤 고양이가 개처럼 애교가 있고 사람을 잘 따른다면 '고양이다움'이 없지만, 그 대상이 '고양이임'은 변하지 않으므로 '고양이'라고 부르는 거라고 말하고 있다.

③ 갑은 어떤 대상을 '임금'이라고 부르기 위해서는 그 대상이 '임금다움'이라는 본질을 갖춰야 한다고 말하고 있다. 그리고 을은 '고양이'라고 불리는 집합의 본질은 '고양이임'이라고 말하고 있는데, 이를 '임금'에 적용하면 '임금'이라는 이름의 본질은 '임금임'이라는 것을 알 수 있다.

019
정답 | ①

해설 | 格物致知(격식 격/물건 물/이를 치/알 지)는 실제 사물의 이치를 연구하여 지식을 완전하게 함을 뜻한다. 이 문장에서는 뽕나무밭이 변하여 푸른 바다가 된다는 뜻으로, 세상일의 변천이 심함을 비유적으로 이르는 桑田碧海(뽕나무 상/밭 전/푸를 벽/바다 해)가 옳다.

오답피하기 |

② 間於齊楚(사이 간/어조사 어/가지런할 제/초나라 초)는 약자가 강자들 틈에 끼어서 괴로움을 겪음을 뜻한다.
③ 男負女戴(사내 남/질 부/여자 여/일 대)는 남자는 지고 여자는 인다는 뜻으로, 가난한 사람들이 살 곳을 찾아 이리저리 떠돌아다님을 비유적으로 이르는 말이다.
④ 漁父之利(고기 잡을 어/지아비 부/갈 지/이로울 리)는 두 사람이 이해관계로 서로 싸우는 사이에 엉뚱한 사람이 애쓰지 않고 가로챈 이익을 뜻한다.

020

정답 | ①

해설 | 제시문에서 신약 개발을 위해 진행되는 동물 실험은 [A]실험 동물과 인간이 [B]유사성을 가지고 있기 때문에, [A]실험 동물이 보인 [C]반응 결과가 인간에게도 똑같이 나타날 것이라는 유추를 전제로 한다. 이를 '[A]실험 동물 - 인간 / [B]유사성 / [C]반응 결과'와 같은 도식으로 나타낼 수 있다. 〈보기〉를 이와 같이 분석할 때 ㉠어떤 뱀과 ㉢다른 뱀이 ㉡대가리가 세모꼴로 생겼다는 유사성이 있기 때문에, ㉠어떤 뱀이 독이 있으므로 ㉢다른 뱀에게도 ㉣독이 있을 것이라고 유추한 것이다. 이러한 유추는 '㉠어떤 뱀 - ㉢다른 뱀 / ㉡대가리가 세모꼴 / ㉣독이 있을 것'과 같은 도식으로 나타낼 수 있다. 따라서 '[A]실험 동물 = ㉠어떤 뱀, [B]유사성 = ㉡대가리가 세모꼴, [C]반응 결과 = ㉣독이 있을 것'과 같이 대응시킬 수 있다. 따라서 [A]~[C]에 해당하는 ㉠~㉣을 바르게 짝지은 것은 ①이다.

MEMO